Knowledge BASE系列

一冊通曉 起承轉合，一代盛世的興起與衰敗

圖解 江戶時代 更新版

河合敦 著　黃秋鳳 譯

悠遊江戶時代歷史
若訪他山之石

文◎徐興慶
（東吳大學講座教授／中國文化大學前校長）

　　世界眾多國家之中，與台灣有著剪不斷理還亂的密切關係者，除了中國大陸以外，就屬日本了。筆者鑽研中日文化、思想交流史，常透過中國明清時代、也就是日本江戶時代的人文交會，悠遊於中日古今時空，嘗試藉由當時的特定人、事、物，領略其中歷史的意義與帶給後人的啟示。而如何將事過境遷並且和個人現實生活有段距離的史實，以平易近人的方式引領學生跨越時空、走進過往，與古人交流、對話並從中有所省思，這亦是筆者長年教授日本歷史及文化課程最大的課題。

以江戶時代歷史為今日借鏡

　　所謂歷史的真相，往往因為觀察的角度或着眼點不同，而有迥異的解讀，這是現實中歷史話題不斷的原因所在，也是研讀歷史引人入勝之處。鑑古知今，則是研讀歷史的目的；而探究締造日本兩百六十年繁榮的江戶時代，更可收他山之石的功效。江戶時代有許多值得世人學習之處。德川家康在取得政權後，以集權分治獨樹一幟的「幕藩體制」，頒布獎勵文武、規誡奢華、恪守節儉、嚴遵階級的《武家諸法度》，推動「參勤交替」制度以管理地方「大名」，同時致力於糧食的增產與人口的增加，逐步活絡全國經濟脈動，達成了當時世界難得一見的都市計畫更新。延續兩百六十年的德川幕府世襲政權，於一八六八年「大政奉還」，將政權回歸皇室，平和而成功地促使日本達成明治維新，成為近代化國家。想要了解東亞各國近代化過程中，日本之所以嶄露頭角進而取得舉足輕重的地位，透過江戶時代的歷史發展應該可以窺知其來龍去脈。尤其屬行「鎖國政策」的江戶時代，為什麼能維繫其和平政權長達兩百六十年之久？德川幕

府如何鞏固其權勢？凡此種種可能也都是現今為政者非常想釐清脈絡、究明真相的內容；而當中所透顯前人的無數智慧與歷史教訓，亦是今人能夠用以警惕的寶貴經驗。

切中肯綮的獨到之見有助迅速理解

本書作者河合敦先生是日本教授高中歷史極受歡迎的教師，原因在於他將複雜深奧的史實，以簡單明瞭的圖解方式，搭配饒富趣味的標題引出重點，加上淺顯易懂的描述，讓讀者很自然地走進愉悅的閱讀、學習情境中。

例如他以「兩百六十年的政治是場反覆實驗」的觀點，解說江戶時代政治制度由錯誤中尋求改進的發展過程；以「從百戶荒村發展成百萬人都市」，具體勾勒出當時世界人口之最的江戶驚人的建設成效；以「統合兩百七十個小國」，釐定幕藩體制的重要性；以「朝廷→富商→町人」的「文化舵手」更迭，呈現日本文化發展的動向；以「長崎六個人當中便有一個中國人」，凸顯鎖國體制下經貿及文化交流密不可分的中日關係；以「將軍在大奧不可思議的生活」，觸及肩負幕府傳宗接代重責的將軍的夜生活。處處可見作者切中肯綮的獨到見解，有助於讀者對江戶時代歷史發展的迅速理解。

《圖解江戶時代》融和了河合敦先生多年研究心得，以平實精當的文字和圖示，讓江戶的歷史脈動跳躍於字裡行間，閱讀起來有種新鮮的感受。歷史過程是持續的、不間斷的，然而，這本書的妙處在於不必拘泥文章的前後順序，每段歷史介紹都自形構出獨立的場景，可以隨心所欲挑選有興趣的部分先讀為快，最後一一加以串連再仔細吟味一番，又可能有不同的領悟與體會。基於以上這些特色，筆者謹藉此序來支持作者及譯者的努力付出，同時推薦好書給讀者分享。

突破既有觀念
探取江戶歷史新視點

　　一六○○年德川家康在關原之戰中獲勝取得天下，一六○三年就任征夷大將軍並在江戶建立幕府，江戶時代由此揭開了序幕。然後，一八六七年十月，第十五代將軍德川慶喜將政權歸還朝廷，江戶時代也隨之閉幕。

　　在如此長達兩百六十年的期間，從未發動過大型戰爭而能夠維持和平的政權，在日本史上可謂是空前絕後。到底德川家是如何維持其權力的？其祕訣為何？江戶時代是個什麼樣的時代？這些疑問便是促使筆者寫下本書相當大的動機。

　　然而，隨著查閱的資料愈多，才了解到已經被定型的江戶時代樣貌，是多麼的單一片面。

　　例如，江戶時代採取鎖國制度，對海外關閉門戶；農民被領主壓榨，過著艱苦的生活；社會上有著嚴格的「士農工商」階級制度；實施享保改革的德川吉宗是位明君；田沼政治是個嚴酷的惡政；幕府被佩里逼迫簽訂不平等條約……，這些都是廣為人知的江戶時代歷史，而且也被以為是事實而深信不移。但是，經過詳細調查後發現，其實並非所有的事情都是正確的。

　　日本人雖然被禁止出國，但是也有例外，許多人因為貿易的關係滯留朝鮮，多數的漂流民亦在見識過海外後歸國。而且，當時日本也積極地和荷蘭、中國、朝鮮、琉球王國進行通商及通信。

至於農民，也沒有被領主拿走一半的年貢。土地調查時，田地的收穫量會被估得比實際來得少，真正繳納的年貢以比例來講只有收穫量的百分之二十，所以農民並非過著捉襟見肘的生活。

　　甚至連階級制度也相當寬鬆，只要有錢便可成為武士，而農家的次男、三男當中也有不少人遷移到城市變成商人或工匠。

　　除此之外，還有無數因為已經被定型而無法正確掌握的江戶時代歷史。

　　本書收錄了許多新史實，打破以往一直被當成常識的江戶時代概念。相信藉由閱讀本書，讀者原本認為已經非常熟悉的江戶時代，應該會展現出新的風貌。

　　當然，本書對於歷史的大脈動、以及個別歷史事件之間的關聯性等，也都盡量編排得容易理解，希望能夠讓讀者清楚延續了兩百六十年的德川政權時代的發展動向。

　　此外，江戶時代也可說是個僅次於現代、將日本各種社會體系逐漸建構完整的時代，比想像中還要來得進步。因此，關於當時的生活和社會結構等，也分成了許多項目介紹。筆者相信藉著理解當時的社會，歷史將會以更具體的姿態呈現眼前。

　　全書均以一整個跨頁來呈現一個主題，所以不論從哪裡讀起都無妨。此外，所有內容都搭配了大膽的圖解，盡量讓讀者可以一眼即了解事件的全貌。

　　希望讀者可以擺脫各種既有的認知，充分地認識真正的江戶時代歷史。

一九九九年六月
於葛西新川　　河合　敦

第一部
江戶時代的歷史

序章 概觀江戶時代

第1章 確立幕府根基——創建的時代

目錄 CONTENTS

第二部
江戶時代的社會體系

第5章 社會的結構

第6章 江戶時代人們的生活

第一部

江戶時代的歷史

● 人生有起有落，雖然我們無法預測，但總是有上升的時候、停滯的時候、及下墜的時候。不過，就結果而言，人在誕生的瞬間即開始朝向死亡確實地逐漸凋零。事實上，歷史亦然。新時代也是一邊創造高峰然後逐漸走向毀滅。

● 以此觀點鳥瞰江戶時代，可大致將其區分成四個時期。德川家康建立幕府後到德川家光為止，各機構建置完成，如果這段期間稱為「創建的時代」，那麼全盤承襲前代所完成的制度、從德川家綱到德川家繼的執政期間，則可稱為「繼承的時代」。

● 但是漸漸地，以往的結構已經惡化或老舊而不適用，必須徹底地修正。於是，「改革的時代」開始，享保改革、田沼政治、寬政改革、天保改革相繼地實施。

● 不過，儘管歷經了一連串改革的時代，仍舊無法阻擋幕政的衰退，最後幕府終於走向「滅亡的時代」。

序章

概觀江戶時代

掌握德川幕府
兩百六十年的歷史脈動

首先必須了解江戶時代的基礎知識

以體育技能來說，只要確實學會基礎、掌握基本功，之後一定能夠進步、精熟。儘管如此，許多人往往還是小看基礎，馬上就想和程度高的人做同樣的事。

然而，沒有確實學會基礎就想學習高度技術，雖然會有某種程度的進步，但是絕對無法成為專業級人物。由於是在未習得基礎的情況下以自己的方法學會，不知不覺間就會養成壞習慣，成了進步的絆腳石。這時就算想再一次從基礎學起，也需要花費相當多的時間。

實際上，學問也和運動一樣，若不確實學會基礎進而有毅力地累積實際成績，就無法有大成就。

因此，本書中也規劃了江戶時代的基礎篇，此章將解說學習江戶時代時必須掌握的基本事項，目的是要讓讀者可以先知道江戶時代兩百六十年的大致變遷。

若能掌握歷史梗概，
即可輕鬆了解個別的歷史事件

　　江戶幕府是什麼樣的統治結構？政治體制在兩百六十年期間如何地變化？當時的經濟和物流機制是如何運作？與外國的往來和貿易在鎖國體制中究竟是如何進行的？江戶時代的文化是由哪個階層主導，又具有什麼樣的特色呢？

　　這些在認識江戶時代時不可或缺的知識，本書會盡可能簡單明瞭地解說。若能瀏覽過此章後再進入第一章的正文，相信讀者對每一件個別的歷史事件都能夠有更鮮明的認識。

維持長期政權的統治祕密

在握有權力時，以全面性統制來強化支配的力量，此即長期
政權的基礎。

最初利用朝廷的權威

掌握權力者首先會思考的，大概就是如何盡可能地長期維持權力、如何才能將自己的地位傳給子子孫孫之類的事吧。

德川政權原本即為德川家康憑著自己的武力建立的軍事政權，所以即使不建立幕府，他也可以選擇像織田信長或豐臣秀吉那樣，以不同的方式毫無顧忌地經營政權。不過，德川家康之所以會採取由天皇（朝廷）任命為征夷大將軍、受託管理政治這種鎌倉幕府以來的武家政權形式，應該是企圖利用傳統與朝廷的權威，盡可能地維持長期政權。

此外，關原之戰結束了十五年之後，德川家康才刻意刁難已衰退至六十萬石的大名豐臣秀賴（譯注：「石」為將土地面積換算成稻米生產量、用於表示土地價值的單位。江戶時代的「大名」指直屬於將軍、領地為一萬石以上的武士），將之滅亡。這也是出自於德川家康的長期打算，希望在自己有生之年將危險分子徹底地消滅。由此可見，德川家康這個人對於政權異常地執著，並且為了維持其政權，相當慎重地採取行動。

以統制力量壓制一切

後繼的兩代將軍德川秀忠和德川家光亦不遜於德川家康，極其慎重且細心。他們用統制的大網罩住所有的危險分子，對諸大名施行《武家諸法度》、對朝廷施行《禁中並公家諸法度》、對寺院施行《諸宗寺院法度》、對農民施行「五人組制度」、對基督徒施行《禁教令》、《鎖國令》（譯注：「法度」為武家時代的法令）。

然後，秀忠與家光毫不寬容地擊潰牴觸了《武家諸法度》的諸大名，對朝廷則禁止其進行政治活動，將其關入學問的世界。甚至，還利用

歷史筆記　幕府除了頒布《禁中並公家諸法度》來壓制朝廷以外，也致力於和朝廷的融合，如讓德川秀忠將軍的女兒和子嫁給後水尾天皇當正室等。

《諸宗寺院法度》剝奪寺院所擁有的「聖所」功能（譯注：古老的司法概念，認為宗教有權保護被控犯罪或受到迫害的人，參見196頁），將佛教貶為專司喪禮的宗教。

此外，還設立了五人組制度，獎勵鄰近農民互相監視及密告，防範農民起義於未然。至於取締基督徒雖然是相當卑鄙的做法，但另一方面也不失為是個巧妙利用人心的手段。

就這樣，在三代德川將軍的統制政策下，江戶幕府得以維持了長期的政權。但是到了幕末，外樣雄藩（譯注：由外樣大名所統治、勢力雄厚的藩。外樣大名為關原之戰後臣服於德川家的大名）注意到德川政權被朝廷委任管理政權的這項特色，其實相反地也是其弱點，於是開始逼迫幕府將政權歸還給朝廷。因此，德川慶喜將軍最後不得不以「大政奉還」的方式放棄政權，說來真是極為諷刺。

●江戶時代的各種統制政策

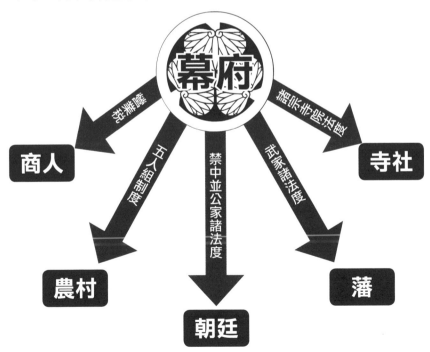

一次掌握十五代德川將軍的更迭

江戶時代一共出現了十五位將軍，每位將軍的統治方式和在位期間各不相同，在此便將十五代將軍的更迭做一個總整理。

建立基礎的前三代將軍

一六〇〇年，因關原之戰掌握霸權的德川家康，於一六〇三年被朝廷任命為征夷大將軍，在江戶（譯注：東京舊稱）建立了幕府。他的人生從做為人質待在今川家起便是一連串苦難，但年過六十後終於親手掌握政權，因此用盡各種手段要讓權力能代代傳給德川家子孫，其人生最後的結局便是於一六一五年擊敗豐臣家後，翌年駕鶴西歸（參見68頁）。

之後，德川政權持續了兩百數十年之久，不過這也是日本人在經歷戰國時代的戰亂世紀後冀求和平的結果，這點不可忘記。若無人民的支持，政權便無法長久。

幕府的各制度和官僚機構，是在二代將軍秀忠之後繼位的三代將軍家光時建立完成。托此之福，四代將軍家綱雖為年幼繼位，幕府仍能順利運作。

五代將軍綱吉性情古怪，曾強制對庶民實行稱為天下惡法的《憐憫萬物之令》長達二十年以上（譯注：不得殺食、虐待、遺棄動物，對象廣及魚、貝類，違者處死或流放，參見105頁），由此足以窺見他的獨裁。不過，這個時代的經濟活動蓬勃活絡，相繼出現不少富商，京都一帶因這些富商的贊助而藝術家輩出，也因此誕生了元祿文化。此外，元祿赤穗事件也是發生在其執政期間（參見108頁）。

恢復幕府權威的第八代將軍德川吉宗

德川綱吉沒有兒子，其姪家宣繼位為六代將軍四年後便過世；家宣之子家繼就任七代將軍，但也同樣英年早逝。德川家的血脈就此斷絕，便由御三家（譯注：指德川家分支中的尾張、紀伊、水戶三家，參見72頁）中紀伊家的德川吉宗繼任將軍

歷史筆記　就任將軍就等於繼承了德川本家，但德川慶喜基於政治上的考量而將兩者分開，在繼承德川家後隔了一段時間才就任將軍。

家。這位八代將軍不只是政策，連個性、相貌等一切都與歷代將軍相當不同（參見124頁）。於吉宗之子家重之後繼任的十代將軍家治執政時，正是實施田沼政治的時代（參見136頁）。若田沼的重商主義政策能持續地實行，當初的幕府或許就能順利蛻變為近代國家；可惜為政者無法擺脫農本主義的束縛，對貨幣經濟的因應錯誤，反而導致農民和武士階級衰退。

田沼時代之後的寬政改革，是在十一代將軍家齊執政時，由老中（譯注：江戶幕府中地位最高的官職）松平定信所實施，但不久家齊便開始親政。不過，家齊的執政相當散漫，他死後，水野忠邦便在繼任將軍家慶的手下進行天保改革，試圖提振渙散的社會，但社會風氣非但未能淨化，反而逼得水野忠邦失勢下臺（參見160頁）。

僅維持十五年的最後三代將軍

加速幕府滅亡的原因來自國外的壓力。幕府受外力所迫而開國，卻讓人民深切感受到日本必須成為中央集權式的近代國家，也殷切期盼國家的支柱是天皇而非幕府將軍。十三代將軍家定和十四代將軍家茂皆無法阻止這樣的局勢，背負幕臣期待就任十五代將軍的慶喜也敵不過如此潮流，幕府終於走向瓦解之途。

● 十五代將軍的變遷

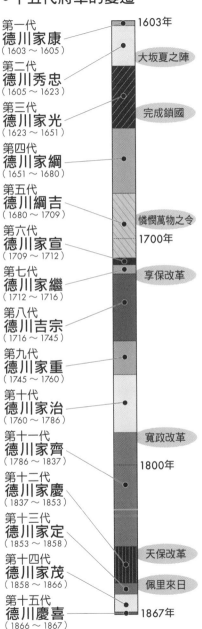

第一代
德川家康
（1603～1605）

1603年

大坂夏之陣

第二代
德川秀忠
（1605～1623）

第三代
德川家光
（1623～1651）

完成鎖國

第四代
德川家綱
（1651～1680）

第五代
德川綱吉
（1680～1709）

憐憫萬物之令

1700年

第六代
德川家宣
（1709～1712）

第七代
德川家繼
（1712～1716）

享保改革

第八代
德川吉宗
（1716～1745）

第九代
德川家重
（1745～1760）

第十代
德川家治
（1760～1786）

第十一代
德川家齊
（1786～1837）

寬政改革

1800年

第十二代
德川家慶
（1837～1853）

第十三代
德川家定
（1853～1858）

天保改革

第十四代
德川家茂
（1858～1866）

佩里來日

第十五代
德川慶喜
（1866～1867）

1867年

兩百六十年的政治是場反覆實驗

江戶幕府從武斷政治轉變為文治政治，但之後政策混亂，最後失去信心，終於走向毀滅一途。

從武斷政治到文治政治

江戶幕府是德川家康建立的軍事政權，以強大軍事力為後盾，建立起壓制諸大名的政治體制，並持續了家康、秀忠、家光三代，對於認為可能威脅到幕府的大名家族，便以微不足道的理由毫不寬容地將之擊潰（武斷政治）。

但從被犧牲的藩中產生多達五十萬的牢人（譯注：失去主子而流浪的武士，又稱「浪人」，參見91頁MEMO），最後他們的不滿引發慶安事件（由井正雪之亂）（參見90頁），這些失去主子的牢人也流入大都市擾亂了治安。

擔憂這種狀況的幕府，在政治態度上做了相當大的轉變，改以儒教（朱子學）思想做為政治思想的支柱，在第四代將軍德川家綱時開始施行以德治民的「文治政治」，第五代德川綱吉則曾說過「儒釋（儒教和佛教）如車之兩輪」，更

加徹底地實行文治政治，甚至親自為部下講述《論語》、《孟子》，倡導仁政，他所施行的天下惡法《憐憫萬物之令》其實也是以佛教不可殺生的慈悲想法為出發點。接著第六代德川家宣也晉用儒者新井白石，建立了良政。

財政成為最大的難題

但是，此時的幕府財政早已破產，重建財政比良政更為迫切，這是第八代將軍德川吉宗被賦予的課題。德川吉宗就任將軍後，立刻著手改革幕府，成功重建了財政（享保改革）。但是，財政改革的成功來自對農民增稅，此舉豐富了國庫，卻也讓身為幕府動脈的農村陷入貧困。

對此，田沼意次的政策可謂劃時代的創舉，他試圖利用逐漸壯大的商業資本來增加幕府的財政利潤。但是，缺乏品德為他招致禍

歷史筆記　第五代將軍德川綱吉建立了文治政治的全盛時期，但其執政期間遭改易（譯注：江戶時代對武士的刑罰，沒收其領土、俸祿、房屋，貶為平民）的大名有四十族以上，數量居歷代將軍之冠。

端，支持他的德川家治將軍一死，他便馬上失勢，重商政策遭到腰斬，幕府斷然地改為執行老中松平定信的反動改革（寬政改革）。

之後，歷經第十一代將軍德川家齊長期散漫地執政後，老中水野忠邦實施了「天保改革」。雖然水野努力要讓家齊執政期間荒廢鬆散的農村恢復以往樣貌，但貨幣經濟早已深入農村，無視於此的農本主義式復古政策終究窒礙難行；而且水野嚴峻地執行端正風紀的做法和過於極端的政策，也引起全體國民反彈，僅只兩年餘便失勢下台。

失敗的國內因應對策

一八五三年，佩里（譯注：美國東印度艦隊司令官）率艦隊前來逼迫日本開國，當時的老中阿部正弘向全體國民廣徵眾議以決定開國與否。以往幕府只有譜代大名（譯注：關原之戰前即侍奉德川家的大名）、旗本和御家人（譯注：兩者均為一萬石以下直屬將軍的武士，參見56頁）得以參與政治，外樣大名和御三家完全不得過問，阿部正弘卻打破慣例，促使諸大名的政治意識覺醒，使藩政改革成功、實力雄厚的藩國掌握幕末政治主導權，不久即以建立朝廷為中心的新政權為目標，開始逐步瓦解幕府。

●江戶時代政治的變遷

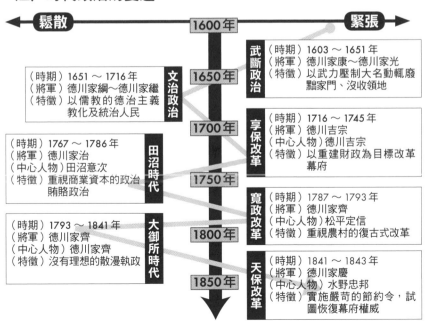

鬆散　1600年　緊張

武斷政治
（時期）1603～1651年
（將軍）德川家康～德川家光
（特徵）以武力壓制大名動輒廢黜家門、沒收領地

文治政治
（時期）1651～1716年
（將軍）德川家綱～德川家繼
（特徵）以儒教的德治主義教化及統治人民

享保改革
（時期）1716～1745年
（將軍）德川吉宗
（中心人物）德川吉宗
（特徵）以重建財政為目標改革幕府

田沼時代
（時期）1767～1786年
（將軍）德川家治
（中心人物）田沼意次
（特徵）重視商業資本的政治賄賂政治

寬政改革
（時期）1787～1793年
（將軍）德川家齊
（中心人物）松平定信
（特徵）重視農村的復古式改革

大御所時代
（時期）1793～1841年
（將軍）德川家齊
（中心人物）德川家齊
（特徵）沒有理想的散漫執政

天保改革
（時期）1841～1843年
（將軍）德川家慶
（中心人物）水野忠邦
（特徵）實施嚴苛的節約令，試圖恢復幕府權威

各種經濟政策皆為了武士和農民

經濟政策與政治息息相關，接著便以「米價」為主要基準，來概觀江戶時代的經濟。

經濟的基礎是「米價」

認識江戶時代的經濟時，首先必須了解的是「誰是這個社會的統治者」？不用說當然是武士階層。若說日本的近代社會，是由只占了人口百分之十的武士站在頂端，統治著農民、工匠及商人，應該不為過。

所以，如果社會的經濟處於良好狀態，那便意味著幕府和諸藩的財政狀態良好，武士們的生活富裕。當然，武士以外的庶民若也能過著富饒的生活是再好不過，但是當時社會的經濟終究還是以武士為中心在運轉，所以為政者也經常以防止武士陷入貧困為目的來引導經濟。

那麼，推動近代經濟發展的具體要素到底是什麼呢？以現代來說的話是金錢，但在當時則是稻米（中期以後，貨幣經濟才逐漸滲透社會）。

幕府和諸藩的財源大半來自領地的年貢收入，當時的年貢是以實物繳納，御家人和藩士的俸祿（薪水）也大多以實物給付，因此稻米能夠維持高價才是最好的經濟狀態。

米價高，同時也為農民帶來利益。栽種的稻米愈貴，農民的荷包也愈飽滿，所以武士和農民的利害關係一致，可謂是命運共同體。

因此，為了使農村可以持續安定地繳交年貢，幕府非常注意農村的經營，嚴格限制土地的買賣和分配，將農民緊鎖在農村內，極力地防止貨幣經濟進入農村。寬政改革、天保改革的意圖均在於此。

當時社會上將經濟的理想狀態形容為「米價高、諸色（米以外的物品）廉」。

整個江戶時代，米價始終處於安定或上升的狀態。但是元祿時期以後的半世紀，因為稻米生產過剩或投機性買賣等原因，促使「米價廉、諸色高」的狀況經常發生。於是，米價只要一下跌，幕府便會介

歷史筆記 經世家本多利明曾經於一七九〇年代提出其經濟理論，認為日本人應該效法歐洲各國積極擴展海外貿易，以富裕國家。

入市場，致力安定價格。據說第八代將軍德川吉宗曾積極地投入稻米行情的研究（參見134頁），但似乎還是無法如願地引導米價。

因經濟政策失敗而討伐幕府

在此附帶一提，江戶時代曾經有過米價暴漲的時期，時間是開國以後。但是，暴漲的不只有米價，其他的各種物品亦然。

造成米價暴漲的原因是海外貿易帶動生絲、茶葉等物品大量流出，使得大都市等消費地區缺貨，連帶地帶動各種物價高漲。當時以米價為首，各種物品的價格均翻漲至以往的數倍，使得庶民的生活驟然受到壓迫。「一切都是幕府開國造成的！」這樣的反幕情緒在民眾之間擴展開來，支持討幕運動的根基於是形成。

●江戶時代的經濟動向

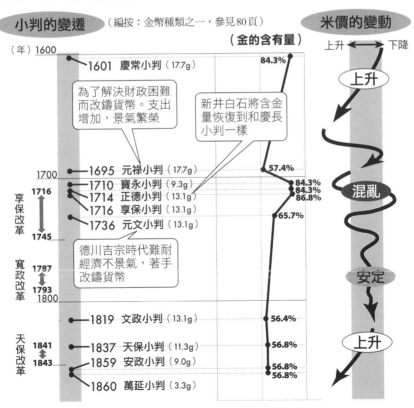

小判的變遷 （編按：金幣種類之一，參見80頁）

（金的含有量）

米價的變動

上升 ←→ 下降

（年）1600

1601 慶常小判（17.7g） 84.3%

上升

為了解決財政困難而改鑄貨幣。支出增加，景氣繁榮

新井白石將含金量恢復到和慶長小判一樣

1700

1695 元祿小判（17.7g） 57.4%

1710 寶永小判（9.3g） 84.3%
1714 正德小判（13.1g） 84.3%
1716 享保小判（13.1g） 86.8%
1736 元文小判（13.1g） 65.7%

享保改革 1716↕1745

混亂

德川吉宗時代難耐經濟不景氣，著手改鑄貨幣

寬政改革 1787↕1793

1800

安定

天保改革 1841↕1843

1819 文政小判（13.1g） 56.4%

1837 天保小判（11.3g） 56.8%
1859 安政小判（9.0g） 56.8%

上升

1860 萬延小判（3.3g） 56.8%

《武家諸法度》的逐步改變

用於規範武士的《武家諸法度》，事實上在新將軍上任後都會進行修訂，其內容也會受時勢的影響。

新將軍上任後會修訂《武家諸法度》

《武家諸法度》是幕府針對大名制定的基本法典，由德川家康開始制定，他在大坂夏之陣中滅亡豐臣秀吉後，便立即命親信金地院崇傳起草，之後於一六一五年公布。公布時，諸大名被聚集於當時的將軍德川秀忠駐守的伏見城，以朗讀法條的方式宣布。

全文共有十三條，其主要內容大致如下：

獎勵文武、儉約，放逐造反者、殺人者、他國人，禁止擅自結婚，限制服裝、轎座，禁止新建及擅自修築居城。

但是，這個《武家諸法度》並非一直維持著德川家康制定的內容直到幕末，原則上，新將軍上任後都會進行修訂（第七代將軍德川家繼與第十五代將軍德川慶喜因執政期間短暫，所以沒有修訂），而且內容也變化相當大，在此大致介紹歷代將軍和《武家諸法度》的變遷。

第二代將軍德川秀忠曾在一六一六年和一六二九年修訂《武家諸法度》，但內容和德川家康時期無太大出入。之後，第三代將軍德川家光命儒者林羅山將條文修訂為十九條，加入了參勤交替（譯注：規定大名必須於一定期間待在江戶處理公務、覲見將軍，為此諸大名需在領地及江戶輪流居住一年，參見76頁）的義務和禁止建造大型船隻（五百石以上）的條文。第四代將軍德川家綱於一六六三年進行修訂，增加了對不孝者的刑罰和徹底禁止基督教的條文。

德川綱吉幾乎全文修訂

第五代將軍德川綱吉將原有的第一條「應專心致志於文武弓馬之道」改為「應鼓勵文武忠孝、端正禮儀」，以此為首幾乎修訂了所有的條文，並將內容統合整理為十五

歷史筆記　負責起草《武家諸法度》的金地院崇傳被稱為「黑衣宰相」，掌管幕府的外交事務，也是滅亡豐臣家計畫中最大的功臣。

條。從禁止殉死（譯注：日本自古以來的社會風俗，家臣、妻子會追隨死去的君主、丈夫自殺）等條文，可以看出法度內容充分展現了德川綱吉以文治政治為目標的施政方針。此外還必須提到的是，這個時代《武家諸法度》的適用範圍並不只侷限於大名，還擴大至包含了御家人等所有的武士階級。

一七一〇年，第六代將軍德川家宣上任後的法度修訂，是由輔佐政權的新井白石主導進行，特色是將原本以漢文書寫的條文全部改成和文，內容則加入了禁止賄賂的規定。但是，專程改成和文的《武家諸法度》到了第八代將軍德川吉宗時，又被改回漢文。之後，第九代將軍德川家重、第十代將軍德川家治、第十一代將軍德川家齊、第十二代將軍德川家慶，幾乎都是承襲德川吉宗時代的法度。不過，第十三代將軍德川家定在經歷了佩里率領軍艦來到日本的衝擊後，為了迎接開國，便不再禁止大型船隻的建造，而是改為申請許可制。

大致看過歷代將軍的《武家諸法度》之後，便可以非常清楚地知道其內容受到時勢的影響極大。

● 《武家諸法度》的修訂

十七世紀	1615	**德川家康命金地院崇傳起草，爾後公佈**
		全文十三條 嚴格地規範大名
	1616 1629	**第二代德川秀忠修訂**
		內容和德川家康時代幾乎一樣
	1635	**第三代德川家光命林羅山修訂**
		變成全文十九條 將參勤交替制度化 禁止建造大型船隻
	1663	**第四代德川家綱修訂**
		徹底禁止基督教 對不孝者處以刑罰
	1683	**第五代德川綱吉全面修訂**
十八世紀		全文十五條。內容包括禁止殉死等 除了大名外，亦適用於所有的武士
	1710	**第六代德川家宣命新井白石修訂**
		全文漢文→改為和文 禁止賄賂
	1717	**第八代德川吉宗修訂**
		將和文改回漢文 家重、家治、家齊、家慶均幾乎直接承襲原有條文
十九世紀	1854	**第十三代德川家定修訂**
		大型船隻的建造改成申請許可制

鎖國時代國家並未完全封閉

整個江戶時代採取鎖國體制，但實際上許多外國人仍和日本有所來往。

外國人偷偷來到日本

相信許多人都以為「江戶時代的日本對外國關閉門戶」，其實這個認知是錯的。

德川家康基本上是開國主義者，直到最晚年都積極地推行和海外的通商政策（參見66頁），而且西國大名（譯注：指領地位於京都、大阪等近畿地區以西的大名）和富商也頻繁地遠赴東南亞進行交易（參見64頁）。

將原有的開放政策做了重大改變是在德川秀忠、家光的時代，他們重視基督徒的威脅更甚於貿易的魅力，於是逐漸加強鎖國體制。

但是，日本是個四面環海的島國，幕府無法完全地阻止外國人進入，因此即使是在被視為完成鎖國的一六一四年（將荷蘭商館從平戶移到出島）以後，以傳教士為主的外國人仍時常偷偷地潛入日本。此外，也可見鄰國的俄羅斯人來到蝦夷地與愛奴族進行交易的跡象（譯注：蝦夷地為明治時代前對北海道的稱呼；愛奴族為居住在北海道及鄰近列島的日本原住民）。

接著到了十八世紀後半期，產業革命成功後的歐美各國為了與中國貿易及捕鯨，開始在日本海一帶徘徊，黑船（譯注：泛指當時來到日本的歐美船隻，因船身漆黑而得名）也常常進入日本的港口。總而言之，事實上日本是處於即使想封閉國家也無法順利如願的地理環境。

和中國、荷蘭長期往來

而且，幕府也並非和所有的國家都斷絕通商及外交。

日本在整個江戶時代都持續地和中國及荷蘭進行貿易（參見84、106頁），對朝鮮和琉球王國的外交使節也向來歡迎。對幕府而言，只和這四個國家往來便已足夠了。

江戶時代的人口為三千萬人，

歷史筆記　日本鎖國後仍有傳教士不斷地潛入，一七〇八年便有義大利傳教士西多基被捕，接受新井白石的審問。

由於全民都過著簡樸的生活，所以僅憑著日本列島的資源就已足夠自給自足，沒有必要特地和其他國家通商。

而關於海外的情報，荷蘭每年都會帶來名為《風說書》的書籍，為政者可以藉此取得充分的國際知識，所以幕府更沒有必要冒著讓基督教勢力擴大的危險和其他國家接觸。

●江戶時代的外交事件

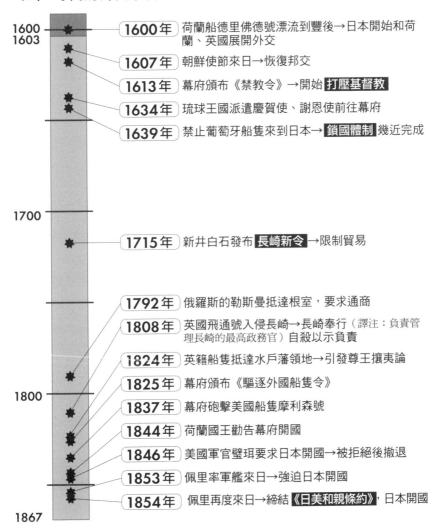

1600年	荷蘭船德里佛德號漂流到豐後→日本開始和荷蘭、英國展開外交
1607年	朝鮮使節來日→恢復邦交
1613年	幕府頒布《禁教令》→開始 **打壓基督教**
1634年	琉球王國派遣慶賀使、謝恩使前往幕府
1639年	禁止葡萄牙船隻來到日本→ **鎖國體制** 幾近完成
1715年	新井白石發布 **長崎新令** →限制貿易
1792年	俄羅斯的勒斯曼抵達根室，要求通商
1808年	英國飛通號入侵長崎→長崎奉行（譯注：負責管理長崎的最高政務官）自殺以示負責
1824年	英籍船隻抵達水戶藩領地→引發尊王攘夷論
1825年	幕府頒布《驅逐外國船隻令》
1837年	幕府砲擊美國船隻摩利森號
1844年	荷蘭國王勸告幕府開國
1846年	美國軍官璧珥要求日本開國→被拒絕後撤退
1853年	佩里率軍艦來日→強迫日本開國
1854年	佩里再度來日→締結《日美和親條約》，日本開國

1600
1603

1700

1800

1867

文化推手的更迭為「朝廷→富商→町人」

江戶時代有三大文化，從主要中堅分子的變遷也可看出時代的變化。

初期由朝廷再度成為文化的推手

江戶時代文化風氣的興盛可大致分為三個時期。

這三個時期分別是十七世紀前半期、十七世紀末和十九世紀前半期，許多傑出的藝術作品均集中於這三個時期誕生，所以分別被冠上當時的年號，稱為「寬永文化」、「元祿文化」、「化政文化」，合稱為「江戶三文化」。

有趣的是，三文化的發展重心和主要階層各有所異。

「寬永文化」的中堅階層是位於京都的朝廷、町眾（譯注：「町眾」為住在京都的富裕商人；「町人」為城市裡的商人或工匠。參見208、228頁）及武士。基本上，這個文化是繼承了前代的桃山文化而來，不同的是由於戰國亂世結束，所以朝廷再次參與並主導文化的發展。再者，由於此時處於幕藩體制剛確立的時期，所以許多作品皆可見到迎合幕府的傾向。特別的是在這個文化時期，建造了如日光東照宮（權現式）（譯注：神社建築式樣之一，本殿和拜殿之間以幣殿〔獻納幣帛處〕連接）、桂離宮（數寄屋式）（譯注：導入茶室風格的建築樣式，特徵為簡潔、不裝飾）等優秀的建築作品（參見88頁）。

因大坂的贊助者而誕生的文化

「元祿文化」也由京都及其附近地區承繼了領導的地位，其中特別是大經濟都市大坂（譯注：大阪的舊名）誕生了許多優秀的藝術和文藝作品，這是因為元祿文化在經濟上的贊助者多為大坂的富商之故。

到了元祿時代，武士因貨幣經濟的滲透而愈來愈貧窮，反而是商人愈來愈富裕。因此，仗著金錢的力量，富商們到處收購著名藝術家的作品，欣賞歌舞伎（譯注：日本傳統戲劇之一，綜合了音樂、舞蹈和默劇的表

歷史筆記　化政文化能夠從江戶擴展到全國，主要應該是因為大部分的庶民會在寺子屋（譯注：民間以庶民為對象的初級教育機構，參見246頁）習字，識字率大幅度提升之故。

演方式）和淨琉璃（譯注：日本說唱藝術的一種，以三味線為伴奏），過著享樂的文化生活。至於貧窮的武士階級，早已沒有主導文化的能力了。

特別是文學領域中有小說家井原西鶴、俳諧師松尾芭蕉、劇本作家近松門左衛門等優秀的人才輩出（參見112頁）。

化政文化是以江戶為中心的多彩文化

最後的「化政文化」是在江戶地區開花結果的文化。當時德川家齊的執政導致社會風氣散漫、頹廢，而化政文化便是在這種環境中誕生的。也因此，化政文化的風格較為通俗且享樂。

原本僅是政治中心都市的江戶，也在此時成長為可和大坂並駕齊驅的經濟都市，當地庶民的活力將化政文化發展得多采多姿。不過，在化政文化以江戶為中心發展的同時，也可在地方上看到一些獨自散發著光芒的小型文化，這應該是因為當時的人透過旅行等方式在各地間頻繁地移動，文化人之間的交流及情報的交換等機會急速增加之故（參見150頁）。

●江戶時代三文化

1600 十七世紀前半期	1700	1800	1867

寬永文化

中心：京都
中堅：武士、朝廷、上層町人
作品：日光東照宮（權現式）
舟橋蒔繪硯箱（本阿彌光悅）

特色 繼承桃山文化 迎合體制

元祿文化

中心：大坂、京都
中堅：京都一帶的富商
作品：《奧之細道》（松尾芭蕉）
樂燒（野野村仁清）
紅白梅圖屏風（尾形光琳）
《好色一代男》（井原西鶴）

特色 現實主義 具合理性且優雅

化政文化

中心：江戶
中堅：一般的町人
作品：《南總里見八犬傳》（瀧澤馬琴）
《我之春》（小林一茶）
《古事記傳》（本居宣長）
《解剖新書》（杉田玄白、前野良澤等譯）
《婦女人像十品》（喜多川歌麿）

特色 通俗且唯美 多樣化發展後擴展至地方

急速發達的各種學問

江戶學問的基礎是「儒學」，之後國學、蘭學、歷史學、本草學等各種學問亦相當發達。

江戶時代「儒學」是常識學問

　　江戶時代人們對學問相當地感興趣，這是因為戰國亂世結束後，人們從戰爭和死亡的恐懼中解脫，有了多餘的閒情追求學問。因此，這個時期也是個各種學問發達、人們亟欲吸收各種知識的時代。

　　說到江戶時代的學問，首推「儒學」。不過，雖然統稱為「儒學」，但在日本流行的有三種派別，分別為朱子學、陽明學和古學，其中以朱子學為主流。由於朱子學重視禮節和上下秩序，相當適合採行封建式主從制度的幕府，因此幕府致力保護朱子學，並讓御家人、旗本到昌平坂學問所（參見246頁）學習。

研究往昔日本的「國學」

　　江戶時代的中期，稱為「國學」的學問興起。國學是藉由研究佛教和儒教傳入前的古典史籍和歷史，來探究日本人自我民族的學問，發展的初始源自於想脫離對中國膚淺崇拜的意念。一般認為國學始於契沖的古典研究，由賀茂真淵發展成系統式的學問，繼由本居宣長集大成。國學對社會的影響極大，不輸儒學，江戶末期的國學學者平田篤胤的思想便被認為是幕末尊王攘夷論的主要基礎之一。

全新的西洋學問「蘭學」

　　「蘭學」（譯注：研究以荷蘭文撰寫的西洋學術、文化、技術的學問）和國學同時興起，第八代將軍德川吉宗將翻譯成日本漢文的洋書解禁，促使人們對西方產生莫大的興趣，蘭學也跟著急速地擴展開來。杉田玄白等人翻譯的《解剖新書》（一七七四年，醫學翻譯書）發行後，醫學領域的研究就此率先發展，不久後研究風潮也擴展到天文學、地理學、化學等領域。西博德

歷史筆記　日本學者塙保己一（一七四六～一八二一年）雖然眼睛看不見，但出版過龐大的古籍叢書《群書類從》，是海倫凱勒最敬佩的人物。

在長崎開設鳴瀧塾，對蘭學也有很大的貢獻。

除此之外，還有「歷史學」、「本草學」、「農學」、「數學」等。至於歷史學上最大的成就，便是由水戶藩歷經整個江戶時代持續編纂而成的《大日本史》，重視史料的科學式記述是其特徵。

所謂的本草學是從古代自中國傳入的學問，也就是所謂的博物學，此學問尤其著重於藥物學的研究，元祿時代貝原益軒著作的《大和本草》相當有名。

這個時代的數學是日本自己發展出來的系統，稱為「和算」。相關著作有吉田光由的《塵劫記》，著名人物則有元祿時期的天才數學家關孝和。

● 江戶時代三學問

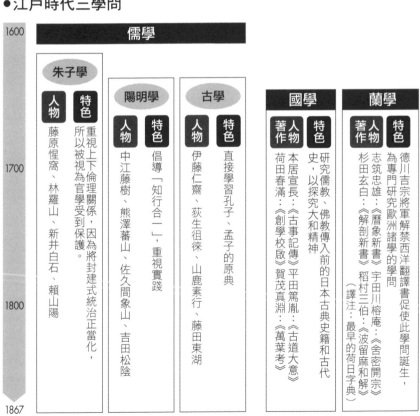

	儒學								國學			蘭學		
	朱子學		陽明學		古學									
	人物	特色	人物	特色	人物	特色			著作	人物	特色	著作	人物	特色

儒學
朱子學——人物：藤原惺窩、林羅山、新井白石、賴山陽　特色：重視上下倫理關係，所以被視為官學受到保護。因為將封建式統治正當化，所以被視為官學受到保護。
陽明學——人物：中江藤樹、熊澤蕃山、佐久間象山、吉田松陰　特色：倡導「知行合一」，重視實踐
古學——人物：伊藤仁齋、荻生徂徠、山鹿素行、藤田東湖　特色：直接學習孔子、孟子的原典

國學——著作：本居宣長：《古事記傳》平田篤胤：《古道大意》荷田春滿：《創學校啟》賀茂真淵：《萬葉考》　特色：研究儒教、佛教傳入前的日本古典史籍和古代史，以探究大和精神

蘭學——著作：志筑忠雄：《曆象新書》杉田玄白：《解剖新書》宇田川榕庵：《舍密開宗》稻村三伯：《波留麻和解》（譯注：最早的荷日字典）　特色：德川吉宗將軍解禁西洋翻譯書促使此學問誕生，為專門研究歐洲諸學的學問

1600
1700
1800
1867

地方上日以繼夜地進行改革

中央政府混亂的同時，地方的各藩也面臨許多問題，因此不斷地改革。

前期改革的目標是確立藩主和體制

江戶時代的各藩為了突破內外危機，至少都進行過一次藩政改革。藩政的革新依特性、方法可分類為三個時期，為十七至十八世紀前半期（前期藩政改革）、十八世紀前半期至十九世紀前半期（中期藩政改革）、十九世紀前半期至明治維新（後期藩政改革）。

前期的藩政改革大多是由足以稱為明君的優秀藩主主導，目的在加強藩主權力及建立官僚體系。此外，也有不少藩主受到幕府的影響而晉用儒者為親信，試圖轉變為文治政治。

改革成功的明君有會津藩的保科正之、岡山藩的池田光政、水戶藩的德川光圀、加賀藩的前田綱紀。特別是池田光政，之後會介紹其具體的改革內容（參見216頁）。

中期為財政的重建

藩政改革中期，由於受到貨幣經濟的牽累使得財政困窘，因此改革泰半著重於財政的重建。各藩頒布嚴格的《節約令》抑制支出，同時也壟斷特產品的販賣，致力增加收益。

此外，此時為了培育有能力的人才，各藩相繼設立藩校。改革成功的例子有熊本藩的細川重賢、米澤藩的上杉治憲（鷹山）、秋田藩的佐竹義和等。

逐漸強硬的改革

後期的藩政改革也是以重建財政為目的，不過藩國向富商或金融業者借貸的金錢經常賒欠不還，做法極為強硬。此外，藩主提拔下級家臣推動改革，也可說是這個時期的特徵。特別是佩里率艦隊來日後，也有不少藩主以海防為重心實施軍政改革。就整體而言，這個時期進行改革的以西南諸藩（關西以

歷史筆記　天保時代的藩政改革做法相當強勢，薩摩藩向富商借的錢分兩百五十年償還，長州藩則將本金擱置了三十七年不還。

西）居多，改革成功的藩後來被稱為「雄藩」，於幕末發揮了強大的政治力量。

改革成功的例子有水戶藩的德川齊昭、長州藩的村田清風、薩摩藩的調所廣鄉、佐賀藩的鍋島直正等，幕末時活躍的藩大多是改革成功者。

●藩政改革的變遷

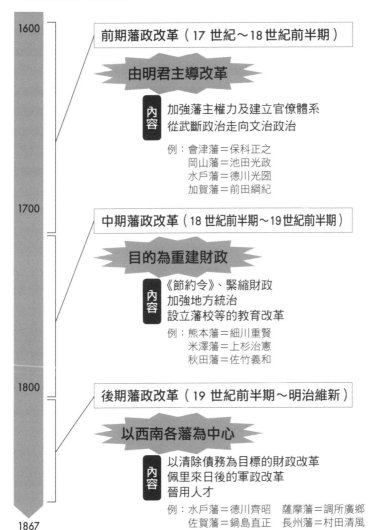

1600	**前期藩政改革**（17 世紀～18 世紀前半期）
	由明君主導改革
	內容：加強藩主權力及建立官僚體系　從武斷政治走向文治政治
	例：會津藩＝保科正之　岡山藩＝池田光政　水戶藩＝德川光圀　加賀藩＝前田綱紀
1700	**中期藩政改革**（18 世紀前半期～19世紀前半期）
	目的為重建財政
	內容：《節約令》、緊縮財政　加強地方統治　設立藩校等的教育改革
	例：熊本藩＝細川重賢　米澤藩＝上杉治憲　秋田藩＝佐竹義和
1800	**後期藩政改革**（19 世紀前半期～明治維新）
	以西南各藩為中心
	內容：以清除債務為目標的財政改革　佩里來日後的軍政改革　晉用人才
	例：水戶藩＝德川齊昭　薩摩藩＝調所廣鄉　佐賀藩＝鍋島直正　長州藩＝村田清風
1867	

官拜四品，
觀見過天皇和將軍的大象

　　一七二九年五月，江戶的鎮上喧嚷不已。因為，大象來了。江戶人為了看一眼這頭珍禽異獸，在周圍聚集了大批人潮。鎮上以大象為題材的錦繪（譯注：多色套印的浮世繪版畫）、人偶和雙陸棋等商品也都大賣。

　　把大象帶到江戶的是德川吉宗，他對於外國的珍禽異獸非常感興趣，以前也曾經從荷蘭進口過阿拉伯馬。這次來自越南從長崎登陸日本的大象，原本為雄雌各有一頭，但雌象沒多久便死了。同年三月，大象從長崎出發前往江戶，途中發生了一件前所未聞的插曲。當時的中御門天皇無論如何都想瞧一瞧大象，為了將大象召入宮，竟然授與地從四品的官位。從四品是足以與擁有城堡的大名匹敵的地位，真是一隻了不得的大象。

　　大象觀見過將軍德川吉宗之後，便被飼養在濱御殿裡，但是德川吉宗在飼養的十三年當中，總共只去看過三次，大概是覺得膩了吧。

　　飼養食量龐大的大象必須耗費相當的費用，這對提倡節儉的德川吉宗而言無疑是自打耳光。最後，德川吉宗終於決定將大象脫手，於一七四一年四月，將大象賜給了負責飼育的中野村農民源助。源助非常有生意頭腦，將大象當成展示品收取參觀費用，並聲稱大象的糞便可以治療麻疹、天花，大賣特賣。

　　大象在隔年的十二月死掉，源助又將大象的頭蓋骨和象牙拿出來展示，再度大賺了一筆參觀費用。將軍的大象不只被視為累贅趕了出來，還被當成了供人觀賞的展示品，連死後都繼續被充分利用，真可謂是「被啃得連骨頭都不剩」，遭遇相當地悽慘。

第1章

確立幕府根基——創建的時代

奠定幕府基礎
——前三代將軍的功績

雖然平凡但角色重要的第二代德川秀忠

德川家康於一六〇三年在江戶建立幕府，但僅只兩年便將將軍職位讓給兒子秀忠，自己退隱至駿府（靜岡）。此舉無非是要向天下誇耀德川的時代將藉由世襲持續下去，退隱並非真正的目的，所以實際上德川家康仍然繼續掌握絕大的權力。因此，直到德川家康逝世為止，幕府進行的是江戶和駿府的雙頭政治。

這對德川秀忠而言，應該非常綁手綁腳吧。但是，聰明的他沒有一句抱怨，一直遵從父親的指導，甚至在德川家康死後，在政治的經營上仍用心地尊重其遺志，認真的態度被譽為性情耿直、重道理。

不過，德川秀忠非常地懼內，在正室面前完全抬不起頭。他的正室是織田信長的妹妹阿市的女兒，名喚江與，據說疼愛次男忠長更勝過長男家光，曾要求丈夫讓忠長繼位。

無法違抗妻子的德川秀忠將忠長當做嫡子看待，當時長子繼承制度尚未確立，秀忠本身也是三男，所以完全不排斥讓忠長當將軍。

但是，德川家康對這件事非常反對，甚至專程從駿府移駕到江戶，強烈暗示要讓家光繼位。

戰國亂世中，如果不是由頭腦機靈的人繼位，就有可能導致家族滅亡；但是局勢和平時，只要政治組織穩固，誰當將軍都一樣，因此若規定由長子繼承，反而較不用擔心日後繼位的紛爭，有利於政權的穩定。當時德川家康應該是如此判斷的吧。

統治機構在第三代德川家光時代建立完成

　　德川家光雖然經歷這樣的過程才當上第三代將軍，但他終究成為了一代明君，從幕府的組織制度開始，將統治機構和各項制度建置完成，參勤交替制度、鎖國制度等便是其主要的政績。

　　此外，德川家光非常尊敬讓自己當上將軍的祖父德川家康，將埋葬祖父遺骸的日光東照宮改建成雄偉的建築，一生當中多達十次帶領眾多部下前往參拜。一般常說企業的存亡全看第三代的實力，就此而言，德川家可說是出了優秀的第三代。

江戶幕府──創建的時代（第一代家康～第三代家光）

1603年		1650年	1700年
第1～3代		江 戶	

第一代德川家康　第二代德川秀忠

1603	1605		1623

★ 1600　★ 　　　★★★　　　　1610　　　　1620

關原之戰
（1600）

在關原交戰，最後贏得勝利取得霸權。

豐臣秀吉死後，德川家康利用豐臣政權的分裂，和石田三成等反德川勢力（西軍）

開設江戶幕府
（1603）

川政權持續了兩百六十年。

在關原之戰獲勝的德川家康被朝廷任命為征夷大將軍，在江戶開設幕府。之後，德

對全國頒布禁教令
（1613）

信仰，一六一三年將禁令適用於全國。

失禮的句子為由，進攻到大坂城附近，最後以填平大坂城的外護城河為條件談和。一六一二年在幕府的直轄領地禁止基督教德川家康唯恐基督徒勢力擴大，於是

大坂冬之陣
（1614）

後以填平大坂城的外護城河為條件談和。失禮的句子為由，進攻到大坂城附近，最德川家康以豐臣家方廣寺的梵鐘銘文中有

大坂夏之陣
（1615）

家就此滅亡。攻陷。此役中豐臣秀賴、淀殿自殺，豐臣德川家康再次率領大軍進攻大坂城，最後

武家諸法度
（1615）

名的法令，以德川秀忠將軍的名義發布。德川家康命令金地院崇傳起草用於統制大

42

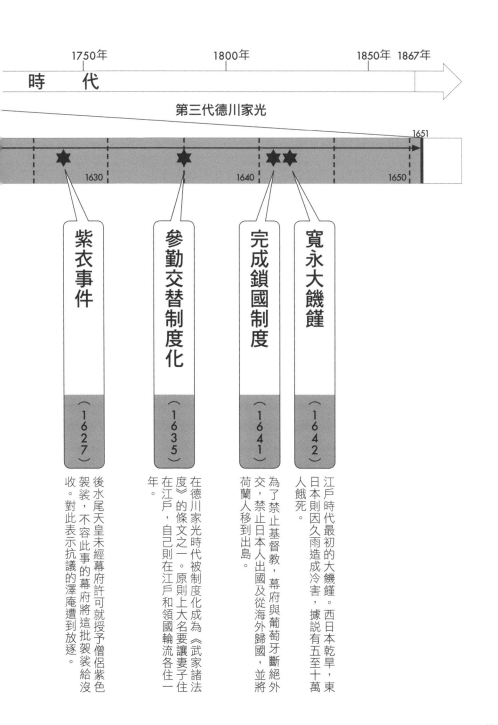

時　　代

1750年　　　　　　1800年　　　　1850年 1867年

第三代德川家光

1651

1630　　　　　　1640　　　　　　1650

紫衣事件

（1627）

後水尾天皇未經幕府許可就授予僧侶紫色袈裟，不容此事的幕府將這批袈裟給沒收。對此表示抗議的澤庵遭到放逐。

參勤交替制度化

（1635）

在德川家光時代被制度化成為《武家諸法度》的條文之一。原則上大名要讓妻子住在江戶，自己則在江戶和領國輪流各住一年。

完成鎖國制度

（1641）

為了禁止基督教，幕府與葡萄牙斷絕外交，禁止日本人出國及從海外歸國，並將荷蘭人移到出島。

寬永大饑饉

（1642）

江戶時代最初的大饑饉。西日本乾旱，東日本則因久雨造成冷害，據說有五至十萬人餓死。

利用派閥的對立取得天下

豐臣秀吉死後，德川家康之所以可以迅速得勢，是因為他巧妙地利用了幕府內兩派的爭執。

豐臣秀吉死後，德川家康性格驟變

有道是「君子豹變」，一五九八年豐臣秀吉死後，德川家康就如同此言整個人性格大變。他原本以耿直聞名，因此相當受到今川義元、織田信長、豐臣秀吉的信任，得以一步登天。特別是在豐臣政權末期擔任五大老（譯註：豐臣秀吉任命來輔佐其子的五位重臣，為豐臣政權下的最高職務）之首，甚至在豐臣秀吉臨終之際，被懇求協助輔佐其子豐臣秀賴。

但是，豐臣秀吉死後不久，德川家康即卸下了耿直的假面具。

他違背了和豐臣秀吉的約定，亦即政治必須在五大老和五奉行（譯註：五位政務官組成的政策執行機關，地位在五大老之下，負責執行五大老決定的政策）商議下進行的規定，而擅自對諸大名論功行賞。此外，「御掟」（譯註：豐臣秀吉所制訂，用於明示政權方針的法令，由五大老連名發布）中禁止私自結婚，德川家康卻迎娶伊達政宗的女兒做為六男忠輝的妻子，並接連不斷地做出違反御掟的事。

德川家康利用文治派和武力派的對立

德川家康的企圖只有一個，就是藉由專橫跋扈地違反豐臣秀吉的規定，促使豐臣政權分裂，好趁著混亂奪取天下。

而實際上，早在豐臣秀吉的晚年，豐臣政權便產生了很大的分裂，即石田三成等五奉行的「文治派」（官僚）和加藤清正等「武力派」（軍人）的對立。由於實際負責政權運作的是文治派的大名，因此德川家康便利用違背御掟的做法來刺激文治派大名，並拉攏對現狀感到不滿的武力派大名與自己站在同一陣線，期待著文治派積壓的情緒爆發後舉兵。

歷史筆記　關原之戰中，西軍薩摩的島津義弘遭到東軍包圍，但他率兵衝向敵軍本營，成功地強行突破包圍。之後，利用巧妙的外交政策，終於讓德川家康承認其對領地的所有權和統治權。

　　一五九九年閏三月，五大老之一、一百萬石的加賀大名前田利家去世。他是豐臣秀吉的朋友，人格高尚，亦被豐臣秀吉託付輔佐豐臣秀賴。之前由於前田利家的存在，使得德川家康無法完全掌握武力派；但他一死後，武力派大名便紛紛向德川家康靠攏，剩下的就是如何挑動以石田三成為首的文治派了。

　　一六〇〇年，德川家康下了一個賭注，他以會津的上杉景勝企圖推翻豐臣政權為由，率領大軍從大坂出發前往討伐。德川家康推想如果自己沒有留守城中，文治派肯定會舉兵叛變，而他的預料果然成真，當他駐紮在下野國小山時，就接到了石田三成舉兵的消息。據說，當時的德川家康欣喜若狂。

　　就這樣，德川家康順利地讓豐臣政權完全分裂，並在九月十五日於「關原之戰」中擊敗石田三成等組成的西軍，成功地取得天下。

●關原之戰的過程

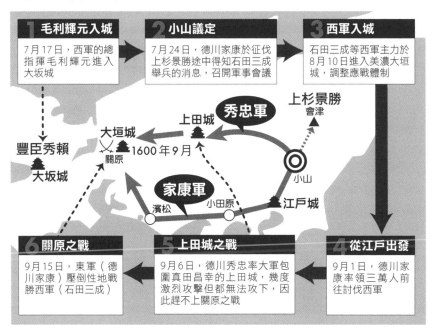

1 毛利輝元入城
7月17日，西軍的總指揮毛利輝元進入大坂城

2 小山議定
7月24日，德川家康於征伐上杉景勝途中得知石田三成舉兵的消息，召開軍事會議

3 西軍入城
石田三成等西軍主力於8月10日進入美濃大垣城，調整應戰體制

上杉景勝
會津

上田城　秀忠軍

大垣城
關原　1600年9月

豐臣秀賴
大坂城

家康軍

濱松　小田原　江戶城
小山

6 關原之戰
9月15日，東軍（德川家康）壓倒性地戰勝西軍（石田三成）

5 上田城之戰
9月6日，德川秀忠率大軍包圍真田昌幸的上田城，幾度激烈攻擊但都無法攻下，因此趕不上關原之戰

4 從江戶出發
9月1日，德川家康率領三萬人前往討伐西軍

德川家真的有當將軍的資格嗎？

德川家康原本姓「藤原」，但在當上將軍的前不久卻改姓為「源」，究竟其真正的姓氏為何？

德川家康原是清和源氏？

　　德川家康主張自己的血統是清和源氏的嫡系（譯注：「源」是降為臣民的皇族被賜予的姓氏之一，「清和源氏」為其中的一支旁系），然後以身為源氏後代為由要朝廷任命他為征夷大將軍，並於一六〇三年在江戶建立幕府（譯注：慣例上只有清和源氏子孫才可擔任征夷大將軍）。但是，德川家康自稱為源氏後代是在一六〇二年，也就是他開始打算建立幕府的時候，在這之前則是姓藤原；那麼，統治日本長達兩百六十年的德川一族血統究竟為何呢？接下來便簡單地介紹。

　　德川家康的祖先，一般認為是清和源氏的嫡系子孫新田義重的四男得川（世良田）義季。不過，其子孫逐漸沒落，到了德阿彌這一代更淪落得四處漂泊，不過他運氣很好，被三河當地的豪族松平太郎左衛門看中，入贅為婿，改名親氏，姓氏為松平。

　　不過，德川家康的家譜中被認為確有其人者，要從德阿彌的孫子松平信光開始算起。松平信光將西三河一帶納入統治下後，就聲稱自己是賀茂氏的後裔；這大概是因為其本營設在三河加茂郡，所以想藉由假稱自己是名族賀茂氏的子孫來建立權威。

　　德川家康的直系祖先並非松平信光的嫡系，而是旁系後代，但德川家的家譜已經修改得宛如德川家康的血統屬於嫡系一般。

　　德川家康以上的家譜，由松平信光起依序為親忠、長親、再到信忠。不過，松平信忠是個十足的暴君，因此被眾家臣逼迫引退，改由其十三歲的長男清康繼位。松平清康是個天生的武將，僅只十年就平定三河國（譯注：「國」為日本古代至十九世紀末的行政劃分單位，全日本共分為六十八國），晉升戰國大名之列。

歷史筆記　可信度高的史書《三河物語》中，只提到德阿彌是「周遊各處的旅人」，未提到他是新田家的人。

「德川氏」並非捏造

松平清康自稱是新田氏的末代後裔，並自稱名為世良田二郎三郎。「世良田氏」即為「德川（得川）氏」，也就是說，在德川家康的祖父那一代早已自稱姓氏為德川，而且應該從之前的歷代祖先就已如此代代相傳。總之，「德川」這個姓氏並非德川家康自己捏造，只不過他刻意巧妙地利用此姓氏的傳承，製作假的家譜做為血統的證據交給朝廷，以將姓氏改成源氏好當上將軍。

德川家康的祖父松平清康後來也開始進軍鄰國尾張，但在二十五歲時便被誤會他的家臣殺死。因此，松平清康的長男廣忠十歲就當上松平家的宗主，不過實權卻被大伯父松平信定奪走，並且被趕出三河。松平廣忠在各地流浪，最後投靠了駿河的今川義元，在其協助下奪回領地，但此後一生都成為今川的部屬，二十四歲時同樣遭到家臣殺害。

德川家康是松平廣忠的長男，因為上述的緣由而做為人質待在今川家。究竟德川家康是如何從惡劣的境遇中掌握天下的？下一節將敘述相關的內容。

●德川一族的歷史

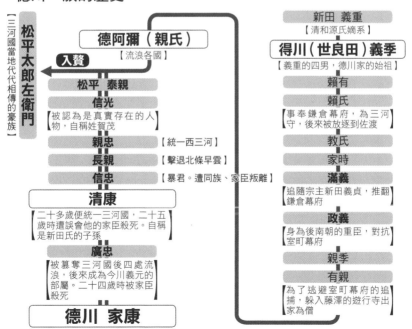

靜候時機，德川家康的耐心戰略

德川家康看似順利地取得天下，但其實這是他能心胸寬大地接納不可靠的眾家臣所獲得的成果。

統領糟糕家臣的德川家康

歷經了悠長的江戶時代以後，德川家康的形象已經被神化，他的所言所行一向完美，所以理所當然能夠掌握天下。而且，相傳德川眾家臣都是忠臣，他們扶助主人，為了取得天下團結一致、勇往直前。但其實，這些都是憑想像編造出來的。

特別是德川的眾家臣不但不忠誠，事實上還非常地糟糕。在此便舉幾個例子。

一五六三年，許多世代事奉德川家的家臣參與「一向一揆」（譯注：一向宗〔淨土真宗〕教徒所發動的起義。「一揆」指農民、信徒等為了團體利益而越級請願、群起暴動或武裝起義），反叛了德川家康。

一五七二年的「三方原之戰」中，德川家康慘敗於武田信玄，返城途中因為太過害怕而嚇得在馬背上失禁。據說重臣大久保忠世知道這件事後，捧腹大笑道：「殿下屁滾尿流地逃回來了！」

一五七九年，織田信長對德川家的宿老（譯注：武家的重臣）酒井忠次盤問道：「德川家康的兒子信康、正室築山殿兩人與武田勝賴有所勾結的傳言是真的嗎？」酒井表示此事屬實，因此德川家康不得不處死妻子與兒子。

一五八四年，德川家康的重臣石川數正、水野忠重接受豐臣秀吉的利誘，出走德川家成為了豐臣家的家臣。

一六一五年的大坂夏之陣，德川家康的本營遭到真田幸村的軍隊突擊時，眾旗本因為怕死而丟下大將德川家康逃走。

只要等待時機一定來臨

這些才是德川眾家臣的真實面貌。然而，手下都是這樣的人，為何德川家康還可以取得天下呢？這個問題的結論，終究還是得歸功於他的

 歷史筆記　德川家康強韌的耐性是在人質時代培養出來的，因為人質只要稍微流露出不滿或採取可疑的行動便可能被殺死，所以唯有忍耐一途。

「運氣」。不過能夠有這樣的好運，也是出自於德川家康本身的努力。

德川家康不管處於什麼樣的局面，都能不激動也不焦躁，耐心地等候時機成熟，這是他的長處。就像儘管面對前述所列舉眾家臣的無禮或背叛，他都不會施予處罰，也不會將憎恨或憤怒顯現於外，只是一邊隱忍著一邊等待時機，這就是德川家康成功的祕訣。

●德川家康取得天下的過程

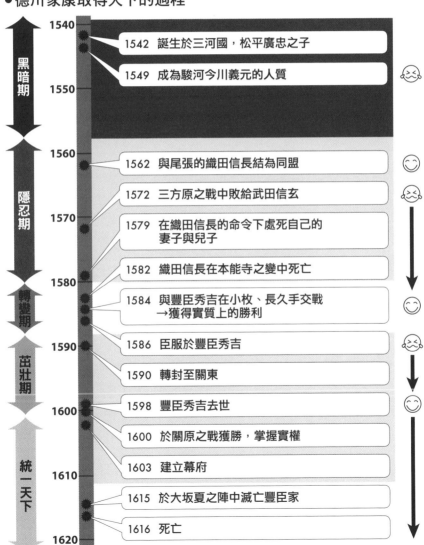

黑暗期
- 1542　誕生於三河國，松平廣忠之子
- 1549　成為駿河今川義元的人質

隱忍期
- 1562　與尾張的織田信長結為同盟
- 1572　三方原之戰中敗給武田信玄
- 1579　在織田信長的命令下處死自己的妻子與兒子
- 1582　織田信長在本能寺之變中死亡

轉變期
- 1584　與豐臣秀吉在小牧、長久手交戰→獲得實質上的勝利

茁壯期
- 1586　臣服於豐臣秀吉
- 1590　轉封至關東

統一天下
- 1598　豐臣秀吉去世
- 1600　於關原之戰獲勝，掌握實權
- 1603　建立幕府
- 1615　於大坂夏之陣中滅亡豐臣家
- 1616　死亡

從百戶荒村成為百萬人都市

一五九〇年遷入江戶的德川家康，在豐臣秀吉死後開始急速地著手打造巨大都市。

德川家康沒有幹勁

「江戶」這個地名在古代並不存在，到了日本中世時期（譯注：日本史的「中世」指十二至十六世紀的鎌倉、室町時代）才看得到這個名稱，但當時只是用來稱呼統治這一帶的武士為「江戶氏」。一四五七年太田道灌在此建造城池以後，這個地方才開始聞名。

太田道灌築起城牆後，城的周圍跟著形成市集，商船亦駛入江戶港，這裡逐漸地熱鬧繁華起來。儘管如此，此時的聚落不過區區一百戶，仍是個稱為荒涼村莊也不為過的地方。

德川家康接到豐臣秀吉的命令，要他遷移領地將如此荒涼的地方當做根據地，只好不太情願地遷進了江戶。雖然德川家康的家臣們進言，希望他身為關東太守應當建設一個與身分相稱的城下町（譯注：以領主的居城為中心發展出來的城鎮，參見214頁），但一開始德川家康絲毫不採取行動。

豐臣秀吉死後
終於正式著手開發

德川家康真正開始建設城下町，是在一五九八年豐臣秀吉去世，已經不會有被命令遷移領地之虞以後。他改變利根川的流向，解除了洪水的危機，並在低窪濕地挖鑿縱橫渠道，然後築堤將池沼裡的水排光，造出廣大的住宅地，再將土地分成一塊塊長為六十間（譯注：長度單位，一間約一・八一八公尺）的正方形，規劃得有如圍棋的棋盤格狀般，供町人居住。一五九二年起，也開始對海域大幅深入內地的日比谷海灣著手進行填海造地工程。

原則上填海新生地以及築堤排水而成的土地分配給町人，地勢較高的地區則分配給武士，所以在麴町和神田台可見到武家的宅邸櫛比鱗次。

歷史筆記　也有一說認為，明曆大火是幕府為了將江戶城鎮規劃成井然有序的大都市而放的火。

一六○三年，當上征夷大將軍建立幕府的德川家康命令諸大名出錢出力，以協助江戶大規模的擴張工程。

他剷鑿神田山，用來填埋豐島的沙洲，開發出廣大的土地，也就是現今日本橋濱町、京橋、新橋一帶。接著也建設了交通網絡，開通以日本橋為起點的東海道、奧州街道。此外，亦保留部分的渠道不予填埋，做為船舶停靠的碼頭，以利江戶發展成商業港口。經過一連串的建設，一六三○年代時江戶的城鎮終於成形。

火災後再度大興土木

但是，發生於一六五七年的明曆大火燒毀了大半的城鎮。為了加強防災措施，幕府不得不再次大舉建設江戶，大幅拓寬道路，並為了在重要地點騰出空地（防火地），而將許多大名的宅邸和寺院遷往遠方。

江戶初期時不到數萬的人口，由於鄰近農村的人口不斷流入，到了十八世紀時已急速增加到一百萬。一般推測若再加上武家人口，最繁榮的時候曾有多達一百三十萬的人口居住在江戶，這個數字無疑是世界第一。

●江戶的變遷

〈日本中世〉

〈1603年代〉

歷經三代建造而成的龐大江戶城

江戶城耗費數十年建造而成，其內部構造為何，接著便來一探究竟。

天守閣從白色城堡
變成金銅城堡

總之只有一句話足以形容江戶城：一座龐大的巨城。例如，光是以內護城河包圍起來的內城部分，就足以容納下整座大坂城。而外城也相當地遼闊，從現今隅田川開始延伸的外濠通（譯注：沿著外護城河建築的環狀道路，或寫為「外堀通」）內側，全都是當時的外城，範圍包含銀座、神田、九段、市之谷、大手町、霞之關等東京都中心地區，與其他城下町的規模大為不同。像這樣能夠容納一百萬人的大城，在廣大的世界上也只有江戶城一座。

這樣龐大的一座巨城並非在德川家康一代便建造完成，是延續到第二代德川秀忠和第三代德川家光利用權力動用了大批人馬，總共耗費三十年才完全成形。

接著便簡單介紹較鮮為人知的內城構造。

江戶城的內城是由本丸、二之丸、三之丸、西之丸、北之丸、吹上六個地方構成。通常將軍會待在本丸，在此處理政務、舉行儀式並度過日常生活。本丸御殿為往南北向延伸的建築，最南端是舉行儀式或覲見將軍的地方，稱為「表」；正中央是將軍處理政務也是起居之處，稱為「中奧」；御殿北邊則是「大奧」（譯注：德川將軍妻妾的居所，參見222頁）。整個御殿有一萬四千坪之大。

過去本丸境內聳立著五層建築的天守閣（譯注：戰國時代以後城堡的象徵建築，平時為武器庫，戰時則做為瞭望台或武器發射台），高達四十八公尺，在當時是日本之最。據說德川家康將天守閣的壁面塗上白漆，石材用的是白花崗石，屋頂上也鋪上含鉛的瓦片泛出銀光，使得整個天守閣看起來宛如一座白色殿堂。

不過，德川秀忠、家光時代都

歷史筆記　江戶城的內城最初並沒有「吹上」這個地方，該處本來座落著御三家的宅邸。明曆大火之後，為了騰出防火地才改建成廣大的庭園。

進行過大規模的整修，據說德川家光時代，天守閣的壁面和屋頂用的都是銅片，可以想像當時的風貌已經截然不同了。一六五七年的明曆大火燒垮了天守閣，雖然曾經幾度計畫重建，但最後終究沒有實現。

西之丸和二之丸
是重要人物的住處

接著介紹西之丸。西之丸雖然規模比較小，但基本上構造和本丸一樣，這裡是大御所（譯注：退位將軍的尊稱）和將軍的嗣子居住的地方。

不過，一八六四年本丸燒毀後至幕府滅亡的數年間，將軍便移居至西之丸，並將此地做為政廳。西之丸旁邊鄰接著紅葉山，這座小山丘上有歷代將軍的祠堂和書庫。

二之丸是將軍的偏室和臨幸過的女性過著隱居生活的地方，據說二之丸庭園是出自小堀遠州（茶人，負責教導第三代德川家光修習茶道）的設計。至於三之丸則因為不太被使用，後來便廢置不用了。

把這些內城的面積加總起來，據說共有三十萬六千七百六十坪之大。

●江戶城內部的概略圖

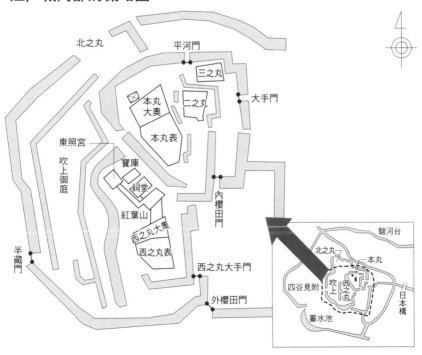

統合兩百七十個小國的幕藩體制

幕府對於各藩的政治幾乎不多加干涉，唯獨緊盯其軍事力。

中央與地方的主從關係

所謂的「幕」是指以將軍為首的中央政權，即「江戶幕府」；「藩」是指以大名為首的地方政權。不過，當時並沒有「某某藩」的名稱，這是後來的歷史學家用於表示地方大名所統治的領地時採取的說法。

而所謂的「幕藩體制」，是指將軍和各大名之間維繫著主從關係，但又各自擁有強大的領主權並統治其土地和人民的體制。

關於幕藩體制的定義，以下再做若干簡要的說明。

雖然江戶幕府的政治權力原本就是德川家憑武力贏得，但形式上，仍採取由天皇任命德川家宗主為征夷大將軍，讓他建立幕府，並在幕府執政的方式。易言之，也就是德川家利用了「朝廷將政權委託給幕府」此一手段，而這種做法可說是自鎌倉幕府以來傳統的武家政權模式。

就這樣，受到朝廷公認的「江戶幕府」政權掌管了日本的政務。不過，幕府可直接統治的土地，其實只有以關東為中心的四百萬石天領（直轄領地），其他土地（約兩千兩百五十萬石）則分別由領有該地的藩主自行統治。

雖然統制但不干涉

為了防範諸大名反抗或日益強大，幕府確實是相當嚴格地進行統制，每次藩主交替時，也必須再重新承認新藩主的領土統治權（用以確保彼此的主從關係），甚至逕自調換或增減大名的領地。雖然如此，幕府對於諸大名的領地統治權卻未加干涉、侵犯。

另一方面，諸大名也因為領土得到幕府的保證，而必須負擔某些義務，像是提供武力給幕府、參勤交替、修整河川或協助修建城堡。

歷史筆記　其實豐臣秀吉也曾打算建立幕府，而請求室町幕府第十五代將軍足利義昭收他為養子，但因遭到拒絕而以失敗告終。

不過，沒有任何一個藩因為如此而想把領國交給幕府治理。

江戶時代約有兩百六十至兩百七十個藩，也就是說，日本列島當時有這麼多小國家存在，而這樣的狀態基本上一直維持到幕末都沒有改變。

●幕藩體制的架構

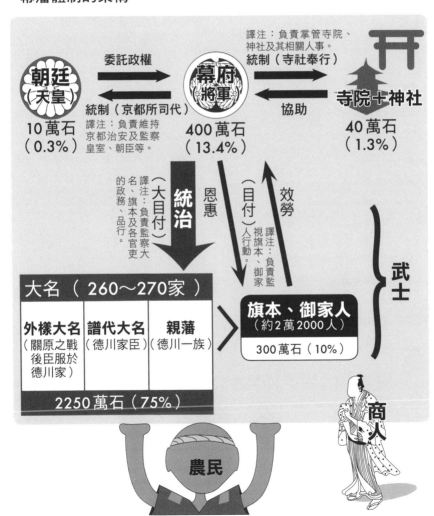

譯注：負責掌管寺院、神社及其相關人事。

統制（寺社奉行）

委託政權

朝廷（天皇） ⇒ **幕府將軍** ⇒ **寺院＋神社**

統制（京都所司代）　協助

10萬石（0.3%）

譯注：負責維持京都治安及監察皇室、朝臣等。

400萬石（13.4%）

40萬石（1.3%）

統治（大目付）

譯注：負責監察大名、旗本及各官吏的政務、品行。

恩惠（目付）

譯注：負責監視旗本、御家人行動。

效勞

大名（260～270家）

外樣大名	譜代大名	親藩
（關原之戰後臣服於德川家）	（德川家臣）	（德川一族）
2250萬石（75%）		

旗本、御家人（約2萬2000人）

300萬石（10%）

武士

商人

農民

如何管理不易駕馭的外樣大名

幕府藉著親藩加上譜代大名的強大軍事力，得以維持中央集權體制。

幕府的軍事力概分為二

　　江戶幕府是德川家建立起來的軍事政權。

　　德川家在戰國時代的戰亂中不斷獲勝，日漸壯大。一六○○年，便挾帶著其他大名無法相抗衡的強大兵力迎向「關原之戰」，在此役獲勝後，於一六○三年在江戶建立了幕府。

　　由於幕府是軍事政權，所以採取的是以武力壓制大名的管理體制，其軍事力量相較於外樣諸藩（關原之戰後臣服於德川家的大名），具有壓倒性的優勢。而此一強大的軍事力量，讓德川家得以維持長達兩百六十年的長期政權。

　　幕府擁有的軍事力大致可分為兩種：

　　一種是親藩（德川一族的大名）和譜代（德川家的家臣大名）手下的軍隊；另外則是直屬於將軍的旗本和御家人所組成的「番方」組織。

曾經實力堅強的德川軍

　　江戶幕府的職務制度分為稱為「役方」的文官（官僚）和稱為「番方」的武官（軍人），剛開始在軍事政權的本性下，番方的地位比役方高，但是和平的時代長期持續之後，便逐漸地轉而重視役方。關於番方組織，光是主要的職位就有十五種，其中以「大番、書院番、小姓番」為重要核心，俗稱「三番」。

　　例如，大番分成十二組，各組的領導者稱為「番頭」，其下有四名「組頭」（輔佐者）、五十名「番士」、十名「與力」、二十名「同心」。其他番方職位的結構大致相同，所有番方組織的總人數有兩萬人左右。雖然常聽到「旗本八萬騎」的講法，其實這只是虛張聲勢，旗本在整個江戶時代大致都維持在五千人左右，就算加上御家人也才約兩萬兩千人。

歷史筆記　幕府為了防止外樣大名侵襲，而將外樣大名分配在邊遠地帶，並在其附近配置親藩和譜代大名，負責監視。

在此順道一提，旗本和御家人都是將軍的直屬家臣，兩者間的差別在於能不能覲見將軍；可以覲見將軍者稱為旗本，無法覲見將軍者稱為御家人。一般旗本領的俸祿也較御家人多。

親藩、譜代大名的軍隊及番方組織加起來的軍事力量相當龐大，就算所有的外樣大名聯合起來挑戰也絕無勝算。

雖然如此，幕末的「鳥羽、伏見之役」（一八六八年）中幕府軍卻嚴重慘敗，原因是德川慶喜將軍的軟弱、以及長期的和平讓習慣太平盛世的幕臣們變得太過安逸，因此儘管人數再多，實際戰鬥時若無法發揮戰力還是沒有用。

● 具有壓倒性實力的幕府軍事力

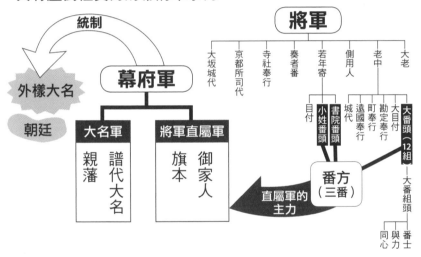

※譯注
　大老：將軍的輔佐，於必要時任命，地位較常設的最高職位老中高，參見 172 頁。
　側用人：將軍的侍從，負責將軍與老中之間的上傳、下達。
　若年寄：負責監視旗本、御家人的職務。
　奏者番：禮官，負責武家禮儀。
　大坂城代：負責維護大坂城的安全及監視西國大名等。
　勘定奉行：負責幕府直轄領內的稅收、金錢出納、農民訴訟。
　町奉行：負責江戶都市的行政、司法等民政，參見 194 頁。
　遠國奉行：設置在江戶以外的幕府直轄地，管理當地行政、司法等民政，如長崎奉行、大坂町奉行。
　城代：城主代理人，於城主離城期間代行其職。

幕府的財源從何而來？

幕府原來的基本收入來自年貢米，但後來不惜減少貨幣中的金銀含量，藉以賺取差額利益。

以年貢、金銀開採及貿易豐潤財庫

不論什麼時代、什麼地方都一樣，維持及經營政權需要龐大的資金。沒有資金，國家便沒有辦法運作。

江戶幕府的財源大半來自直轄領地內農民的年貢，幕府直轄的土地廣達四百萬石，占全國的百分之十三。

但是，只有年貢並無法滿足財政需求，所以幕府也從其他的管道徵收財賦。

幕府政治初期主要的財源，是來自礦山開採的金、銀、銅等礦產及長崎貿易所得的收益，當時幕府直接管轄主要的礦山並獨占貿易，將所得利潤全部納入國庫。但是，後來金銀的開採量急速減少，加上採取了限制貿易額的政策，很快地，幕府的財政也就愈來愈吃緊。

降低貨幣品質賺取差額利益

於是，元祿時代的一六九五年，德川綱吉將軍採取了減少貨幣中金銀含量的做法，將獲得的差額利益做為財政來源（元字金銀）。

之後，幕府屢次降低貨幣品質，其差額逐漸成為重要的財政來源。例如，一八四○年代的幕府歲收中，改鑄貨幣所賺得的差額利益就占了百分之二十以上。

此外，天明年間（一七八一～一七八八年），田沼意次改變了過去重視年貢以確保基本財源的做法，利用承認工商業者所組成的「株仲間」（同業組織），向其課徵稱為「運上」、「冥加金」的營業許可稅。

其他的財政來源還有諸大名的獻金、普請役（負擔幕府擁有的城堡和河川的修築工程）以及主要都市的御用金（參見右頁圖解）。

歷史筆記　元祿以後，幕府將改鑄貨幣所得的差額利益當做重要的財源，元祿小判相較於最初的慶長小判，金銀含量減少了百分之十三。

歲出的大致用途

接下來看幕府的歲出。

幕府的歲出大半是被「切米」和政府機關的經費占去。所謂的「切米」是指支付給旗本、御家人的俸祿米，也就是薪水。

此外，大奧的經費也不斷急速地增加。其他如將軍每次前往德川家康陵寢（日光東照宮）參拜的費用，也占了歲出的將近百分之十。雖然將軍並非每年前往參拜，但的確是筆相當龐大的費用（參見126頁）。

●支撐江戶幕府的財政來源

貿易

收益金
由於警覺到金、銀的流出而限制交易額，使得收益逐漸減少。

諸藩

①**普請役**
負擔道路、橋和屬於幕府的城堡等的整修、建築工程。
②**獻金**
不定期向諸藩要求的獻金。

農村

年貢
有本途成、小物成、高掛物、國役等各種名目。（參見192頁）

幕府

工商業者

冥加金
向獲得許可從事工商業的人徵收的稅金。

運上金
向工商業者徵收的定率營業稅。

都市

①**御用金**
不定期向都市富商強制徵收的借款。
②**地子錢**
向都市的町人徵收的房屋土地稅。

礦山

金、銀、銅、貨幣
從主要直轄礦山開採金、銀、銅，中期以後產量急速減少。幕府獨占貨幣的發行權，屢屢減少其中的金銀含量，將其差額利益做為財源。

宗氏偽造國書以和朝鮮恢復邦交

江戶時代恢復了原本和朝鮮已經斷絕的邦交，背後原因可歸功於對馬的宗氏傾盡全力的促成。

宗氏回應朝鮮的要求

豐臣秀吉時代曾經兩次出兵朝鮮（一五九二年、一五九七年），所以江戶幕府建立之初，兩國已經完全斷絕來往。然而對馬的宗氏一心想修復兩國惡劣的關係，恢復邦交。

對馬是個不適合耕作的地方，而統治這座島嶼的宗氏家族之所以可以從日本中世時期一直存續下來，完全是拜日朝貿易之賜。對馬位於日本和朝鮮半島中間，因為仲介兩國的貿易而得以繁榮，兩國斷交，形同奪走了島民賴以維生的糧食，所以宗氏無論如何都要設法恢復通商。

另一方面，德川家康也期望能夠和朝鮮恢復邦交。

一六〇四年，朝鮮因宗氏的頻頻懇求而派遣使者前往日本，並得到德川家康的接見。但是，對日本深惡痛絕的朝鮮在這之後仍然沒有打算恢復邦交的動靜。宗氏不死心地繼續交涉，最後朝鮮終於開出了恢復邦交的條件。

條件有二，其一是必須先由德川家康致送國書給朝鮮，其二是日本必須將出兵朝鮮時破壞了朝鮮王陵的犯人交出來。

為了能夠再度通商，宗氏不惜不擇手段，鋌而走險地偽造了德川家康的國書，並將對馬的罪犯充當破壞王陵的犯人交給朝鮮。最後終於在一六〇七年，朝鮮正式派遣使節前往江戶拜謁第二代將軍德川秀忠。

之後直到一八一一年為止，朝鮮總共十二次派遣使節來到日本。這些使節稱為「通信使」，在每次新將軍就任時都會前來祝賀（正確而言，第四次之後派遣的使節才稱為通信使，之前的稱為「回答兼刷還使」）。

歷史筆記　對馬的宗氏派遣商船至朝鮮半島，用銀、銅買進中國產的生絲、木棉、朝鮮人參等，並出口胡椒、蘇木。

一次多達五百名使節至江戶

　　朝鮮派遣使者拜訪日本時，是由正使率領副使、翻譯、學者、醫師、藥士等總計四百至五百名成員，帶著國王的親筆書信及貢品從首都首爾出發，越過半島的中央到達釜山，由此分別搭乘六艘船來到對馬，再經過壹岐、藍島，並通過赤間關後駛入瀨戶內海，然後在大坂登陸。接著再從大坂乘船沿淀川北上，從淀浦開始行陸路，然後進入京都，從東海道前往江戶拜謁新將軍。

　　朝鮮使節團到達日本後，沿途的諸大名被迫必須支付龐大的費用來負擔使節的警備、街道和驛站的整頓及接待朝鮮人等。不過，遙遠的朝鮮國使者竟然專程前來祝賀將軍就任，這讓庶民深感驚訝，而大大地提升了幕府的權威。

　　順道一提，一六○九年對馬的宗氏成功地與朝鮮締結《已酉約條》（通商條約），每年最多可以派遣二十艘船隻前往朝鮮進行貿易。

●通信使與日朝貿易（李氏朝鮮）

通信使

1607～1811年十二次來日，共400～500人分乘六艘船，路線是釜山→對馬→江戶。目的為祝賀將軍就任，由對馬的宗氏居中斡旋。

通信使行經的路線

首爾　中州　釜山　對馬　赤間關　京都　大坂　往江戶

日朝貿易

1609年，對馬宗氏與朝鮮國締結已酉約條（通商條約）。日方只可在釜山的倭館進行貿易，限船20艘，輸入品為生絲，輸出品為銀。

幕府讓琉球有如獨立國的理由

幕府早已壓制住琉球，卻將其當成獨立國家對待，要求朝貢，無非是要藉此提升幕府的權威。

暗中統治琉球的薩摩藩

一六〇九年，薩摩藩島津氏得到幕府的同意派出三千名軍隊突然前往琉球國，從沖繩本島開始陸續壓制各島，最後攻陷首里城，挾持中山王尚寧為人質，攻陷了整個琉球國。

兩年後，島津氏雖然允許尚寧王回國，但同時也派遣許多官吏嚴格監視琉球的一舉一動，此外還對琉球進行「檢地」（譯注：測量、調查農民的土地，用於換算年貢額度及各項雜稅）、頒布「掟十五條」（譯注：用於統制琉球的十五條法令，涵蓋貿易、稅制、思想控制、統治體制等面向）等，完全將其視為從屬國。之後一直到明治維新為止，琉球都被納入薩摩藩的統治下，持續地被壓榨。

但是，島津氏並沒有將其統治琉球的事實對外公開，讓琉球在表面上仍是個獨立的國家，並且一六三三年時還讓琉球接受中國明朝（不久後是清朝）的冊封（從屬關係）。這麼做的目的是要讓琉球朝貢明朝並進行貿易，以坐收利益。而幕府也默許這件事，因為這對幕府而言也有莫大的好處。

目的為提升將軍的權威

幕府的新將軍就任或新的琉球國王就任時，琉球國便會派遣使者前往江戶祝賀或感謝。前者稱為「慶賀使」，後者稱為「謝恩使」。

整個江戶時代，琉球使節總共拜訪了幕府十八次。早在江戶中期之後，琉球人的風俗民情已經相當地日本化，但幕府反而要求琉球使節在裝扮上刻意強調其異國風情，以展示給庶民看，目的是要凸顯從異國千里迢迢來向幕府朝貢的琉球人的存在，以向國民誇耀幕府的權威。

而且，沖繩諸島也是對抗統治

歷史筆記 室町幕府第六代將軍足利義教於一四四一年名義上將琉球王國賜封給島津氏，後來島津氏便以此為根據，向江戶幕府主張自己統治琉球的正當性。

馬尼拉的西班牙勢力的前線基地，所以幕府也想隱瞞薩摩藩統治琉球的事實。

不過，有別於朝鮮的通信使，幕府認為沒有接待琉球使節的必要，所以琉球使節並沒有受到熱烈的款待。

琉球使節的行進路線為，搭船從琉球出發，經由薩摩藩沿著海岸進到下關，穿過瀨戶內海前往大坂，由此逆淀川而上直到京都伏見，最後從陸路沿著東海道抵達江戶。

使節行經的沿途通常都擠滿了看熱鬧的人，為了讓大家欣賞甚至還設置了看台。據說琉球使節前來江戶的那一年，琉球的相關書籍、使節團的繪畫及琉球人模樣的人偶都會大賣。

●琉球王國相關圖

多達十萬日本人走向海外的時代

江戶時代初期，各大名和各地商人曾經頻繁地與東南亞進行貿易。

戰國末至江戶初為大貿易時代

戰國時代，葡萄牙人和西班牙人頻繁地來到日本進行貿易，不過日本人也並非只是靜靜地等待歐洲船到來而已。嚐到交易的甜頭後，不久日本人也組織了船團浩浩蕩蕩地航向東南亞。

據推測，戰國時代末期到江戶時代初期，前往海外的日本人超過十萬人。

為了採購輸入品和販賣輸出品，有勢力的西國大名和富商派人駐守在東南亞的各都市。到了江戶時代，日本國內受到迫害的基督教徒和想從事貿易開創新事業的庶民逐漸聚集到海外，各地因此誕生了「日本村」。

這些日本村由日本人自行治理，雖然每個村子的規模大小有所不同，但平均大約為三百人左右。其中也有規模相當大的日本村，像馬尼拉（位於現今菲律賓）有三千人，大城（位於現今泰國）有一萬五千人。

豐臣秀吉執政之後，只有領到蓋有豐臣秀吉朱印的朱印狀（許可書）的船隻（朱印船）才可進行海外貿易，而之後的江戶幕府也承襲這個政策。

曾派遣朱印船出航的人物當中，較為著名的有西國大名有馬晴信、島津家久、松浦鎮信；商人有京都的角倉了以、茶屋四郎次郎、長崎的末次平藏、博多的島井宗室、堺的金井宗薰等。

日本村因渡海禁令而消失

角倉了以貢獻給天龍寺的繪馬上（譯注：「繪馬」為許願或還願時供奉給神社寺院的木牌，上面繪有圖畫），詳細地描繪著朱印船的構造。畫上是一艘可搭乘四百人的巨大船隻，有三根船桅，看起來重達將近一千噸。圖畫裡不只有商人，也可見到

歷史筆記 大城的日本村村長山田長政後來成為暹羅國王的重臣，被任命為洛坤太守，但最後在王國的政治紛爭中被下毒殺害。

外國人和女性的身影。

　　當時日本產出的銀礦占世界產量的三分之一，富商們在朱印船上裝載大量的日本銀出航，在東南亞購買中國產的生絲和絹織品、砂糖等帶回國內，從中賺取龐大的利潤。

　　但是，一六三五年幕府禁止日本人航海至國外後，如此繁盛的海外貿易便結束了其半世紀的歷史，居住在日本村的日本人也幾乎全部回到日本。反觀從中國奔向世界的華僑，即使在國家鎖國之後也不回到故鄉，相較之下便可看出兩國民族性在本質上的不同。

●朱印船貿易和日本村

● 日本村所在地
── 朱印船的主要航線

長崎　鹿兒島

寧波

琉球王國
（1609年
被島津氏征服）

明

信州　淡水　**高砂**
安平城

澳門

緬甸　東京　海防

安南

阿拉干　**暹羅**

大城

柬埔寨

曼谷　波也呂　交趾

金邊
西貢
（譯注：今胡志明市）

沱瀁（譯注：今峴港）
會安

馬尼拉　聖米格爾
迪拉歐　**菲律賓群島**

民答那峨島

洛坤

北大年

特爾納特

蒂多雷

麻六甲

婆羅洲
（譯注：今加里曼丹）

西里伯斯
（譯注：今蘇拉維西）

安汶

蘇門答臘

爪哇

巴達維亞
（譯注：今雅加達）

德川家康希望日西貿易的目的

德川家康一邊鎮壓基督教，同時又試圖推展海外貿易，其真正的想法為何？

德川家康渴望和西班牙貿易

一五九六年漂流到日本土佐的西班牙聖菲利普號船員失口談到：「西班牙一開始會先派遣傳教士到別國去，使該地成為基督教國家之後，再侵略其領土。」造成後來豐臣秀吉在長崎處死了以傳教士為首的二十六名基督教相關人員（二十六聖人殉教）。之後，日本與西班牙的關係極度地惡化。

德川家康是一位相當積極推展海外貿易的執政者，除了獎勵國內與中國、葡萄牙、以及新加入的荷蘭、英國的貿易往來之外，並屢屢親自派遣朱印船遠赴東南亞。所以，他也強烈地希望能和西班牙通商，並經常向來到日本的西班牙傳教士表達其願望。

此外，德川家康所期望的並不只有貿易而已。當時的西班牙統治著銀礦產量為世界第一的墨西哥，所以德川家康想從他們那邊學習最新的開採技術。另外也有說法認為，德川家康想向西班牙學習穿越大西洋的航海技術，然後直接與墨西哥通商。

不過，由於德川家康公開宣示不允許基督教的傳教活動，因此西班牙對於與日本通商意興闌珊。但是一六〇九年，呂宋（西班牙殖民地，位於現今菲律賓）的臨時總督羅德里格在前往墨西哥赴任途中遇到暴風雨漂流到日本後，情勢有了相當大的轉變。

索特洛的野心

一六一三年，伊達政宗在牡鹿郡月浦建造了大型西洋帆船，並派遣家臣支倉常長一行人在方濟會傳教士索特洛的帶領下，經由墨西哥前往西班牙。一般認為其目的是為了通商，但近年較為有力的看法則認為，此舉其實並非伊達政宗所策劃，而是渴望和西班牙貿易往來的德川家康下令，指示伊達政宗派遣

歷史筆記　也有一說認為，伊達政宗派遣使節前往西班牙，目的是要與西班牙締結軍事同盟，以請來西班牙艦隊協助其推翻幕府。

使節前往。此說的依據為，建造新船的造船工人多是幕府派遣而來，而且使節團中也有幕府的家臣同行。而讓德川家康展開行動的便是索特洛，他為了在日本開設東北主教區，並讓自己坐上該區主教的位置，所以慫恿德川家康派遣使節前往西班牙，意圖藉此向西班牙國王等展示自己傳教的成果。

支倉常長雖然見到了西班牙國王和教皇，但他們早已知道日本鎮壓基督教的實情，所以沒有同意進行貿易，而是委婉地送走了支倉常長。

七年後的一六二〇年，支倉常長回到了日本，但之後的遭遇不得而知。另一方面，索特洛傳教的熱情依然不減，一六二二年時又偷偷地潛入當時大舉鎮壓基督教的日本，但不幸遭到逮捕，被處以火刑。

日本一直到明治元年（一八六八年）簽訂了《日西修好通商航海條約》後，才與西班牙恢復邦交。

●日本與西班牙的交流史

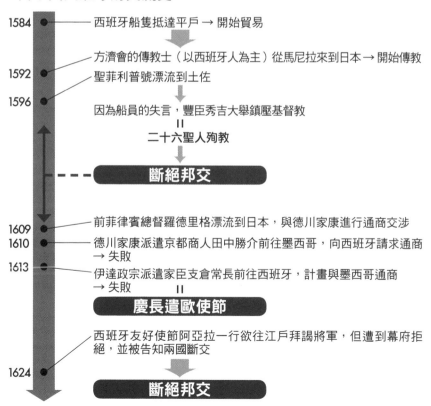

1584　西班牙船隻抵達平戶 → 開始貿易

1592　方濟會的傳教士（以西班牙人為主）從馬尼拉來到日本 → 開始傳教
　　　聖菲利普號漂流到土佐

1596　因為船員的失言，豐臣秀吉大舉鎮壓基督教
　　　＝
　　　二十六聖人殉教

　　　斷絕邦交

1609　前菲律賓總督羅德里格漂流到日本，與德川家康進行通商交涉
1610　德川家康派遣京都商人田中勝介前往墨西哥，向西班牙請求通商 → 失敗

1613　伊達政宗派遣家臣支倉常長前往西班牙，計畫與墨西哥通商 → 失敗
　　　＝
　　　慶長遣歐使節

　　　西班牙友好使節阿亞拉一行欲往江戶拜謁將軍，但遭到幕府拒絕，並被告知兩國斷交

1624

　　　斷絕邦交

豐臣家遭強行滅亡的悲劇

德川家康最為罣礙的就是豐臣家的動向，他在七十三歲時展現出前所未見的惡意，著手滅亡豐臣家。

優秀青年豐臣秀賴

　　德川家康焦急著必須在自己有生之年就將豐臣家滅亡。原因在於，江戶幕府早已成立，而德川家康把將軍職位傳讓給兒子秀忠之後，也已經過了將近十年，然而以往臣屬於豐臣家的大名在每年年初或行經大坂附近時，還是會宛如臣下般前往大坂城晉見豐臣秀賴。除此之外，豐臣秀吉之子豐臣秀賴已經成長為一個睿智的青年，能力也在德川秀忠之上。

　　「我若死了，天下就會再度被豐臣家奪走！」

　　一般認為就是這樣的焦慮驅使德川家康出兵征伐豐臣家（大坂之役）。只是，德川家康發動此役的過程做法非常卑劣，充滿了惡意。

藉口攻擊大坂城

　　豐臣家滅亡的開端始於一六一四年的「方廣寺鐘銘事件」。早年豐臣家重建了方廣寺，寺內鐘上的銘文中有「國家安康」、「君臣豐樂」等句子。於是，德川家康便刻意針對這些文字刁難說道：「故意將『家康』兩字拆開，是想要讓豐臣家成為君主之意吧！」。

　　豐臣家的家老（譯注：武家家臣中的最高職位）片桐且元聞訊後立即趕到江戶，但德川家康並沒有接見他，而是透過家臣向他質問豐臣家是否有意謀反。片桐且元對於德川家康的盛怒感到驚恐，心想：「這下若不請淀殿（豐臣秀賴的母親）來到江戶做為人質，就只能把大坂城拱手讓人了。」並回城將自己的想法稟告豐臣秀賴和淀殿。

　　但是，兩人聽了片桐且元的回報後，卻對他大加責難。之所以如此，是因為淀殿對片桐且元遲遲未回城感到焦急不已，而另外派了侍女前往江戶，結果德川家康不但馬上接見這名侍女，還笑言道：「我對秀賴沒有抱持任何懷疑，請他安心。」片桐且元的說法和侍女實在

歷史筆記　有説法認為，德川家康是在大坂夏之陣時因本營受到真田幸村的襲擊而陣亡，被指埋葬著德川家康的墳墓也確實存在。

大相逕庭。其實，這是德川家康巧妙的挑撥離間之計。於是，被認為是德川家康內奸的片桐且元無法繼續在大坂城待下去，只好求去。之後，大坂城為了與江戶幕府抗衡，便開始召集以往受過豐臣家恩惠的大名和牢人。

德川家康即以此為由，出兵攻打大坂城（大坂冬之陣）。不過，大坂城是座相當堅固的城堡，德川家康經過兩個月的攻擊，依然無法攻陷，於是最後開出了條件談和，要豐臣家將大坂城的外護城河填平，就不問他們的罪。但翌年

的一六一五年，德川家康違反了約定，強迫豐臣家連內護城河也都填平，大坂城因此徹底失去了防禦能力。而且，之後又強迫豐臣秀賴必須選擇「放逐大坂城內所有的牢人」或者「將領地遷移他處」，豐臣秀賴拒絕了要求後，德川家康就又再度召集諸大名，將已毫無防備能力的大坂城攻陷，滅亡了豐臣家。這場發生於一六一五年的戰役，就稱為「大坂夏之陣」。此役之後，德川家康或許是安心了，翌年便以七十五歲高齡畫下了人生的句點。

●大坂冬之陣至大坂夏之陣

第二代將軍德川秀忠
為政治家典範

　　有一次德川秀忠不經意地對弟弟德川賴宣（紀伊藩祖）説道：「啊，好想痛快地打場鼓，想必會很愉快吧。」德川秀忠原本相當喜歡打鼓，但自從當上將軍後就不再打了。德川賴宣覺得不可思議而回道：「想打的話就打啊。」德川秀忠聽了卻搖搖頭表示：「你仔細想想，如果身為將軍的我沉迷於打鼓，家臣也會開始打鼓，不久之後庶民也會見樣學樣，那麼整個國家將會沉迷於其中，所以我必須忍耐。」

　　這段話意義相當深遠，表示德川秀忠深知「上行下效」的道理。

　　歷代將軍之中，德川秀忠對於身為執政者的自覺特別地高，例如在他知命之年（五十歲）時，前來祝賀的藤堂高虎進言道：「今後將軍可以悠閒地度日了。」但德川秀忠卻回答：「你們可以好好地享受晚年，但是治理天下之人必須時常警惕自己，至死都要盡到執掌政務的義務。」

　　德川秀忠就算生病的時候也沒有怠惰過政務，即使家臣建議他靜養，他也不會休息，並會回答道：「無法體察庶民的勞苦，只想到自己的人，沒有資格做為領導者。更何況身為將軍的人，如果貪求長壽而怠忽政治，那就連禽獸都不如了。」然後又繼續照常處理政務。

　　相傳德川秀忠就連臨終前，也曾對刻意避談政治話題的兒子家光説道：「我一天沒有聽到國家政事就無法安心，至死都能夠掌握天下情勢才是我的心願。」像德川秀忠這樣，才是真正的為政者應有的風範吧。

專欄

第三代將軍德川家光
為何遲遲無後？

　　德川家光有斷袖之癖，不過這在當時並非什麼特別的事情。此種癖好稱為「眾道」，是武士的嗜好之一，當時在「湯島天神」（譯注：「湯島天滿宮」神社的通稱，位於現今東京文京區）周圍便林立著稱為「蔭間茶屋」的男妓館。

　　但讓人擔憂的是，德川家光對女人完全不感興趣。一般喜好男色的武士，通常也喜歡女人，但是德川家光的對象清一色是男性，光是已經確知的對象就有朝倉織部、酒井重澄、梶定良等不下十人。

　　據說德川家光年輕時，喜歡穿著華麗的女裝，而且還會化上妝，將頭髮紮出美麗的髮型。相傳有次當德川家光對著鏡子中化了妝的自己陶醉不已時，傅役（譯注：武家中負責輔佐、指導後繼者的人）青山忠俊便將鏡子拿走，進言忠告他的行為。若以現在的說法，德川家光或許就是所謂的「變性癖」吧。

　　一六二五年，德川家光迎娶關白（譯注：輔佐天皇攝政的重要職位）鷹司信房的女兒孝子為正室，但為了遠離她，不久便要她從江戶城的本丸遷居到中之丸（譯注：建於「吹上」的宅邸）。

　　「再這樣下去，德川家的血脈會斷絕。」德川家光的乳母春日局相當擔心，於是想辦法將相貌宛若美少年的少女送到將軍身邊，此招果然是妙計。

　　例如有一次，一位長相宛如青年的女尼因為就任住持而前來晉見將軍，當時春日局看出德川家光對女尼稍感興趣，便要求女尼還俗，將她納為德川家光的側室。

　　經過春日局的努力，德川家光終於認識到了女性的優點，不久後便有了家綱和綱吉的誕生。如此說來，春日局真可算是德川將軍家的恩人。

德川「御三家」為偶然形成？

「御三家」的存在是為了避免德川家的血脈斷絕，但事實上其形成並非經過刻意安排。

急促建立起的一族

德川家康在關原之戰獲勝取得權力前，並沒有組織起有力的家族勢力，這或許是為了避免家族間的鬥爭。但德川政權建立後為了不使血脈斷絕，德川家康便急忙將豐厚的俸祿賞賜給兒子們，以建立自己的一族。

他將越前國福井六十七萬石賜給了次男結城秀康、尾張國清洲六十二萬石賜給四男忠吉、常陸國水戶二十五萬石賜給五男信吉、下總國佐倉四萬石賜給六男忠輝、甲斐國二十五萬石賜給九男義直，在江戶幕府建立前後，陸續將其子提拔為大名。

不過，這些家族沒有全部都留存下來，像結城秀康小時就被豐臣秀吉收為養子，所以沒有讓他繼承本家，只將其視為親藩。六男忠輝雖然被加封越後國高田六十萬石，後來即被沒收領地。忠吉和信吉都是在二十幾歲、尚未有子嗣時即過世，其血脈也就斷絕。

御三家的形成

「御三家」的成立，是在德川家康去世後的一六一九年之後。德川家康在忠吉死後，將義直從甲斐遷到尾張（尾張藩）；信吉死後，將水戶轉封給賴房（水戶藩）；此外賴宣原本受封駿河國、遠江國五十萬石，德川家康死後，繼任的德川秀忠就將他遷至紀伊國和歌山五十五萬石（紀伊藩，亦稱紀州藩）。

一般形容「御三家」是當將軍本家的血統斷絕時，具有資格推出將軍人選的旁族。不過這種說法有待商榷，因為毋寧說是德川家康的兒子中存活下來得以傳承家世者，才形成了御三家。御三家的概念是在第五代將軍德川綱吉時才確立，並非一開始就成形。

例如水戶家最初並不在御三家之內，因為其門第和領地與其他家族差太多，領地只有尾張藩、紀伊

歷史筆記 御三家出身的將軍有紀伊藩的德川吉宗、德川家茂，及水戶藩的德川慶喜，而被視為御三家之首的尾張藩意外地沒有誕生將軍。

藩的一半，且其他兩藩藩主都已晉升為大納言（譯注：朝廷官職，可與大臣共同審議政務、上奏和下達），但水戶藩主仍只是中納言（譯注：職掌與大納言大致相同，但不能代行大臣職務）。水戶藩祖德川賴房或許就是因此才會說：「御三家是指德川本家、尾張家、紀伊家。」

也曾有過御五家的時代？

此外，德川家光的時代不是御三家，而是「御四家」。德川家光的弟弟忠長統治駿河國等五十五萬石，並與尾張、紀伊藩主同樣為大納言，地位在御三家之上，這四個家族被稱為「四卿」。不過忠長因為行為不檢，後來被沒收了領地。德川家光有家綱、綱重、綱吉三個兒子，德川家綱擔任將軍時，統治甲府的綱重和統治館林的綱吉便被視為有力的將軍繼位人選，若將他們加進御三家而合稱為「御五家」也不為過。實際上，後來綱吉果然成為第五代將軍，綱重的長子家宣也當上第六代將軍。

也就是說，當時本家的血脈斷絕，繼位將軍卻並非御三家出身，而是血源最近者，此即幕府的原則。第一位御三家出身的將軍是紀伊藩的德川吉宗，他被選定的理由就是因為血緣與德川家康最近之故。

●德川家康子嗣的發展

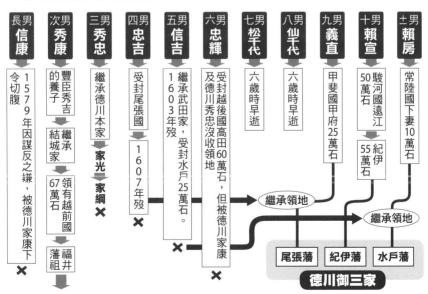

為安定政權逐一廢黜大名

即使是欺騙或強逼，也要杜絕危險分子。德川三代的五十年間，多達一百三十位大名失去了地位。

德川三代廢黜了眾多大名

幕府為了安定並擴大其政權，而斷然對諸大名強制施行改易（廢黜）和轉封（變更領地）。特別是德川家康、秀忠、家光時代頻頻進行改易，多達一百三十名大名被廢黜，沒收的領地高達一千兩百萬石以上。於是，失去主人的牢人大量流散在各地，他們對幕府的不滿日積月累，最後終於爆發了「由井正雪之亂」（參見90頁）。

之後，幕府因此改變了政策方針，特別是第六代將軍德川家宣以後有了重大轉變，若無特殊理由便不再廢黜大名。

廢黜大名的理由大致有三種：領主驟死導致後繼無人、違反《武家諸法度》（規範武家的基本法令）、以及涉嫌謀反幕府。

策略性剷除外樣大名

幕府廢黜的對象不只是外樣大名，就連親藩、譜代大名也毫不寬容，不過就數量而言，仍以外樣大名占絕大多數。其中特別著名的事件是在一六一九年時，領有安藝國四十九萬石的福島正則遭改易。

改易的罪名是，福島正則擅自修築居城廣島城，違反了《武家諸法度》。但實際上，福島曾兩次向幕府內閣中權勢強大的本多正純申請修築許可，本多正純也口頭表示同意，才開始動工。然而，幕府卻以沒有得到正式的許可即是違反《武家諸法度》為由，下令將福島正則改易。相當明顯地，這是幕府的計謀。

同樣的情況也發生在領有肥後五十二萬石的大名加藤忠廣身上。一六三二年，寫有「老中土井利勝預謀推翻將軍德川家光」的黑函到處流傳，於是幕府徹底追查出處、找尋犯人，結果是加藤忠廣的長子加藤光廣所為，加藤家因此遭到廢

歷史筆記　幕府改易的對象連自己德川一族也不放過，一六一六年德川家康的六男忠輝、一六二三年德川秀忠的姪子松平忠直、一六三二年德川家光的弟弟忠長都遭到改易。

黜。不過,當時便四處流傳著一種說法,認為這實際上是幕府巧妙的計謀。

福島家和加藤家都是受過豐臣家恩惠的外樣大名,對幕府而言是潛在的威脅,因此幕府便以微不足道的理由將其剷除,以維持政權的安定,這才是幕府真正的用意。

此外,藉由廢黜福島、加藤兩家,的確也對謀反產生了很大的抑制作用。總之,幕府為了存續的目的,而親手且相當計畫性地實行著對於大名的廢黜處分。

●大名因各種理由遭到廢黜

廢黜理由前三名

第一名　世嗣斷絕
第二名　違反《武家諸法度》
第三名　軍事上的理由(謀反等)

施行改易的將軍前三名(人數)

第一名　德川家光　47
第二名　德川綱吉　45
第三名　德川家康　41

遭改易的大名前三名(石數)

第一名　豐臣秀賴　66萬石(1615年)
第二名　加藤忠廣　52萬石(1632年)
第三名　福島正則　49萬石(1619年)

<各將軍廢黜大名的數量>

代	將軍	廢黜大名人數
1	德川家康	41
2	德川秀忠	38
3	德川家光	47
4	德川家綱	29
5	德川綱吉	45
6	德川家宣	5
7	德川家繼	
8	德川吉宗	11
9	德川家重	6
10	德川家治	0
11	德川家齊	4
12	德川家慶	3
13	德川家定	0
14	德川家茂	0
15	德川慶喜	0

(依伊藤野保《新訂幕藩體制史研究》製表)

規模盛大的參勤交替背後的祕密

幕府巧妙地利用大名的虛榮心，藉由參勤交替削減大名的財力。

占歲出百分之二十至四十的花費

參勤交替制度並非江戶時代一開始時就存在，正式地制定是在一六三五年德川家光將軍的執政期間。但在此之前，慣例上幾乎所有的大名都會讓妻子住在江戶，而自己也會在新年時前往江戶向將軍賀年，並停留一段時間。這麼做的目的，無非是要向將軍表示自己的忠誠。

此外，參勤交替並非江戶幕府的獨創，織田信長和豐田秀吉也要求諸大名必須前往安土城和大坂城拜謁。不過，將這種做法制度化並強制執行，則是於德川家掌權後開始。原則上，大名在府（居留江戶）一年、在國（在領地生活）一年，不過關於期間的規定也有許多例外。

一般認為幕府之所以會強迫諸大名參勤交替，是想藉此讓大名耗費巨額財產，以削減其財力，使其無法反抗幕府。

確實，參勤交替必須消耗龐大的金錢，各藩的花費雖然多寡不同，但大約都占了各藩歲出的百分之二十～四十。

參勤交替途中，大名的隨從人數大致依其領地石數而有固定比例，但由於隨行行列是誇耀各藩威信最好的手段，所以據說各藩都卯足了勁，在外觀的華麗程度與人數的多寡上相互競爭。像是一百萬石的大名前田家，最多時曾率領四千人的行列遊行街頭。

大名為維護威望含淚苦撐

但是，大名在風光的背後其實是拚命地節約。例如，出發時帶領著眾多人數上路，但走了一段路程後，便讓部分的家臣先回去。也有許多藩會僱傭臨時工，充當稱為「中間」、「人足」等身分低微

歷史筆記　大名之中也有非常講究的人，參勤交替時會帶著愛用的浴盆、便器，甚至有人連寵物和醃菜罐都帶去。

的僕役。此外，隊伍在「跪下、跪下」的叫喊聲中緩緩行進的情景，其實只有在江戶和領國附近是如此，一旦走到沒有民眾旁觀的地方，隊伍便會以非常快的速度前進，一天走上四十公里在當時極為平常，為的就是要省下住宿費用。其中也有大名不在驛站過夜，而是借宿寺院或神社，甚至露宿野外。

而且，許多大名通常只攜帶最少程度的必需品，其他則向各驛站租用。

儘管如此，途中的花費還是相當可觀。據說庄內藩和仙台藩曾在旅途當中盤纏告罄，只好緊急派遣使者向領國和江戶求援，在旅費送達之前待在驛站動彈不得。總之，幕府的策略可說是相當地成功。

●參勤交替制度的實行

以侍奉將軍為由，大名每隔一年往返於領國與江戶的制度

1635年，第三代將軍德川家光將其制度化

目的　讓大名在參勤交替途中或在府期間消耗錢財，以削減其財力，防止叛亂

前往江戶的時期
- 外樣大名為4月
- 譜代大名為6月或8月

例外
- 關東的大名為半年輪流一次
- 水戶藩為定府（長期居留江戶）等

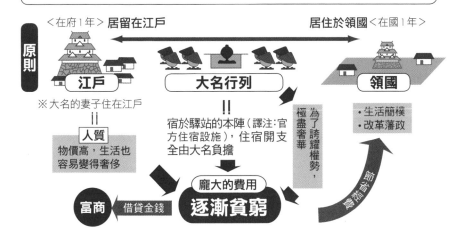

鎖國時代庶民仍知道海外的事

鎖國時代有人非出於本意到了國外，庶民便經由這些人所撰寫的傳記得知海外的事情。

回國後境遇不佳的
大黑屋光太夫

　　一六三五年，幕府全面禁止日本人出國。儘管如此，整個江戶時代仍有許多日本人走向海外，不過這並非自發性的行為，而是發生意外在海上漂流的結果。漂流者通常是漁民或商船船員，人數似乎相當多，因為於江戶時代所撰寫的漂流傳記，數量相當龐大。

　　這些漂流者當中，特別有名的是一七九二年隨俄羅斯的勒斯曼回到日本伊勢國的船長大黑屋光太夫。

　　俄羅斯從很早之前就希望能和日本通商，所以非常禮遇日本的漂流民，安排他們擔任日語學校的教師或翻譯。一七八三年，大黑屋光太夫等人漂流到阿留申群島，並於一七九一年獲准拜謁葉卡捷琳娜女皇（譯注：即凱薩琳女皇），他們教導過許多俄羅斯人學習日語，也參與了日語辭典的修訂。

　　但是，黑屋光太夫回到日本之後，在幕府的嚴格監視下處於軟禁狀態，失去了與人接觸及外出的自由，就此度過三十五年的餘生，而他寶貴的經驗最後終究沒有機會得以發揮運用。

幕末的漂流民回國後成為官僚

　　航行太平洋時遭遇季風漂流在海上的人，幾乎沒有人能夠獲救。不過到了十九世紀，美國開始派遣捕鯨船隊前往太平洋之後，漂流的船隻得到船團搭救的案例也就逐漸增加。像一八四一年漂流的約翰・萬次郎（中濱萬次郎）及一八五〇年漂流的美利堅彥藏（濱田彥藏）（譯注：美利堅彥藏為俗稱，其英文名為約瑟夫・彥）均是如此。

　　到了這個時代，幕府也因為國際情勢的變化，積極地採用歸國漂流民擔任翻譯、外交官。例如

歷史筆記　一八七〇年，萬次郎於公務途中順道繞到美國，相隔二十一年再次見到當年救起自己的懷特菲爾德船長。

一八五一年，經由琉球回國的約翰·萬次郎被幕府提拔為軍艦操練所教授，明治維新後更被晉升為開成學校（譯注：官立的洋學教育機構，後併為現今東京大學的一部分）的教授。

另一方面，美利堅彥藏則是以美國領事館翻譯的身分回到日本，這時的他已是個了不得的人物，曾會見過富蘭克林、布坎南、林肯三位美國總統，也曾受到美國國務院的聘請，不過他婉拒了。後來，美利堅彥藏在日本成立了商行及發行報紙。

此外，漂流者當中也有很多人曾經在夏威夷的大莊園裡工作過或是環繞世界一周。

據說正因為海外的訊息被封鎖，所以江戶時代的人們可謂如飢似渴地閱讀著這些漂流民所寫的傳記。

●日本漂流者的遭遇

俄羅斯

・大黑屋光太夫（1783 年）
・津太夫（1804 年）

成為日語學校的教師或翻譯，受到很好的待遇

接受民族教育，成為兩國翻譯而備受期待

美國
・約翰·萬次郎（1841 年）
・美利堅彥藏（1850 年）

日本

獲救

捕鯨船

夏威夷

被採用為大莊園的勞工

漂流抵達地點

八丈島、小笠原、帛琉、夏威夷、琉球、台灣、堪察加半島、阿拉斯加、中國（清朝）、朝鮮、澳門、呂宋、美洲、俄羅斯等

漂流人數

可確定者約有400人

江戶時代的貨幣戰後仍在使用？

江戶時代沒有全國統一的貨幣，江戶和大坂的主要流通貨幣分別是金幣和銀幣。

德川家光時代鑄造的「寬永通寶」

江戶時代，貨幣的鑄造權掌握在幕府手中。貨幣的材質有金、銀、銅三種，稱為「三幣」。

位於東京正中央的銀座，其地名的由來便是因為這裡曾經有鑄造銀幣的「座」（譯注：江戶幕府機關，製造、專賣貨幣和度量衡等不可私造之物）。最初銀座設於京都和駿河，一六一二年之後遷移到現在稱為「銀座」的地區（之後又移到蠣殼町）。當然，鑄造金幣的「金座」也位在江戶，不過該地名已經消失。

但是，鑄造銅幣的地方並不稱為銅座，而是稱為「錢座」，全國大約有三十處。銅幣有大半都是德川家光將軍時代開始鑄造的「寬永通寶」（一六三六年），有一文錢和六文錢兩種幣額。因為長年大量地製造，所以現在仍然可以在古董店花幾百日圓就買到。

此外，「寬永通寶」在法律上直到昭和二十年代（編按：一九四五年至一九五四年）為止，仍可做為貨幣使用。甚至江戶時代因為海外貿易的關係，帶動「寬永通寶」大量流出到東南亞，所以東南亞的部分地區到戰後也仍然在流通。

無全國統一的貨幣制度

金幣種類中較為有名的是「小判」，雖然整個江戶時代經過幾度的改鑄，金的含量各有不同，但若折合成現在的金額，大概平均一枚小判為六萬至七萬日圓。

金幣不只有小判，還有大判、一分金、一朱金等幾種不同的種類。這些金幣的主要流通地區是以江戶為中心的經濟圈，而在以大坂為中心的西國地區，主要的流通貨幣則是銀幣，江戶時代終究還是沒有建立起日本的統一貨幣制度。

歷史筆記　在巴里島所販賣用古錢做成的人偶紀念品，到現在仍可在裡頭見到「寬永通寶」。

至於銀幣則主要屬於需以秤子秤重後使用的「秤量貨幣」（譯注：以貨幣的重量確定其交易價值，如中國古代的銀錠），形狀大且細長的稱為丁銀，小如鈕扣的稱為豆板銀，豆板銀主要是用來增加丁銀的重量。

江戶時代初期，近畿地區的商人和有權勢的寺院神社曾經發行過類似期票、只能用於特定目的及場所的紙幣，不過不久之後即被幕府禁止。後來，各藩為了解決財政問題，也發行了只能在其領地內使用的紙幣，稱為「藩札」。

最早的藩札是一六六一年時福井藩所發行，之後其他的藩也陸續跟進，到幕末為止據說約有八成的藩均有發行紙幣。

●貨幣的種類

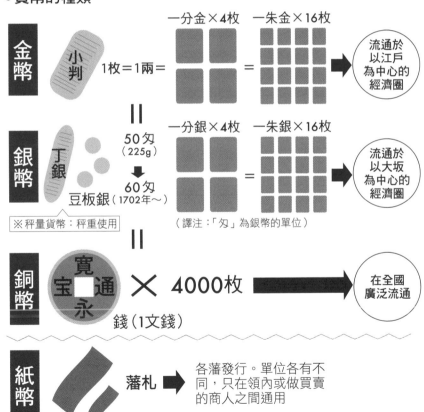

一分金×4枚　一朱金×16枚

金幣　小判　1枚＝1兩＝ ＝ 流通於以江戶為中心的經濟圈

50匁（225g）→ 60匁（1702年～）

銀幣　丁銀　豆板銀　一分銀×4枚　一朱銀×16枚 ＝ 流通於以大坂為中心的經濟圈

※秤量貨幣：秤重使用

（譯注：「匁」為銀幣的單位）

銅幣　寬永通宝　× 4000枚 → 在全國廣泛流通

錢（1文錢）

紙幣　藩札 → 各藩發行。單位各有不同，只在領內或做買賣的商人之間通用

島原之亂起因於九州大名貧窮化

情況演變依序為「鎖國→九州大名財政惡化→向農民增稅→引發叛亂→當中基督徒眾多→加強鎮壓基督徒」。

禁止海外貿易為叛亂的遠因

進入一六三〇年代後，幕府開始急速地加強鎖國體制，並獨占海外貿易。但是，九州各大名藩內的歲收絕大部分倚賴與中國明朝的貿易，海外貿易被禁止後，這些藩的財政急速地惡化。於是，各藩便向農民增加課稅，以確保財源。

統治島原地區（肥前國）的松倉氏也是如此。島原地區山多且土地貧瘠，農民的生活並不好過。儘管如此，貿易收入被切斷的松倉氏仍嚴苛地向農民徵收年貢，未繳納的人便施以嚴刑拷打。

此外，島原也是個基督徒眾多的地方。松倉氏忠實地遵從幕府的鎮壓政策，將隱匿的基督教徒處以火刑或刺刑，試圖徹底斬草除根。在這樣的狀況下，偏巧九州一帶又遇上大歉收，於是一六三七年時，島原的農民終於發動起義，史稱「島原之亂」。

十六歲的天童將拯救人類

農民起義有如燎原之火般地擴大，甚至延燒到了寺澤氏統治的唐津藩天草諸島，最後島原和天草的農民聯合起來，規模龐大多達三萬七千人。此時松倉、寺澤兩人已無法收拾局勢，最後由幕府派出十二萬大軍加入鎮壓行動。

領導農民的總指揮是天草（益田）四郎時貞，他是一位基督徒，還只是個十六歲的少年。但是，據說他不只是個相當俊秀的美少年，還曾經引發了各種奇蹟。在九州地區流傳著一則預言：「當天災地變，人類瀕臨滅亡的危機時，十六歲的天童將會出現，前來拯救基督徒」，而這則預言更加強了四郎的神化形象。

農民將四郎讚為天使，眾人據守在名為原城的城郭內展開激烈的抵抗，其頑強的程度，讓幕府的最高司令官板倉重昌因此陣亡。

歷史筆記　據說島原之亂平定後，有好幾顆據稱是天草四郎的首級被帶回本營，幕府將首級排成一列，要四郎的母親辨識。

板倉的後任松平信綱將原城嚴密地包圍起來以切斷農民的糧食，並讓荷蘭船從海上展開砲擊等等，從心理層面壓迫農民，然後於翌年的二月底展開總攻擊，最後終於攻陷了原城。

幕府不接受叛亂農民的投降，而將他們全數殺害，展現了幕府對叛逆者的堅決態度。

之後，幕府利用島原之亂事件強調基督徒所隱藏的危險性，強迫葡萄牙人撤出日本，完成了鎖國體制。

●島原之亂的過程

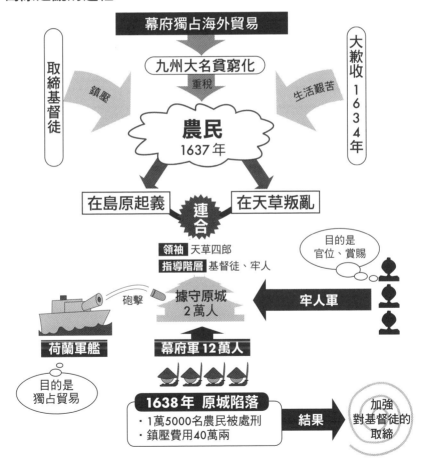

荷蘭人不走出出島也能生活

出島從田地到畜舍、醫院一應俱全，甚至連妓女都能自由出入。

荷蘭專事買賣不傳教

由於葡萄牙人在一六三九年撤出日本，所以荷蘭成了歐洲各國唯一和日本貿易往來的國家。當時，荷蘭人才到過日本沒有多久，一六○○年一艘名為德里佛德號的荷蘭船偶然漂流到日本的豐後，之後兩國才開始來往。

當時，德川家康接見了船員耶楊子和威廉·亞當斯（英國人），聽完他們的話之後非常地高興，因為荷蘭和英國雖然是基督教國家，但卻同意了不傳教的通商條件。基督教的團結對為政者是個威脅，但若不默許基督教存在，葡萄牙和西班牙便不會派船前來日本，這對幕府而言實在是個兩難的問題。但此時，德川家康的煩惱一下子解決了，接著他便大力地推動荷蘭和英國兩國的船隻前來日本。

一六○九年，荷蘭商船首次來到長崎的平戶，接著一六一二年英國船隻也跟著入港，兩國都在平戶設立商館，開始推展貿易。但是，後來英國在商戰中敗給了荷蘭，於是在一六二三年退出日本。

一六四一年，荷蘭人被下令全數遷移到長崎的出島（四千坪的人工島），在那裡進行所有的商業交易。雖然荷蘭人被嚴格禁止走出出島，但是島上有田地、畜舍和醫院等，生活上沒有障礙（參見212頁）。

此外，長崎丸山的妓女可以自由出入出島，所以荷蘭人在性方面的需求也可以得到滿足。其中也有對妓女用情認真的例子，有人失戀之後自殺，也有人贈送駱駝給妓女，而荷蘭商館館長（貿易負責人）道富、醫師西博德等人也都和妓女生了孩子。

荷蘭人一年一度前往江戶

關於貿易的方式，一般是由荷

歷史筆記 現在出島已經填埋起來，無法追憶昔日往事。江戶時代荷蘭人每年得支付銀錢五十五貫向日本人租借這個島。

蘭將中國南方產的生絲（白絲）賣給日本商人，然後換取金銀或瓷器等物品。一六八〇年代開始，貿易方法變得對日本較為有利，貿易額也受到了限制，但儘管如此，和日本貿易所獲取的金銀對荷蘭人而言還是具有很大的魅力，所以他們仍然與日本持續通商直到幕末。

出島固定有十多名荷蘭人居住在此。江戶中期之後，由於荷蘭船一年只入港一次，所以眾人平時都無所事事地遊玩度日。不過這樣的生活偶爾也會有所變化，而所謂的變化就是前往江戶拜訪。

荷蘭商館的館長原則上是一年一任，新任的館長每年春天時會前往江戶拜謁將軍（後來改成四年一次），此時住在出島上的荷蘭人也可以一起同行，趁機呼吸外面的空氣及接觸日本的風光景物。

新任的館長必須於此時呈交《荷蘭風說書》給幕府，裡頭詳細地記載著關於海外情勢的訊息，幕府便是藉此得知世界的主要消息。

●日本與荷蘭的關係

1600 年	德里佛德號（荷蘭船）漂流到豐後 德川家康聘請船員耶楊子（荷蘭人）和威廉・亞當斯（英國人）擔任外交、貿易顧問。
1609 年	荷蘭使節來日→建立邦交 於平戶開設商館→開始貿易
1641 年	荷蘭商人遷移長崎的出島
1844 年	荷蘭國王威廉二世建議開國→幕府拒絕
1856 年	日本與荷蘭締結《日荷和親條約》
1858 年	日本與荷蘭締結《日荷修好通商條約》

日荷貿易

＜輸入品＞中國生絲
＜輸出品＞銀→銅
＜限制＞
1685 年 一年貿易額限
　　　　銀3000貫
1715 年 《長崎新令》
　　　　限一年2艘船

商館長拜訪幕府

每年新任的商館長會前往江戶拜謁將軍。1790年之後改為4年一次
＝
共計
167次

荷蘭風說書

入港的荷蘭船每年呈交給幕府的書籍，裡面記載著當前海外情勢

↓

對鎖國的日本是重要情報來源

赤穗的劃時代製鹽技術

江戶時代日本各地誕生了各種產業，特別是赤穗的製鹽技術可謂是劃時代的革新。

從「揚濱式」到「入濱式」

江戶時代，農業以外的各種產業及各地的特產，都相當顯著地發展，如林業、礦業、水產業，還有漆器、陶瓷器、製紙、紡織品等。

在此便詳細地介紹這些產業當中的「製鹽」。

鹽對於人類而言不可或缺。許多國家使用的鹽是山上採集而來，也就是所謂的岩鹽，而日本因為幾乎沒有岩鹽，所以從繩文時代開始便從海裡取鹽，將海水經過熬煮濃縮後，取出結晶鹽來使用。

這樣的製鹽方法非常特殊，到了江戶時代中期更是想出了了不起的製鹽技術，也就是一六四六年始於赤穗的「入濱式鹽田」。

在此之前的製鹽方法稱為「揚濱式」，即將鹽田設於比漲潮海面更高的地方，以人力將海水從海裡引上鹽田，然後讓水分蒸發。

在赤穗的製鹽方式則是在緊鄰海邊的地方建築堤防，利用漲退潮的水平面差異，讓海水從堤防下開好的溝渠流入鹽田，然後利用毛細現象加上日光和風做出鹵水（海水濃縮後形成的高鹽分濃度液體）。

之後再將這些鹵水放入巨大的製鹽鍋中熬煮，最後就製成了鹽。

赤穗的鹽占全國將近百分之十

順帶一提，關於赤穗藩主淺野長矩在江戶砍傷吉良上野介的事件（參見108頁），有一說認為是因為吉良上野介派間諜到赤穗偷取製鹽技術，淺野長矩對此懷恨在心之故。不過，其實赤穗的製鹽技術並未被視為機密，甚至還傳播到了瀨戶內海沿岸一帶，所以這個說法無法成立。

赤穗藩因這次淺野長矩的傷人事件而一度被幕府收回，根據收回前不久的記錄，赤穗所生產的鹽占了日本全國市場的將近百分之十。據說赤穗的鹽純白且品質良好，非常受到喜愛。

歷史筆記　九十九里濱（譯注：海岸名，位於千葉縣）的地曳網捕魚法（譯注：台灣俗稱「牽罟」）在元祿時代已發展成一種捕魚技術，網子長達六百公尺，用來捕抓沙丁魚，曬乾後做成肥料。

●日本各地的主要產業

赤穗「入濱式鹽田」的原理

留下
高鹽分
的沙

太陽

水分蒸發

漲潮時的
海面

海水

沙

沙

退潮時的
海面

黏土質土壤

毛細現象

春慶塗

南部塗

庄內米

鐵（釜石）

最上紅（譯注：染料）

金

米澤織

輪島塗

會津塗

越後縮
（譯注：紡織品）

九谷燒

上田紬

銅

越前紙

春慶塗

檜木

伊勢崎絹

結城紬

醬油

美濃紙

丹後縮緬（譯注：紡織品）

茶

沙丁魚

鐵（出雲）

三河木棉

黃金

銀（大森）

銀（生野）

西陣織

黃八丈
（譯注：紡織品）

紙

信樂燒

奈良晒（譯注：紡織品）

鯨魚

荻燒

鹽

備前燒

醬油

杉木

鯨魚

鯨魚

小倉織

鹽

博多織

銅

伊萬里燒

尹予絣

久留米絣

紙

柴魚

鯨魚

（譯注：「～塗」為漆器種類；「～燒」為陶
瓷器種類；「～絣」為紡織品）

薩摩燒

87

多才藝術家本阿彌光悅的一生

江戶初期，接續在桃山文化之後的寬永文化以京都為主要發展舞台，朝廷等是其中堅分子。

日本的達文西

寬永文化指的是主要發展於寬永年間的江戶初期文化，時間大致是十七世紀前半期左右。此文化具有銜接之前的桃山文化與之後的元祿文化的過渡性特質，以京都為主要舞台，中堅分子為朝廷人士、上層町人和武士。

寬永文化期間建築了許多日本的代表性建築物，聞名的有權現式建築的日光東照宮、數寄屋式建築的修學院離宮（京都）、以及中國式建築的萬福寺（宇治）等。

文化人有畫家狩野探幽和俵屋宗達、陶藝家酒井田柿右衛門、儒學家藤原惺窩和林羅山等。不過，如果要選出一位寬永文化的代表性藝術家，那麼毫無疑問地就是本阿彌光悅（一五五八～一六三七年）了。

本阿彌光悅的才能不只一項，他與達文西一樣多才多藝，在陶藝、工藝、漆藝、造園、製書、書畫等方面都留下優秀的作品，被選為日本國寶的「舟橋蒔繪硯箱」便是其代表作。

此硯箱的蓋子形狀高高隆起有如山丘一般，整體的表面以金粉漆繪製成，上面用鉛製出橋形圖案，橋上貼著以銀為材料做成的文字。這些文字是取自《後撰和歌集》中的詩句「我對你的思念有如東國佐野長長的舟橋，而你卻一點都沒有察覺」（東路乃さ乃乃舟橋かけて濃ミお思たるを知る人そなき），硯箱的製作非常地精巧，可說是絢麗之中帶著雅致的極品。

洛北鷹峰的藝術村

據說本阿彌光悅誕生於鑑定和打造刀劍的名門，不過他從小不只是刀劍工藝，對其他各種才藝也深感興趣，並努力地學習。

大坂之役時，本阿彌光悅的茶

歷史筆記　寬永文化的代表性建築物是日光東照宮，特別是陽明門的精巧雕刻和繽紛色彩更是出色。

道師父古田織部因勾結豐臣家的罪名，被德川家康命令切腹。這件事情也是本阿彌光悅人生重大的轉捩點，他受到了連坐懲罰，被命令遷移到洛北的鷹峰。

鷹峰是個強盜出沒的寂寥原野，本阿彌光悅帶著家族和屬下的畫家、工藝家等集體遷移至此，不畏艱難地在此開發。

他們整理當地的環境並積極地致力於招募有名的藝術家進駐，有許多文化人便是敬仰本阿彌光悅的品格而聚集至此。就這樣，鷹峰逐漸發展成一個大規模的藝術村，不久後這裡誕生了許多優秀的藝術作品，陸續呈現在世人的面前。

●江戶時代初期的「寬永文化」

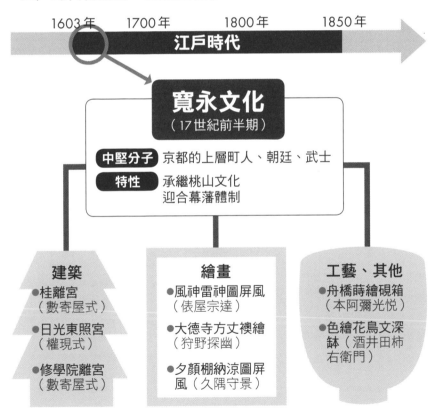

1603年　1700年　1800年　1850年

江戶時代

寬永文化
（17世紀前半期）

中堅分子 京都的上層町人、朝廷、武士

特性 承繼桃山文化
迎合幕藩體制

建築
●桂離宮
（數寄屋式）

●日光東照宮
（權現式）

●修學院離宮
（數寄屋式）

繪畫
●風神雷神圖屏風
（俵屋宗達）

●大德寺方丈襖繪
（狩野探幽）

●夕顏棚納涼圖屏風（久隅守景）

工藝、其他
●舟橋蒔繪硯箱
（本阿彌光悅）

●色繪花鳥文深缽（酒井田柿右衛門）

由井正雪推翻幕府的龐大計畫

社會上充斥著因改易等而失去主子的牢人，由井正雪企圖集合這些牢人起而謀反。

全國規模的政變計畫

「黑色長髮，個頭小，膚色白，額頭窄，嘴唇厚，眼睛大」，這是慶安事件（由井正雪之亂）主謀由井正雪的通緝令的內容。

一六五一年四月，第三代將軍德川家光逝世，繼位的德川家綱還只是個十一歲的孩子。雖然幕府緊急改為老中合議制，但是將軍的權威衰弱，導致政治產生了短暫的空窗期。於是，由井正雪便趁虛而入。

他打算發動數十萬因武斷政治而失去工作的牢人起來推翻幕府。

但是，計畫在實行前便已敗露，由井正雪遭到通緝，在駿府被追兵包圍後自殺身亡。因此，由井正雪的謀反計畫究竟為何已無從得知，不過坊間流傳著以下的說法。

首先是在江戶、京都、大坂都部署同伴，而由井正雪自己則在駿河的久能山設置根據地。接著，在江戶小石川的彈藥庫縱火引發大規模火災，待驚慌失措的老中趕到江戶城時，將他們全部殺死，再侵入城內擄掠將軍監禁在久能山。

另一方面，只要江戶一捎來消息，部署在京都的同伴便會擁戴天皇據守於比叡山，大坂的同伴則會在鎮上放火，趁著火災混亂之際占據大坂城。之後，由井正雪會向全國數十萬的牢人發出號召令，藉著這股強大的軍力推翻幕府。

由武斷政治走向文治政治的契機

那麼，由井正雪為何企圖推翻幕府呢？在他所留下的遺書當中，敘述了其謀反的理由。

「我無意推翻幕府。只是，現在的政治在大老酒井忠勝的專橫之下大為混亂，人民生活窮困，因此我才打算聚集眾人據守城堡，讓天下人知道酒井忠勝的專橫，將他除

歷史筆記　江戶中期以後將「牢人」改寫成「浪人」，據說是因為「牢」與「牛」或「午」（譯注：指生肖中的馬）字相似，日本人較為忌諱之故。

90

掉。這也是我希望幕府政治能夠長久延續的心願所使然。」

總之，由井正雪否認了自己推翻幕府的企圖，堅稱是為了要改革幕府政治。而關於由井正雪推翻幕府的真正目的，至今仍有學者提出各種說法，如尊王討幕、救濟牢人、由井正雪本身是基督徒等。

慶安事件之後，幕府的政治態度有了很大的轉變。之前許多大名因為沒有子嗣繼承而遭到廢黜（禁止臨終前收養養子等），後來幕府便放寬相關規定，將政策方針改為盡量避免造成牢人產生。換言之，慶安事件是促使幕府從武斷政治走向文治政治的契機。

●慶安事件帶來的結果

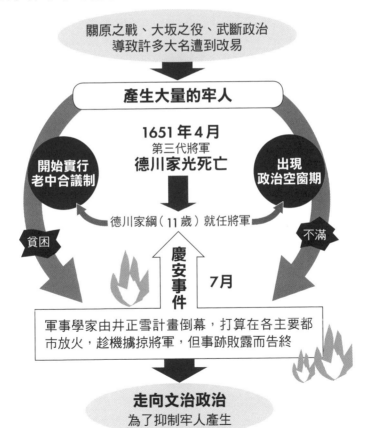

關原之戰、大坂之役、武斷政治
導致許多大名遭到改易

產生大量的牢人

1651年4月
第三代將軍
德川家光死亡

**開始實行
老中合議制**

**出現
政治空窗期**

德川家綱（11歲）就任將軍

貧困

不滿

慶安事件

7月

軍事學家由井正雪計畫倒幕，打算在各主要都市放火，趁機擄掠將軍，但事跡敗露而告終

走向文治政治
為了抑制牢人產生

由井正雪之亂的幕後黑手
是紀伊藩的德川賴宣？

一六五一年，軍事學家由井正雪推翻幕府的計畫敗露，人在駿府的由井正雪被幕府的官吏包圍，自殺身亡。

事件發生的數日之後，御三家中的紀伊大納言德川賴宣被傳喚到江戶城，並被盤問是否參與叛亂計畫。幕府的首腦已經掌握到證據，得知德川賴宣就是計畫的幕後黑手，因為從由井正雪的遺物當中發現了畫有德川賴宣花押的書信，加上由井正雪假借德川賴宣的名義召集了牢人，及他所住宿的梅屋正是紀伊藩固定投宿的旅館，種種證據都顯示德川賴宣和由井正雪兩人之間有所關聯。

大老酒井忠勝把畫有花押的書信證物擺在德川賴宣面前，隔壁房間則有強壯的士兵待機而動。酒井忠勝觀察著德川賴宣的神色，端看他如何回答，必要時便採取行動，此刻真是緊張萬分。但是，德川賴宣一看到證物馬上斬釘截鐵地說東西是假的，而且還說道：「可喜可賀，還好這個假證物是仿冒成我的，如果是外樣大名的，必定會引起一番大騷動。如此一來天下可以太平了。」說完後放聲大笑。

眾人的氣勢受挫，也就沒有再追問下去，而德川賴宣最後只受到了禁閉處分而已。然而，德川賴宣真的沒有參與謀反計畫嗎？

事實上，德川賴宣經常聽由井正雪講授軍事學，因此也不能排除由井正雪在席間提出推翻幕府的計畫、要求德川賴宣給予協助的可能性。若當時謀反順利地進行，發展成一大勢力，難保德川賴宣不會與叛亂勢力結合，對天下發號施令。

因為就時機上而言，此時德川家光逝世、才剛由十一歲的年幼君主德川家綱繼位，正是一個絕佳的機會。

第2章

全盛時期出現——
繼承的時代

從政權穩定到財政危機
幕府快速地淪落晦暗時代

安定的第四代德川家綱時代

第三代將軍德川家光於四十八歲去世，繼任的長男德川家綱還只是個十一歲的少年。如此幼小的君主，對幕府而言還是首次的經驗。

據說德川家綱不僅年幼，而且體弱多病，一直都在大奧內生活，直到長大成人為止從未跨出過大奧一步。因為如此，德川家綱當然無法親自執政，政治也就理所當然地轉變為由老中組成的集體領導體制。不過，此時社會早已過了許久和平的日子，加上幕府內閣有酒井忠勝、松平信綱、阿部忠秋、保科正之、酒井忠清等智者擔任閣員，所以德川家綱時代的政治非常地安定。

德川家綱就任後，幕府首先以其名義重新給予諸位大名領地授予狀，藉以提升將軍的權威，並且致力從「武斷政治」轉向「文治政治」，允許沒有子嗣的大名在即將過世前收養養子，以減少大名家門的斷絕，同時也禁止殉死行為（家臣追隨主人自殺）。

由皇族擔任將軍的提議

一六八〇年，四十歲的德川家綱逝世，死時膝下無子。幕府內閣正在為繼位人選苦思時，有人提出了令人大感意外的建議，即比照以前鎌倉幕府的例子，迎接皇族就任將軍。

這個提案是由酒井忠清在老中會議上提出，而之所以會如此建議，主要是負責執掌政務的他推斷，幕府的官僚機構已經建構地非常完整，即使不是由德川本家的人擔任將軍，政權依然可以維持。酒井忠清敢大膽地提出這樣的意見，想必是他事奉幼弱的將軍德川家綱二十數年，長期經營政權的自信使然。

德川綱吉壓垮幕府的財政

　　不過，最後的結果是由德川家綱的弟弟德川綱吉就任第五代將軍。他與德川家綱不同，不將政治委任給老中，而是採取獨裁體制。雖然他積極地推展文治政治，但另一方面卻投入巨資建造湯島聖堂和寺院神社，導致幕府的財政破產，並且頒布了天下惡法《憐憫萬物之令》，讓庶民長年生活在痛苦之中（參見104頁）。

　　由於德川綱吉也沒有子嗣可以繼位，所以第六代將軍是由其姪德川家宣就任。此時德川家宣已經四十八歲，他就任後立刻廢除了《憐憫萬物之令》，並擢用新井白石開始實行良政，不過卻僅只三年便辭世。接著繼位的第七代將軍德川家繼（德川家宣的長男）還是個年僅三歲的幼兒，所以幕府的政治由新井白石繼續執掌，不過德川家繼在八歲時夭折，而德川本家的血統也就到此斷絕。

江戶幕府──繼承的時代（第四代家綱～第七代家繼）

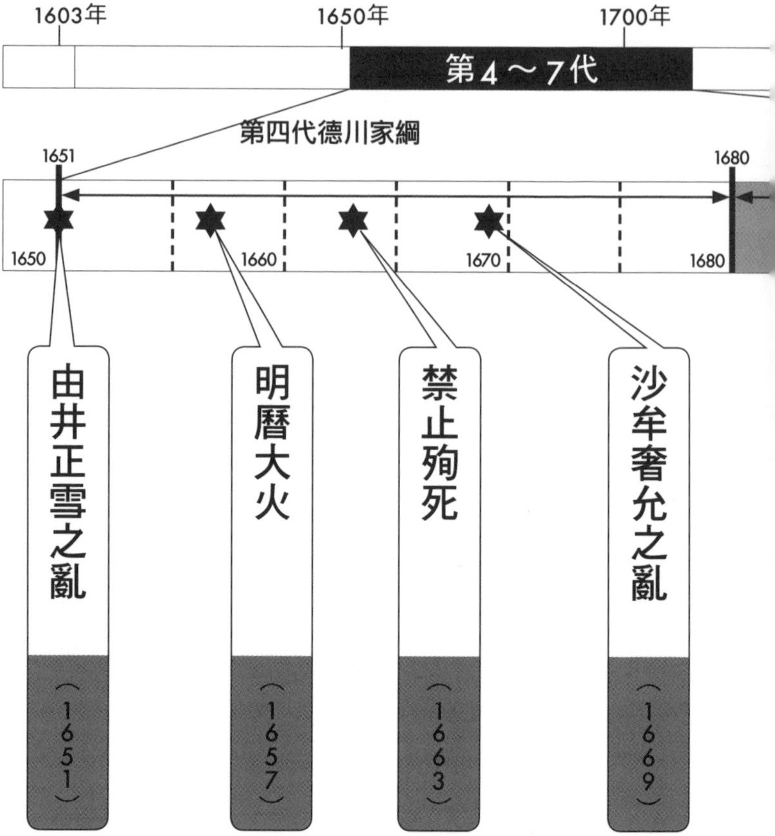

第4～7代

第四代德川家綱

1651　　　　　　　　　　　　　　　　　　　1680

1650　　　　1660　　　1670　　　　1680

由井正雪之亂

（1651）

軍事學家由井正雪及丸橋忠彌等人計畫利用牢人勢力推翻幕府的事件，但最終失敗。由井正雪在駿府被幕府的官兵包圍，自殺身亡。

明曆大火

（1657）

從本鄉的本妙寺引起的火災。這場大火使得江戶城為首的大半城市燒毀，十萬人因此喪生。又名「振袖火災」。

禁止殉死

（1663）

轉為實行文治政治的德川家綱將軍禁止了殉死的野蠻風俗，其目的也是為了防止優秀人才因為主人的死亡而消失。

沙牟奢允之亂

（1669）

染退地區的大酋長沙牟奢允起義反抗統治愛奴族的松前氏。幕府命令弘前藩、盛岡藩前往支援，平定了叛亂。

96

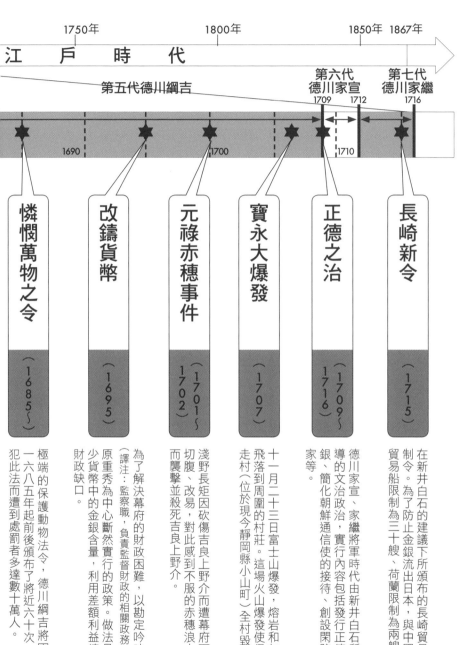

江戶時代

1750年　　　　　1800年　　　　　1850年　1867年

第五代德川綱吉

第六代
德川家宣
1709

第七代
德川家繼
1716

1712

1690　　　　　　1700　　　　　　　　1710

憐憫萬物之令

（1685～）

極端的保護動物法令，德川綱吉將軍自一六八五年起前後頒布了將近六十次，觸犯此法而遭到處罰者多達數十萬人。

改鑄貨幣

（1695）

為了解決幕府的財政困難，以勘定吟味役（譯注：監察職，負責監督財政的相關政務）荻原重秀為中心斷然實行的政策。做法是減少貨幣中的金銀含量，利用差額利益填補財政缺口。

元祿赤穗事件

（1701～1702）

淺野長矩因砍傷吉良上野介而遭幕府下令切腹、改易，對此感到不服的赤穗浪士起而襲擊並殺死吉良上野介。

寶永大爆發

（1707）

十一月二十三日富士山爆發，熔岩和灰燼飛落到周圍的村莊。這場火山爆發使得須走村（位於現今靜岡縣小山町）全村毀滅。

正德之治

（1709～1716）

德川家宣、家繼將軍時代由新井白石所主導的文治政治，實行內容包括發行正德金銀、簡化朝鮮通信使的接待、創設閑院宮家等。

長崎新令

（1715）

在新井白石的建議下所頒布的長崎貿易限制令。為了防止金銀流出日本，與中國的貿易船限制為三十艘、荷蘭限制為兩艘。

乾燥與強風的火災超過十萬人喪生

明曆大火在短短數日之間燒盡了大半的江戶，是整個江戶時代中最大的天災。

振袖之火引發大火災

江戶時代中奪走最多人命的災害為火災，而其中最大的受災都市就是政權的所在地江戶，光是留有紀錄的火災便多達一千五百件以上。由於江戶是個聚集了百萬人的人口密集地，房屋的建材又都是紙和木頭，所以火災可以說是必然的宿命，而江戶的火災當中又以「明曆大火」的規模、受災程度最為嚴重。

這場歷史上的大火發生於一六五七年一月十八日的下午。

當天，從早上開始便吹著強烈的西北風，風沙瀰漫的連數公尺前方都看不清楚，而且此時已經連續兩個月都沒有下雨了。大火的源頭發生於本鄉的本妙寺，當時寺院中正在焚燒死者的紫色振袖（譯注：袖擺較長、未成年者穿著的和服，現在僅限未婚女性穿著）遺物，猛烈的強風颳起著了火的振袖，飄到正堂引發了大火，因此明曆大火又稱為「振袖火災」。

而後火勢逐漸增強並蔓延到湯島、駿河台、鎌倉，同時火苗也飛散到各地。因為火勢逐漸逼近茅場町、八丁堀、傳馬町方向，所以鄰近的數萬人紛紛逃到靈嚴寺境內避難。但是，大火終究還是延燒到了寺內的建築物，火球有如大雨般猛烈地落到人們身上，群眾陷入一陣恐慌，為了逃開灼熱的大火慌亂地跳進附近的海裡，然而當時正值寒冷的一月，有大約一萬人因而凍死，成為一大慘事。

淺草橋門有如人間地獄

這場火災犧牲最慘重的地區是淺草橋門，當時傳馬町監獄的典獄長為了避免獄內的犯人被燒死而將他們放走，但守門的侍衛卻以為犯人要逃獄而關閉了淺草橋門，逃難的民眾也因此被擋住了去路。火勢從後方一步步逼近，前方的門卻緊

| 歷史筆記 | 由於連續三年發生穿過同一件紫色振袖的同齡少女在同一天死亡，因此感到不祥的家屬想要燒掉那件衣服，不料卻引發了大火。 |

緊關閉，於是群眾瘋狂地踩著別人的身體攀爬到門上，一個接一個地跳進三十公尺底下的江戶城外護城河。

有人在城門前遭人踩踏倒下被壓死，有人往河裡跳時撞到城牆當場死亡，喪生的人數不斷地增加，甚至運氣較好跳進護城河的人，也遭到後面跳下來的人猛烈撞擊而喪失了性命。據說不久後護城河裡填滿了屍體，後面逃生的群眾已經可以毫不困難地走過被屍體填為平地的護城河，令人聞之不寒而慄。而光是在這裡失去性命的人，便多達兩萬三千人。

這場燒盡了大半個江戶城的大火，終於在當天晚上平息。但是，隔天各地又再次燃起了大火，一般認為這是有人縱火。而實際上，據說江戶時代的火災原因大半是人為縱火，因為城鎮燒毀後需要重建，工匠和商人便可趁機大撈一筆。此外，也有許多是小偷為了偷東西所放的火。

明曆大火的結果，除了四谷、赤坂以外，江戶全域遭到燒毀，死亡人數超過十萬人。

●江戶時代的火災事故年表

1630

○ 1634年 創立大名 火消（譯注：幕府命大名建立的消防組織）

1639年 江戶城本丸燒毀（江戶）

1641年 桶町大火（江戶）
從京橋桶町起火，380人死亡，為江戶最早的大火

1650

1657年 明曆大火
火災從本鄉的本妙寺引發，燒毀大半的江戶，10萬以上死亡

1658年 創立定火消（譯注：幕府命旗本建立的消防組織）

○ **1660年 大坂城大火（大坂）**
雷打落在大坂城的火藥庫，引起大爆炸，120人以上死亡

1700

1669年 福井大火（越前）

1682年 本鄉火災（江戶）
雜貨店的阿七縱火，在鈴森被處以火刑。3500人以上死亡

○ 1683年 設置縱火搜查役

1698年 敕額火災（江戶）

1708年 京都大火

1720年 創立町火消（譯注：由町人自行組成的消防組織）

大岡越前成立町火消組織「伊呂波47組」

1750

1730年 西陣大火（京都）

1768年 吉原大火（江戶）

1772年 目黑行人坂大火（江戶）
從目黑行人坂的大丹寺起火，死者約2萬人。縱火犯真秀被處以火刑

1778年 團栗大火（京都）
從宮川町團栗小巷內的空房子起火，1424個町（譯注：行政區劃分單位，介於「市」和「村」之間）、御所（譯注：皇居）、及二條城燒毀

1800

1806年 丙寅大火（江戶）

1829年 巳丑大火（江戶）

1834年 大坂堂島新地大火（大坂）

1837年 大鹽平八郎之亂（大坂）
大鹽平八郎在天滿的富商宅邸放火，大坂城鎮的四分之一燒毀。

1850

1845年 江戶城本丸燒毀（江戶）

江戶時代自來水系統已非常發達

三百五十年前，江戶城鎮的自來水管道已經鋪設得近乎完善，不過在某個因素下，又變得殘缺不全。

一五九〇年時已經有自來水

談到自來水，一般人往往會以為是進入近代之後才逐漸發展起來，其實在江戶時代，重要的城下町的自來水網絡已經鋪設得相當完善，共有四十多個城鎮早已有自來水可用。特別是必須供水給一百萬人飲用的大都市江戶，更是擁有其他城下町無法比擬的大規模自來水系統。

一五九〇年，德川家康將根據地遷移到江戶時，便命令家臣大久保忠行開鑿水道。由於江戶周邊為低濕地，鑿井之後冒出來的都是鹹水，所以無論如何都必須設法取得飲用水。於是，大久保忠行將水源地、亦即井之頭水池的水從小石川引入，終於成功地讓江戶的城鎮有了自來水可用，這就是「神田水道」。

之後，江戶做為首都急速地發展起來，只有一座神田水道已經不敷使用。因此一六五三年時，第四代將軍德川家綱命令庄右衛門、清右衛門兄弟開鑿新的水道。

兄弟倆人經過一番努力之後，從羽村（現今東京都羽村市）接引多摩川的水，巧妙地利用土地的高低落差，成功地將寬達三公尺的水道經過武藏野台地拉到江戶鎮上，此即玉川水道。水道從四谷大木戶（現今新宿區內藤町）開始潛入地下，以城鎮的西南部為中心網狀般地分布開來，配水的水管用石頭或木頭製成，據說長度加總起來長達八十五公里。

江戶多火災都怪地下水管？

一六五七年的明曆大火將大半的江戶城鎮燒毀，重建後的江戶城鎮面積擴展到了本所、深川，為了供應這片區域飲用水而建造的水道，便是龜有水道。此水道以元荒川的瓦曾根水庫為水源，於

歷史筆記　幕府對庄右衛門、清右衛門兄弟開鑿玉川水道的評價極高，賞賜他們兩百石的俸祿，並賜姓「玉川」做為獎賞。

一六五九年建造完成。之後，自來水系統繼續不斷地發展，玉川水道也被分流增建了青山、三田、千川三條水道，江戶的自來水系統最後於元祿年間建構完成，一般將神田、玉川、龜有、青山、三田、千川這六條水道稱為「江戶六水道」。

但是一七二二年，德川吉宗將軍突然強行廢除了龜有、青山、三田、千川等四條水道，使得江戶城鎮立即陷入了缺水的窘境。

相傳德川吉宗是因為採信了學者室鳩巢的意見才會廢除水道，室鳩巢主張「江戶之所以常發生大火，是因為自來水道奪走了地下的水氣，導致土地乾燥所致」。只因為德川吉宗個人相信無聊的迷信，民眾卻得被迫過著不方便的生活。

無可奈何之下，庶民只好在水店買水飲用，不久之後鑿井技術發達，才得以從深井中取得淡水使用。

● 江戶六水道的歷史

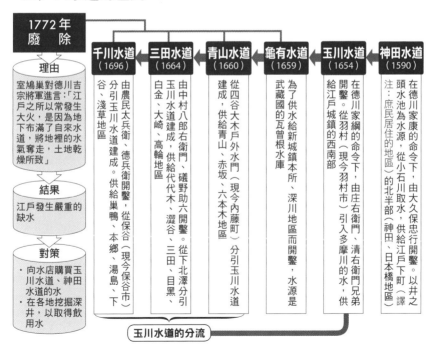

1772 年 廢 除

理由
室鳩巢對德川吉宗將軍進言：「江戶之所以常發生大火，是因為地下布滿了自來水道，將地裡的水氣奪走，土地乾燥所致」

結果
江戶發生嚴重的缺水

對策
· 向水店購買玉川水道、神田水道的水
· 在各地挖掘深井，以取得飲用水

千川水道（1696）
由農民太兵衛、德兵衛開鑿，從保谷（現今保谷市）、杉谷、淺草地區分引玉川水道建成。供給巢鴨、本鄉、湯島、下

三田水道（1664）
白金、大崎、高輪地區由農民八郎右衛門、礒野助六開鑿。從下北澤分引玉川水道建成，供給代代木、澀谷、三田、目黑、

青山水道（1660）
建成，供給青山、赤坂、六本木地區由中村八郎右衛門、礒野助六開鑿，從四谷大木戶外水門（現今內藤町）分引玉川水道

龜有水道（1659）
為了供水給新城鎮本所、深川地區而開鑿，水源是武藏國的瓦曾根水庫

玉川水道（1654）
在德川家綱的命令下，由庄右衛門、清右衛門兄弟開鑿。從羽村（現今羽村市）引入多摩川的水，供給江戶城鎮的西南部

神田水道（1590）
在德川家康的命令下，由大久保忠行開鑿。以井之頭水池為水源，從小石川取水，供給江戶下町（神田、日本橋地區）的北半部（譯注：庶民居住的地區）

玉川水道的分流

江戶初期完成的東、西迴航路

「海路」是貨物流通的主要手段，環繞日本的航路由富商河村瑞賢開闢完成。

貧農變富商的河村瑞賢

有一個名叫十兵衛出生於伊勢國的貧農之子，十三歲時想要闖出一番天地，於是隻身前往江戶當起了車夫。有一天，他看到盂蘭盆（譯注：相同於佛教的「盂蘭節」和道教的「中元節」）時被放到河裡的茄子和黃瓜飄到了品川岸邊，而且數量非常地多。

正因為十兵衛出身貧寒，所以覺得可惜的他立刻想到可以把這些茄子和黃瓜醃成醬菜拿來賣。於是，他雇用聚集在附近的乞丐幫忙撈起河岸邊的茄子和黃瓜，然後做成醬菜販賣，果然大賺了一筆。不久，十兵衛又在明曆大火（參見98頁）之後買下木曾地區整片山林，賺得了暴利，而晉身為日本屬一屬二的富商，甚至被允許冠上姓氏（譯注：江戶時代，武士以外的階級不可公開使用姓氏），並改名為瑞賢，全名為河村瑞賢。

從東北到江戶，再從東北到大坂

幕府注意到了河村瑞賢的機敏才智，於是在一六七〇年命令他將陸奧國信夫郡（位於日本東北的太平洋端）的稻米經由海路運送到江戶。當時海上的航路尚未開發，所以這個命令是個極為艱鉅的任務。但是，河村瑞賢在仔細地進行實地勘查後規劃出航海路徑，並特別挑選船隻及雇用經驗老到的船夫，在隔年成功地將稻米運送到江戶。此即東北到江戶的海上路徑，也就是「東迴航路」的開闢。

幕府內閣對此感到非常滿意，接著又命令河村瑞賢將出羽國（現今山形縣）的稻米運送到江戶。

於是，河村瑞賢又開闢出了一條航路，從出羽國往下航經酒田、庄內、新潟、小木（佐渡）、輪島、三國、小濱、鳥取、米子、松江、濱田、荻等日本海沿岸各

歷史筆記　北前船常因裝載過量而遇難，幸運獲救的船員會將髮髻剪下，貼在木板上供到神社，稱為「髻額」。

港，然後從下關進入瀨戶內海，再從大坂入港，此即著名的「西迴航路」。後來這條路徑成為北前船（譯注：指沿西迴航路往返於北國地區和京都大阪之間的商船）運送蝦夷地（現今北海道）的鯡魚和海產物前往西國地區的主要航路，且日益發達。

到了今日，仍可在北海道、東北和瀨戶內海等沿海地區見到一模一樣的文化傳統，這便是西迴航路所帶來的影響。由此可見，海運不只運送物資，也運送了文化。

●江戶時代的水運

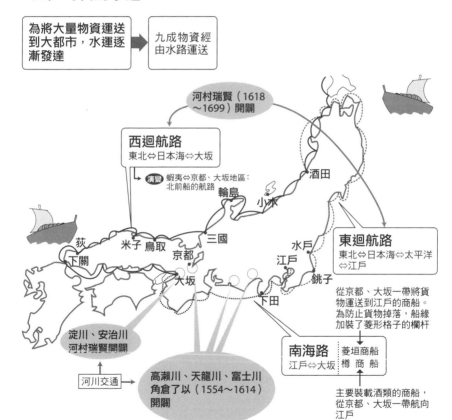

精英德川綱吉所帶來的惡政

德川家光的四男德川綱吉非常好學,但也因此頒布了嚴峻的《憐憫萬物之令》。

儒學愛好者、聰明的德川綱吉

將軍德川家綱沒有兒子,所以德川家的直系血統僅只維持四代便斷絕了。接著就任第五代將軍的是第三代將軍德川家光的四男,也就是德川家綱的胞弟、館林藩藩主德川綱吉。他於一六八〇年就任時,正值三十五歲的壯年期,在堀田正俊和柳澤吉保的協助下親自執政。

德川綱吉的理想是實行以儒教和佛教為基礎的政治,並公開說道:「儒釋(儒教和佛教)如車之兩輪」,努力將其思想具體地展現在施政上。

實際上,德川綱吉是個非常好學的人,據說他好學的個性是父親德川家光造就出來的,德川家光曾看著德川綱吉說道:「這孩子天生資質聰穎,如果找個良師教導他儒學,日後必定有一番成就。」於是,德川綱吉的母親桂昌院便遵照將軍的指示,在綱吉的身邊安置了儒官,並建議他多看書。而綱吉本身也非常聽從母親的教導,努力求學,甚至生病時也書不離手。

就任將軍後,德川綱吉依然好學,延請了多位著名的儒者一起討論學問、或聽他們講課,而他自己也常常向家臣講解《論語》和《孟子》。

一六九三年起長達八年的時間,德川綱吉每個月都會講解六次《易經》,前後共計兩百四十次以上,對象不只是諸大名,還包括陪臣、僧侶、山野的修道僧等。雖然德川綱吉的目的是要啟蒙統治階級、推廣仁政,不過若無極大的耐心,也無法如此持之以恆。

此外,德川綱吉非常地尊崇儒教和佛教,不惜投入巨資建設護國寺和護持院等寺院,並在湯島建立了宏偉的孔子廟(湯島聖堂),非常隆重地祭祀孔子。

歷史筆記　德川綱吉設立狗屋,在四谷、大久保有兩萬五千坪,在中野有十六萬坪,共飼養了將近五萬隻狗,給予牠們比人類還要好的食物。

《憐憫萬物之令》
源於佛教思想

若談到德川綱吉的執政，首先讓人想到的大概便是《憐憫萬物之令》（一六八五～一七〇九年）。《憐憫萬物之令》用於保護以狗為首的所有動物，是條偏激的法令，多達數十萬人因觸犯此法而遭遇不幸，堪稱為天下惡法。不過，實際上這條法令也是個以佛教不殺生的慈悲觀為出發點的政策。

只是，殺了燕子要處死刑、打死蚊子要放逐外島，的確是過於嚴苛。而歸咎其原因，就在於德川綱吉是精英之故。德川綱吉從小只會讀書，學問的造詣或許很高，但是氣度狹小、不知人間疾苦，所以總相信自己的政策是絕對的「善」，也因此無法原諒違反自己政策的人。

當時不只是庶民受苦，據說連家臣也因為若惹惱了德川綱吉便會下場悽慘，所以每天過著戰戰兢兢的日子。

● 德川綱吉將軍的執政（1680～1709年執政）

湯島聖堂
（1690）
建造孔廟，祭祀孔子

惡政

設置歌學方
（1689）
擢用北村季吟，命其研究和歌的相關書籍
（譯注：負責和歌書籍的研究與和歌的創作）

採用貞享曆
（1684）
採用澀川春海研創的曆法

《憐憫萬物之令》
（1685～1709）
偏激的保護動物法令，許多人因此遭到處罰

編纂史書
《寬政諸家系圖傳》
《貞享諸家書上》
《東武實錄》

拆毀安宅丸
（1682）
拆毀德川家光打造的豪華船隻，做為禁止奢華的示範

改鑄貨幣
（1695）
命令荻原重秀減少貨幣中的金銀含量，賺取差額利益

大名改易
以微不足道之由對許多大名、旗本施行改易或減少封地

良政

德川綱吉的執政

與中國（明清）有巨額貿易往來

談到江戶時代的貿易，通常最先想到的是荷蘭，但其實與中國的貿易往來更多。

與中國的交易額是荷蘭的十數倍！

幕府對某幾個國家以外的世界各國關閉國門，主要是因為當時感受不到與其他國家往來的好處，若就通商而言，僅是來自荷蘭及中國的貿易品便已足夠。

雖然江戶時代的對外貿易大多談到與荷蘭的往來，但其實中國才是日本當時最大的貿易對象，交易額最多時據推測是荷蘭的十數倍。

日本從中國輸入的東西以生絲和絹織品占絕大多數，此外大部分的砂糖、中藥、書籍等也是從中國進口。

另一方面，一開始日本對中國輸出的物品是金銀礦產，但後來幕府擔心金銀缺乏而禁止出口後，銅錢（銅）便成為主要的輸出品。由於中國幾乎採不到銅礦，所以非常需要日本的銅錢，據說在上海等沿海城市，日本銅幣被當成貨幣在市面上流通。

此外，值得一提的還有江戶時代中期以後，裝在稻草包中稱為「俵物」的乾鮑、魚翅、海參、昆布等海產品。

中國人的居住地也受到限制

一六四一年荷蘭人全體被遷移到出島。相對於此，由於中國人並未被列為鎖國對象，所以長崎的城鎮中有一萬多個中國人散居在各處。當時長崎的總人口為六萬，也就是每六個人當中就有一個中國人。

不過到了一六八八年，有如當年將荷蘭人遷移到出島一樣，幕府也在長崎郊外建造了唐人村（中國人的居住區），無一例外地將所有中國人（約五千人）隔離於此。唐人村占地約九千四百坪，周圍有高牆和溝渠包圍，門外有守衛，進出的管制雖然沒有荷蘭人那般嚴格，

歷史筆記　據說唐人村的大小約為出島的三倍，裡頭排列著二十棟兩層樓建築，有一百多家貿易商經營的店鋪。

但外出時仍必須有官吏同行。

　　由於與中國的貿易急速擴大，幕府擔心銀礦大量流出，所以一六八〇年代開始限制貿易額，但仍有許多貿易私底下偷偷進行，因此幕府才將中國人加以隔離，以斷絕祕密貿易。此外，許多日本婦女與有錢的中國人來往，風俗有逐漸敗壞的傾向，而且中國人當中也有為數不少的基督徒，這些可能也是幕府建造唐人村的原因。

　　雖然中國人後來遭到隔離，但長崎至今仍然濃厚地留存著舞龍、放河燈、圓桌料理等中國人的風俗習慣。

●江戶時代日中貿易的變化

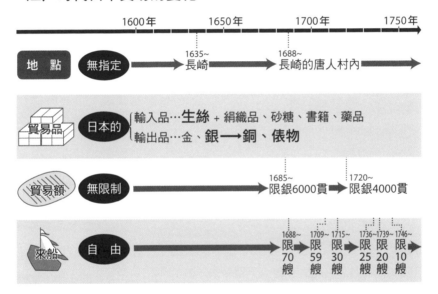

赤穗浪士事件的罪魁禍首是將軍？

如果德川綱吉圓滿地裁決松之廊事件，著名的四十七浪士襲擊事件或許不會發生。

德川綱吉立即命令淺野長矩切腹

一七〇一年三月十四日的上午十一時左右，赤穗藩主淺野長矩在江戶城松之廊舉起短刀大吼「上次的宿怨還記得吧！」，一邊往吉良上野介砍去。吉良上野介的額頭及背部被砍傷，幸虧週遭的人趕緊抱住淺野長矩，他才逃過一劫。

這一天，江戶城正準備舉行德川綱吉將軍接見京都前來的敕使的奉答（譯註：對敕使宣讀的聖旨內容做回答）儀式，淺野長矩負責接待敕使，吉良上野介則負責指導淺野長矩。

一個是學習的一方，一個是指導的一方，兩人之間究竟發生了什麼爭執呢？

不過，事情的真相已經無從得知，因為德川綱吉對於儀式被破壞大為震怒，下令收回赤穗藩，並命令淺野長矩當日切腹。另一方面，吉良上野介則是被無罪釋回。

兩者皆罰便不致引發事件

一般當砍傷事件發生時，幕府內閣都會在查明原由後才做裁決。但德川綱吉在未弄清楚究竟是兩人之間有糾紛、還是淺野長矩失去理智的情況下，便憑著個人當時的情緒將淺野長矩處死，所以才會引發了之後赤穗浪士襲擊吉良上野介宅邸的事件。

若是因為糾紛，按規定必須雙方都處罰，因此赤穗的浪士們認為德川綱吉的裁決明顯不公，屢次請求幕府允許讓淺野長矩的弟弟淺野大學恢復家門，並處罰吉良上野介。但是，幕府不但將淺野大學降為浪人，斷絕了淺野家再起的機會，也沒有懲處吉良上野介。

「君受辱則臣死」，有一群罕見的、堅守武士道精神的浪士對於幕府的裁決感到憤怒不平，他們就是大石內藏助等四十七位浪士。他們決定，既然幕府不處罰吉良上野介，那麼就自己動手處以私刑。

歷史筆記　德川綱吉曾請公弁法親王（譯註：後西天皇的第六皇子）提出免赤穗浪士一死的請求，試圖以法外處置的方式拯救浪士，但遭到親王拒絕而失敗。

於是，一七〇二年十二月十五日凌晨，浪士一群人衝進吉良上野介的宅邸，取下他的首級，這便是元祿時期的太平盛世中突然發生的赤穗浪士襲擊事件。

不過，坊間庶民對於赤穗浪士的行為讚為義舉，武士們也被他們的忠臣風範深深感動。幕府一開始原本要將赤穗浪士比照盜賊處刑，但是面對這樣的社會評價，內閣中主張免他們一死的聲浪也高漲。最後，幕府將他們處以對武士而言是為榮譽的切腹之刑，事件才終於落幕。

不管怎麼說，會發生這樣的大事件，都是因為德川綱吉將軍不公平的處分所致。然而，當德川綱吉得知這起襲擊事件時，居然還稱讚：「真是一群好漢！」可真是個相當自我的人。

●赤穗浪士襲擊事件的始末

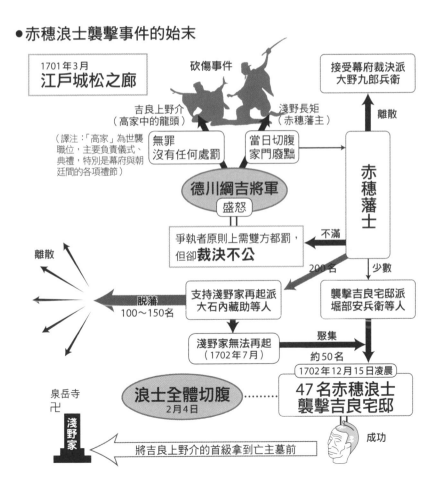

1701年3月
江戶城松之廊

砍傷事件

吉良上野介
（高家中的龍頭）

淺野長矩
（赤穗藩主）

（譯注：「高家」為世襲職位，主要負責儀式、典禮，特別是幕府與朝廷間的各項禮節）

無罪
沒有任何處罰

當日切腹
家門廢黜

接受幕府裁決派
大野九郎兵衛

離散

德川綱吉將軍
盛怒

赤穗藩士

爭執者原則上需雙方都罰，但卻**裁決不公**

不滿

離散

200名

少數

脫藩
100～150名

支持淺野家再起派
大石內藏助等人

襲擊吉良宅邸派
堀部安兵衛等人

淺野家無法再起
（1702年7月）

聚集

約50名

1702年12月15日凌晨
47名赤穗浪士襲擊吉良宅邸

成功

浪士全體切腹
2月4日

泉岳寺
卍

淺野家

將吉良上野介的首級拿到亡主墓前

江戶和大坂富商的命運

景氣沸騰的元祿時代，江戶和大坂均出現以往無法想像的富商，不過他們最後還是未能守住財富。

大發災難財的江戶富商

提到元祿時代的富商，首先想到的便是江戶的紀伊國屋文左衛門（一六六九？～一七三四年）。

文左衛門將紀州的橘子運到江戶，再將江戶的醃鮭魚運到京都、大坂一帶，賺取了龐大的利潤，後來轉行做木材的批發，一躍成為富商。

文左衛門之所以會轉行做木材商，是因為他看準了江戶常發生火災，木材的需求不會斷絕，而果然他的觀察力不同於凡人。之後，他巧妙地打進幕府，變成御用商人，甚至也經營長崎貿易。不過，文左衛門雖然看中火災商機而轉行買賣木材，但是運氣很不好地，他自己放置木材的倉庫也發生了火災燒得精光，後來不得不退隱商場，說來還真是諷刺。

元祿年間還有一個與紀伊國屋文左衛門同為木材商及御用商人的大富商，就是第四代奈良屋茂左衛門（一六五五？～一七一四年）（譯注：江戶時代，武士以外的階級不可公開使用姓名，所以皆用家名、商號互稱，且世代相傳）。他壟斷承包幕府所發包、因地震而倒塌的日光東照宮的修復工程，賺得了龐大的利潤。

奈良屋茂左衛門後來成為江戶屬一屬二的木材商，死後留下了龐大的遺財，但是據說他死前卻意味深長地告訴兒子：「絕對不要經商，把這些遺產拿去買土地和房子，靠地租和房租過日子！」

因此，第五代茂左門衛便靠著租金收入遊玩度日，最後在吉原的煙花巷揮霍過度，將財產花得精光，使得奈良屋就此沒落。或許正因為知道經商的風險，所以第四代奈良屋茂左衛門才會要兒子經營房屋租貸，只是沒想到最終的結果還是事與願違。

歷史筆記　元祿富商中也有頭腦聰明者，例如貨幣兌換商三井家和釀酒的鴻池屋等，他們不僅沒有沒落，還抓住時代的脈動代代繁榮。

過度浪費成為幕府眼中釘

另一方面，在大坂則有一個靠著經營貨幣兌換和仲介稻米買賣發跡的富商淀屋辰五郎（？～一七一七年）。據說，致富之後的辰五郎過著極盡奢華的生活，廣大的宅邸內有一間書房，壁面全用金箔貼成，裡面擺放著中國進口的高貴骨董、書畫、以及黃金打造的各種器具。

此外，他還在取名「夏座敷」、長為四間的正方形屋子外側加裝雨緣（譯注：日式建築中設置在窗外的防雨窄廊），於其上方裝上玻璃製的頂棚，而拉門也用玻璃做成，並在拉門下面裝水，裏頭飼養著金魚，藉以感受涼意，其生活只能用奢華形容。

不過，淀屋辰五郎豪華的生活態度正好犯了幕府的大忌，於是在一七○五年受到闕所處分（停止營業、沒收財產），淀屋辰五郎也被逐出了大坂，而他原本的宅邸建地則變成後來的堂島米市場。

●主流商人的變遷

初期富商（17世紀前半期）

戰國時代～江戶初期因朱印船而活躍的商人

例 角倉了以、末吉孫左衛門、今井宗薫、茶屋四郎次郎

元祿富商（17世紀後半期～18世紀前半期）

元祿年間因三都（江戶、大坂、京都）的繁榮而獲得暴利的商人

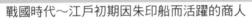

例 | 投機型……紀伊國屋文左衛門（木材批發）、奈良屋茂左衛門（木材批發）、淀屋辰五郎（貨幣兌換、稻米買賣）……→沒落

堅實型……三井高利（布莊、貨幣兌換）、鴻池善右衛門（貨幣兌換）……→發達

株仲間商人（18世紀前半期～19世紀前半期）

幕府和各藩所承認的同業組織中的商人

 江戶的十組問屋、大坂的二十四組問屋（譯注:問屋為批發商）⇒掌控日本的流通業

鄉里商人（19世紀前半期～後半期）

居住在農村，不透過批發商自行銷售農產品（農作物）的商人⇒打破以往的物流結構

作家守護神近松門左衛門的心願

町人所主導的奢華享樂的元祿文化中，誕生了被做為娛樂的歌舞伎和人形淨琉璃。

從極盡奢華的生活中誕生的文化

元祿文化的中堅分子是京都、大坂一帶的町人，這是日本有史以來首次由被統治的階級主導文化的發展。

此時武士因米價貶值與支出增加而愈來愈貧窮，農村則受到貨幣經濟的衝擊而瓦解，在這樣的局勢中，唯有町人集聚了天下的財富，且毫不惋惜地揮霍龐大的財富來歌頌自己的人生。

他們花錢到處收購高價的書畫和茶具，身著非常奢華的衣裳，進出劇場欣賞歌舞伎和人形淨琉璃（譯注：日本傳統人偶劇，由表演者拉線操作人偶、「太夫」吟唱口白、三味線伴奏配樂），為劇情感動落淚，並頻繁地出入煙花巷與絕世美女調情嬉戲。就在這樣奢侈的生活中，町人主導的文化誕生了。

元祿文化的代表人物是被稱為「作家守護神」的作家近松門左衛門，他在三十一歲時將作品《世繼曾我》提供給人形淨琉璃的語部（譯注：戲劇中負責吟唱口白的人）宇治嘉太夫，從此步入文化界。《世繼曾我》將千篇一律的口白講述方式加以翻新，並將角色創作得非常時髦，此外還加入了江戶歌舞伎中的「荒事」（譯注：指勇士、神鬼等角色激烈且誇張的動作）等，為人形淨琉璃注入了一股新風氣而備受矚目。

近松門左衛門對作品深具自信

之後，近松門左衛門又為竹本義太夫創作了《出世景清》，這部作品大受歡迎，後來他便開始在劇本上面署名。當時作家的身分非常卑微，近松門左衛門的舉動雖然被批評為不知分寸，但他仍大膽地試圖打破偏見，由此可以感受到他對自己身為作家的強烈自負。

近松門左衛門雖然有一段時間轉入歌舞伎界，為京都的坂田藤十郎創作了《傾城佛之原》和《傾城壬生大念佛》，但不久之後又回到淨琉璃界與竹本義太夫合作，創作出《曾根

歷史筆記　據說近松門左衛門的合作夥伴竹本義太夫的長相異於常人，大眼睛、鷹勾鼻，大大的嘴巴裡排列著有如鋪在地上的石板般不規則的牙齒。

崎心中》、《心中天網島》等傑作（譯注：「心中」為殉情之意）。

近松門左衛門將繁華背後、町人社會中極大的矛盾赤裸裸地呈現出來，透過鮮明的角色安排，將這些受到矛盾捉弄而被擊垮的人們的悲哀寫成了悲劇：

煙花女子。真心愛上煙花女子的男子。贖身需要大筆的金錢。因為金錢而性情大變的朋友。背叛妻子的痛苦。夫君所不知道的妻子與煙花女子之間的情義。一死以求解脫的煙花女子。不合理的愛情以自殺劃下句點。

近松門左衛門在臨終前留下了詩句：「想留傳後世實為愚蠢　灰中的炭火消失前的短暫時光寫下的拙作」（残れとは　思うも愚か　うづみ火の　けぬまあだなる　朽木がきして）。

他認為自己的作品微不足道，若期望在不斷誕生的新作品中能夠留存下來，實在是件愚蠢的事。不過，在這當中其實也隱藏著一個作家對自己作品的喜愛，以及希望自己的作品可以流傳後世的心願。

一七二四年十一月，近松門左衛門悄然離開人間，享年七十二歲。他的作品經過兩百七十年的歲月，依然被流傳著，而且不失新鮮與光芒。近松門左衛門的心願確實已經圓滿地達成了。

●江戶中期的「元祿文化」

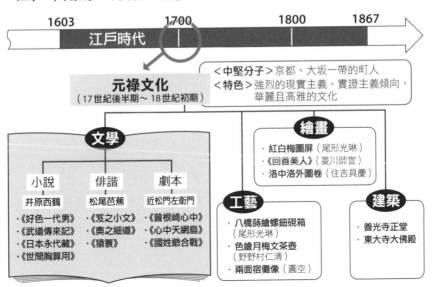

113

在京都功成名就的坂田藤十郎

江戶有市川團十郎，京都則有坂田藤十郎。在此一窺歌舞伎黎明期的演員對於演戲的熱情。

欺騙女人只為磨練演技

元祿時代的歌舞伎演員中，京都的坂田藤十郎（一六四七～一七〇九年）與江戶的市川團十郎可說是平分秋色。坂田藤十郎對演戲的熱情非比尋常，認為要在虛擬的表演中讓觀眾得到真實的感動，就必須非常了解真實的情感才行，所以始終徹底地觀察世態人情，坊間便流傳著這麼一則關於他追求演技的逸聞。

在京都的祇園町有一位經營茶屋的女老闆，有一天，坂田藤十郎走近她並認真地展開求愛。女老闆雖然已經有丈夫，但是眼前追求自己的是個美男子，因此最後終於答應了藤十郎，邀他進到後面的房間，然後吹熄了房裡的燈火。不過就在這一瞬間，坂田藤十郎卻有如脫兔般飛快地逃走了。隔天早上他前往茶屋對女老闆說明：「事情是這樣的，我接下來要演一個有外遇的男人，而我本身並沒有做過這樣非分的事，但若沒有真的經歷過外遇，也就沒有辦法演得逼真，所以昨日才會向你求愛。托你的福，我可以把戲演好了。」

站在女老闆的立場，這真是個殘酷的告白。不過若被抓到通姦，以當時的法律免不了一死，所以坂田藤十郎可說是冒著生命危險琢磨演技。為了演戲居然可以賭上性命，元祿文化便是在這些人的努力下逐漸成形。

歌舞伎演員的恐懼

歌舞伎演員最恐懼的就是十七世紀末起每年發行的《演員評論記》，當中刊載著所有演員的排名及對其演技的評價。基本上演員與座元（劇場經營者）的合約為一年，通常座元會根據評論記上的排名調整演員的薪資。若是排名好，有可能被其他的劇場高薪挖角，但

歷史筆記　第一代市川團十郎與坂田藤十郎完全相反，他在整個舞台上奔跑、跳躍，以激烈的動作（稱為「荒事」）迷倒江戶人。

若是排名差，便會遭到解雇。所以，就算多少有些偏離劇本，演員往往會誇大動作或台詞以求凸出，為博得人氣而刻意迎合客人喜好。

在這樣的環境中，坂田藤十郎卻認為動作應是內心情感的自然流露，完全投入角色後，高興時自然心情愉悅，生氣時身體自然會顫動。他不喜歡誇張的動作，自行開創出稱為「和事」的柔和身段和台詞，並且特別擅長煙花巷的男女情愛場面。

此外，他還曾經說過若想得到觀眾的讚賞，就要忘記觀眾的存在，要當成身處現實世界而非在演戲。儘管不刻意討好觀眾，坂田藤十郎仍然長年都是《演員評論記》排行榜的第一名。

●歌舞伎的變遷

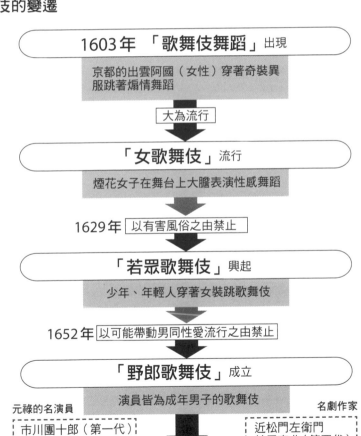

寬永文化時期

1603年「歌舞伎舞蹈」出現

京都的出雲阿國（女性）穿著奇裝異服跳著煽情舞蹈

大為流行

「女歌舞伎」流行

煙花女子在舞台上大膽表演性感舞蹈

1629年 以有害風俗之由禁止

「若眾歌舞伎」興起

少年、年輕人穿著女裝跳歌舞伎

1652年 以可能帶動男同性愛流行之由禁止

元祿、化政文化時期

「野郎歌舞伎」成立

演員皆為成年男子的歌舞伎

元祿的名演員
市川團十郎（第一代）
坂田藤十郎
芳澤文目

名劇作家
近松門左衛門
鶴屋南北（第四代）
河竹默阿彌

現代

勞苦將軍德川家宣的「正德之治」

德川家宣試圖修正德川綱吉的政治、創造太平盛世，但他上任後僅只三年九個月便辭世。

連壞人也原諒的將軍

江戶幕府歷代將軍當中最可稱為明君者，就是第六代將軍德川家宣。雖然其執政期間只有短暫的三年九個月，但他上任後毅然決然地廢除前代將軍德川綱吉的惡政，並陸陸續續展開儒學式的理想政治。

德川綱吉逝世僅僅只一週後，德川家宣便廢除天下惡法《憐憫萬物之令》，並釋放了觸犯此法而入獄的人，同時也嚴厲禁止賄賂官吏，甚至還允許庶民參觀將軍出巡的行列，並將民眾批評政治的匿名文章拿來反省、警惕自己。他還曾說：

「即使是罪大惡極的壞人，也要找出其值得原諒的地方，然後減輕他的罪，這才是真正的政治。」

據說民眾對於德川家宣的作為欣喜若狂，各城鎮處處飄散著讚譽新將軍善政的落首（匿名的文章和詩歌）。

德川家宣是德川家光的孫子、德川綱吉的姪子，但是他出生後並不幸福，因為他是父親德川綱重十九歲時與身分卑微的二十六歲女性之間所生的孩子，所以不受到承認，父親迎娶正室時，就將他交給家臣做為養子。

但是，之後德川綱重膝下無其他子嗣，他便被召回繼承家門。後來，又因為叔父德川綱吉將軍沒有兒子而將他收為養子，使得原本一生充其量只是甲府城城主的德川家宣，意外地當上了將軍。

新井白石教導的帝王之道

德川家宣能夠成長為一位明君，可說是其學問導師新井白石的功勞。新井白石從一六九三年開始事奉德川家宣，前後長達十六年，徹底地教育他如何成為一個人上人。新井白石打算把德川家宣教育成如中國傳說中的聖君堯、舜一般，然後打造一個人民能夠歌頌讚

歷史筆記　據說新井白石從小就非常勤奮好學，一天要寫上四萬個字，習字途中如果睏了，即使是冬天也會澆冷水讓自己清醒。

詠的國家。

而德川家宣也非常認真地接受新井白石的教導，其用心從他出席新井白石講課的態度便可看出。據說，德川家宣每天必定穿著正式的服裝上課，從不缺席，即使炎夏也不用扇子，被蚊子叮咬也一動不動。如此下來，德川家宣果然如新井白石的期待成為了明君，並擢用新井白石推行良政。德川家宣的政治與下一代將軍德川家繼的治世被合稱為「正德之治」。關於各政策的具體內容請參閱圖解。

● 明君德川家宣的「正德之治」

正德之治（1709 ～ 1716 年）

將軍	第六代德川家宣、第七代德川家繼
推行者	侍講新井白石 側用人間部詮房
目的	實現文治政治
政策	①廢除《憐憫萬物之令》（1709） ⇒庶民欣喜若狂 ②創設閑院宮家（譯注：贈予東山天皇第六皇子「閑院宮」稱號使其自成一家）（1710） ⇒促進幕府與朝廷的融和 ③簡化朝鮮通信使的接待（1711） ⇒修正名分、刪減經費 ④發行正德金銀（1714） ⇒恢復貨幣原有的金銀含量 ⑤海舶互市新例（1715） ⇒為了防止金銀流出而限制貿易
評價	流於儒教的理想主義， 無法因應現實社會的矛盾

德川綱吉的寵臣
柳澤吉保的處世之道

若要舉出德川家兩百六十年執政期間最飛黃騰達的人物，應該非柳澤吉保莫屬了。

柳澤吉保原本是領有一百六十石的館林藩藩士，以小姓（譯注：在主人身邊處理雜務者）身分事奉藩主，但在藩主德川綱吉就任第五代將軍後，他的命運也跟著完全改變。

柳澤吉保隨著德川綱吉就任將軍而成為幕臣，被封為負責處理將軍身邊雜務的小納戶，因得到將軍的賞識，僅只數年便晉身為領有和泉、上總兩國共一萬兩千萬石的大名，最後受封甲斐國成為甲府城城主。此外，在幕府也登上老中上座一職，甚至得到德川綱吉賜姓松平，可以自稱姓氏松平即代表是德川家的一族。為何柳澤吉保能夠如此扶搖直上呢？

在《德川實紀》中直接地說明了原因。

「柳澤吉保的才幹極為優秀，（中略）他非常能夠揣測君主的想法，凡事都能做到如君主所願，所以逐漸地受到寵信。」

也就是說，他能迅速地察覺別人的心意，從不違背對方的期待。說得難聽一點，就是不斷地討別人歡心。不過，柳澤吉保厲害的地方是，他能長年不斷地讓將軍感到滿意，這不是一般的努力可以達到的。

不過，追隨權力者發達的人，往往會在權力者死後，受到周圍的彈劾而失勢。

但是，柳澤吉保卻沒有因此失勢，原因便在於他得體的應對進退。德川綱吉死後，柳澤吉保即毫不眷戀地卸下所有職務，立刻落髮為僧隱居山林，也因為他英明的判斷，使得柳澤藩未遭到收回，一直存續到明治維新時期。

一代寵臣柳澤吉保的處世方法，的確相當值得後世學習。

第 **3** 章

時局動盪不安──
改革的時代

財政未見好轉，
動盪不安的改革時代

德川吉宗總算重建了財政

第八代德川吉宗到第十二代德川家慶的時代，是幕藩體制產生動搖且動盪逐漸擴大的時期，動搖的原因之一便是幕府的財政困難。由於一六五七年的明曆大火（參見98頁）與第五代德川綱吉的浪費，幕府的國庫早已經捉襟見肘。

御三家中紀伊藩出身的德川吉宗在就任第八代將軍後，進行了徹底的改革（享保改革），終於成功地重建了財政。但是，雖然德川吉宗有所作為，但其長男家重卻與自己截然不同，愚笨且體弱多病，相反地次男宗武則是聰明伶俐，所以幕府內閣強烈地推舉宗武就任下一任將軍。不過，德川吉宗最後還是遵守長子繼承制度，把將軍的位子傳給了家重。有逸話談到，德川家重說話不清楚，只有側用人大岡忠光知道他要表達的意思，將軍所有的命令都是透過他傳達，所以他擁有相當大的權利。

但實際上由史實可以得知，當時幕府內閣採行的是合議制，而且沿襲著德川吉宗的改革路線。不過昭和三十三年（編按：1958年）時，日本曾對德川家重的頭蓋骨進行調查，發現他的臼齒列磨損得不太尋常，因此日本人類學家佐倉朔推測，德川家重應該是患有輕度的腦性麻痺。由此看來，德川家重有語言障礙一事確實屬實。

政治在重商主義和重農主義之間搖擺不定

　　第十代將軍是德川家重的長子德川家治，他擢用田沼意次推行重商主義政策，雖然在以農本主義為基礎的德川政權中算是相當獨特，但用來因應貨幣經濟的滲透，可說是個正確的國家政策。不過，這個政策無法得到周遭的理解，加上收賄和天災的衝擊，使得田沼意次最後失勢下台。

　　第十一代德川家齊執政初期，主張重農主義的老中松平定信著手展開「寬政改革」，復興農村，但是在貨幣經濟已經滲透的當時，他的政策不過是個有如妄想將時光倒流般徒然的嘗試。

　　松平定信改革失敗辭去老中職務後，由德川家齊親自掌管幕府的政治，但是他實行毫無任何理想的散漫政治長達半世紀之久，使得社會完全腐敗。不過，卻有一樣東西將這種腐敗當做養分，進而開花結果，那便是「化政文化」。

　　德川家齊死後，老中水野忠邦在第十二代德川家慶手下實施了「天保改革」，試圖挽救社會的鬆散，但是由於改革過於嚴厲，招致從庶民到諸大名等廣大階層相當大的反彈，僅只兩年便告終。就在這種重農主義還無法轉換為重商主義的狀況下，幕府於一八五三年六月面臨了佩里的到來。

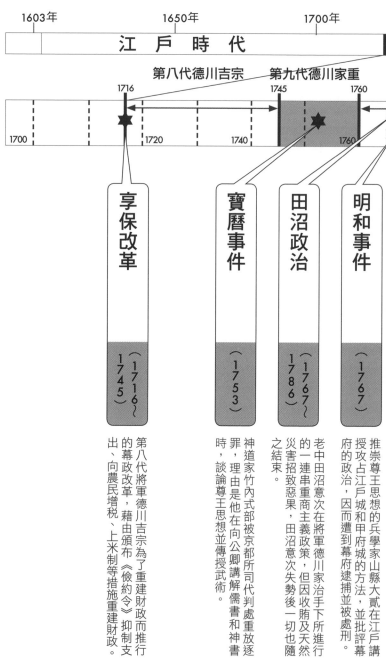

江戶幕府——改革的時代（第八代吉宗～第十二代家慶）

1603年　　1650年　　1700年

江　戶　時　代

第八代德川吉宗　第九代德川家重

1716　　1745　　1760

1700　　1720　　1740　　1760

享保改革（1716～1745）

寶曆事件（1753）

田沼政治（1767～1786）

明和事件（1767）

第八代將軍德川吉宗為了重建財政而推行的幕政改革，藉由頒布《儉約令》抑制支出、向農民增稅、上米制等措施重建財政。

神道家竹內式部被京都所司代判處重放逐罪，理由是他在向公卿講解儒書和神書時，談論尊王思想並傳授武術。

老中田沼意次在將軍德川家治手下所進行的一連串重商主義政策，但因收賄及天然災害招致惡果，田沼意次失勢後一切也隨之結束。

推崇尊王思想的兵學家山縣大貳在江戶講授尊王思想，授攻占江戶城和甲府城的方法，並批評幕府的政治，因而遭到幕府逮捕並被處刑。

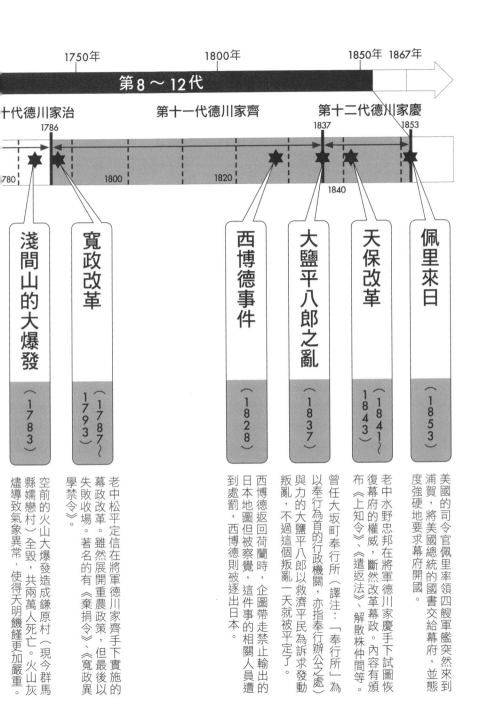

第8～12代

| 1750年 | 1800年 | 1850年 1867年 |

十代德川家治　　　　第十一代德川家齊　　　　第十二代德川家慶

1786　　　　　　　　　　　　　　1837　　1853

780　　　　1800　　　　1820　　　　1840

淺間山的大爆發

（1783）

空前的火山大爆發造成鐮原村（現今群馬縣嬬戀村）全毀，共兩萬人死亡。火山灰燼導致氣象異常，使得天明饑饉更加嚴重。

寬政改革

（1787～1793）

老中松平定信在將軍德川家齊手下實施的幕政改革。雖然展開重農政策，但最後以失敗收場。著名的有《棄捐令》、《寬政異學禁令》。

西博德事件

（1828）

西博德返回荷蘭時，企圖帶走禁止輸出的日本地圖但被察覺，這件事的相關人員遭到處罰，西博德則被逐出日本。

大鹽平八郎之亂

（1837）

曾任大坂町奉行所（譯注：「奉行所」為以奉行為首的行政機關，亦指奉行辦公之處）與力的大鹽平八郎以救濟平民為訴求發動叛亂，不過這個叛亂一天就被平定了。

天保改革

（1841～1843）

老中水野忠邦在將軍德川家慶手下試圖恢復幕府的權威，斷然改革幕政。內容有頒布《上知令》、《遣返法》、解散株仲間等。

佩里來日

（1853）

美國的司令官佩里率領四艘軍艦突然來到浦賀，將美國總統的國書交給幕府，並態度強硬地要求幕府開國。

123

德川吉宗其實並非明君？

因電視劇而著名的第八代將軍德川吉宗，雖然是幕府的復興之祖，但是對農民而言卻是個擾民的惡棍。

適逢一連串幸運當上將軍

一六八四年十一月，德川吉宗誕生成為紀伊藩主德川光貞的四男，他的母親是農民出身、負責服侍德川光貞沐浴的下人，相傳在德川光貞入浴時被臨幸，所以才誕生了德川吉宗。

德川吉宗十四歲時分得越前國內三萬石的領地成為大名，如果沒有契機發生，原本他終其一生應該就是如此。然而未料，後來他的兄長相繼病逝，所以他被叫回紀伊藩就任藩主。

而且德川吉宗的幸運還不只如此。一七一六年，德川家繼將軍逝世，由於當時德川家繼還是個孩子，沒有子嗣可繼承，所以幕府內閣決定從御三家中選出將軍人選，而德川吉宗因為血緣最接近德川家康，所以贏過御三家龍頭的尾張家德川繼友當上將軍。從紀伊藩主的四男一躍成為將軍，德川吉宗可說是出乎意料地一步登天。

德川吉宗不只經歷特別，就連相貌和個性也相當奇特。據說在男子平均身高不到一百六十公分的江戶時代，德川吉宗竟然有著一百八十公分的巨大身軀，身材健壯且腕力驚人。

至於長相則是膚色淡黑、麻子臉、耳朵非常長，而且比起儒學及和歌等學問，他更喜好天文學、氣象學、植物學等，並親自進行天文觀測和雨量調查，甚至還致力推廣朝鮮人參和番薯的栽種，以及從國外引進大象飼養等。其興趣嗜好已經遠遠超越一般的將軍。

享保改革的表裡

就任將軍後，德川吉宗立刻高揭重建財政的旗幟，開始改革幕府的政治（享保改革），結果成功地重建了已經傾頹的財政。

因此，德川吉宗被譽為幕府復

歷史筆記　據說德川吉宗常常在江戶城內進行雨量調查，並成功地預測到一七四二年的大洪水。

興之祖，享保改革也被當做寬政改革和天保改革的範本。

然而「德川吉宗是位明君」，終究是從幕府的角度所看到的評價。對農民而言，他卻是個惡劣的暴君。

享保之前的年貢率採用的是《檢見法》，即視每年稻米的收成狀況決定徵收的年貢量，然而德川吉宗卻改成《定免法》，即不問收成狀況一概徵收固定的量，所以即使遇到歉收，年貢也不能獲得減免。

此外，還加重了以前盡量壓低的旱田租稅，並對以往免稅的河岸地進行課稅。

雖然同時也頻繁地開發新田地，但是所開發的土地大部分是農村的「入會地」（共有地）。原本農民可以從這些土地取得豐富的草肥、木柴、山菜，失去這些土地後，農民遭受到莫大的損失。

總之對農民而言，德川吉宗與電視劇所演的完全相反，是個粗暴的將軍。（參見254頁）

●享保改革的內容

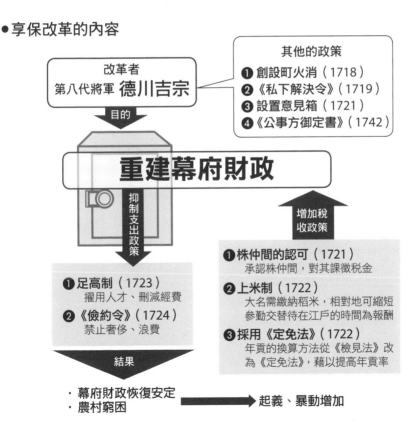

改革者
第八代將軍 德川吉宗

目的

其他的政策
❶ 創設町火消（1718）
❷《私下解決令》（1719）
❸ 設置意見箱（1721）
❹《公事方御定書》（1742）

重建幕府財政

抑制支出政策

增加稅收政策

❶ 足高制（1723）
擢用人才、刪減經費
❷《儉約令》（1724）
禁止奢侈、浪費

❶ 株仲間的認可（1721）
承認株仲間，對其課徵稅金
❷ 上米制（1722）
大名需繳納稻米，相對地可縮短參勤交替待在江戶的時間為報酬
❸ 採用《定免法》（1722）
年貢的換算方法從《檢見法》改為《定免法》，藉以提高年貢率

結果

‧幕府財政恢復安定
‧農村窮困

起義、暴動增加

德川吉宗恢復「日光社參」的目的

因財政困難而從第四代將軍之後中斷的日光社參，經過六十五年之後終於恢復，其目的是實施軍事演習和誇耀幕府的權威。

日光社參被定為官方儀式

「日光社參」是指將軍前往位於日光東照宮的德川家康陵寢參拜的儀式，起始於一六一七年四月第二代將軍德川秀忠首次的參拜。

德川家康死後被埋葬於駿府久能山，但翌年三月幕府遵照其遺言改葬於日光山，奉為「東照大權現」祭祀（譯注：德川家康死後，後水尾天皇所賜的神號，大權現為對神的尊稱之一）。日光原本自古以來就是個因山岳信仰（譯注：認為山岳是神祇或祖先靈魂居住的地方而尊敬朝拜）而興盛的聖地，日本中世時發展為滿願寺的門前町（譯注：以寺院門前為中心發展的城鎮）而繁榮，僧侶多達五百人。德川家康的陵寢遷移至此以後，日光愈來愈繁榮，而幕府也非常重視這塊幕府開國始祖的安眠之地，在這裡設置了日光奉行（譯注：遠國奉行之一，負責東照宮的守衛、修繕、祭祀及日光城鎮的庶政等）直接管理此地。

話說當年第一次的日光社參，德川秀忠在大雨中從本鄉追分出發沿途經過岩淵、川口、鳩谷、大門，在岩槻夜宿一宿，隔日從幸手進入日光街道，在栗橋渡過利根川，然後繼續北上，在古河、宇都宮各過一夜，最後抵達日光。之後，這條路徑就變成了固定的參拜路線。

德川秀忠一生中曾四次前往日光參拜，但每次僅帶著數名家臣，非常地簡單樸素。到了第三代德川家光時代，才將這個將軍的私人例行公事變成官方儀式，他拆除東照宮舊有的建築物，重新建造了富麗堂皇的宮殿，帶著譜代大名浩浩蕩蕩地前往日光參拜。

在整個江戶時代，日光社參總共舉行了十九次，其中十次便是由德川家光帶領。但是，第四代的德川家綱只舉行了兩次，後來便中斷了，主要是因為財政上的理由。

歷史筆記　日光社參時架在利根川上供將軍使用的臨時橋樑，是將五十一艘船隻用繩索聯結起來，在船上鋪了好幾層木板，上面鋪上白沙，並加裝了欄杆做成。

以恢復將軍威望為目的

　　經過六十五年之後，第八代將軍德川吉宗再度舉行社參儀式，這場一七二八年的日光社參陣仗有譜代、旗本共計十三萬三千人、下人二十二萬八千人，所使用的馬匹多達三十二萬六千匹。當天雖然天公不做美下起了雨，但隊伍依然按照原訂計畫從江戶城分批出發，據說從最前頭的秋元喬房出發後，到最後面的松平輝貞出城為止，前後足足花了十個鐘頭。

　　德川吉宗的目的是要利用恢復社參儀式，向天下展示將軍的威勢，以重建正在逐漸瓦解的封建制度，從幕府下達給各大名的供奉命令以「黑印狀」發出，便可看出他的企圖。所謂的「黑印狀」，是將軍准許各大名採取軍事行動的許可狀，所以也意味著社參是一種軍事動員。

　　總之，德川吉宗是要藉由動員所有的幕府軍進行軍事演習（日光社參），來牽制外樣雄藩，同時加強幕府的團結。

　　此外，日光社參還包含了向社會大眾宣傳享保改革成果的企圖。德川家綱之後由於財政困難而無法舉行的盛大儀式，歷經數十年之後能夠再度恢復，完全是自己所施行的改革的功勞，這大概就是德川吉宗想要誇耀的吧。

　　之後，日光社參在第十代的德川家治和第十二代的德川家慶時也舉行過，儀式形態忠實地承襲了德川吉宗所開的先例。

●將軍日光社參的歷史

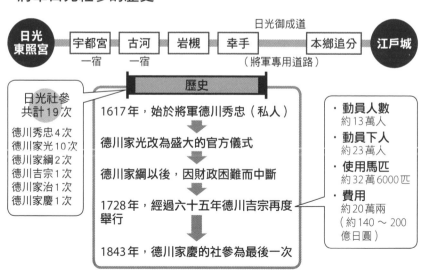

德川宗春令人驚訝的《溫知政要》

德川宗春痛批德川吉宗的「享保改革」，雖然他具有尊重人權、人人平等的精神，但卻不為德川吉宗所容。

痛批享保改革

一七三一年四月，尾張藩的藩主德川宗春在赴藩就任之前，先將二十一條歸納了自己政治方針的著作發給所有家臣，此書即為《溫知政要》。

這本書很快地就廣為流傳，同年的年末便已出現了京都的儒者所寫的注釋本。

京都西堀川有一家書店得知此書廣受歡迎後，取得尾張藩的許可，準備出版大眾版。但是正要發行前，京都奉行所獲訊介入，不只禁止該書，還強制沒收了印刷用的木版。之所以會如此，全是因為書中的內容激烈地批評了享保改革，如：

「人有好惡，（中略）然而，使人喜好自己所喜好的、厭惡自己所厭惡的，是心胸狹隘的表現，尤其居上位者更不可為之。」

「一味地要求儉約，會使人

慈悲心逐漸淡薄，不知不覺地採取極為不仁的做法，使眾人深感痛苦，（中略）相反地會變得徒勞無益。」

「隨性擬定的改革會擾亂眾人的心，使人無法服從，自然無法如願進行。」

這下子，連德川吉宗也不能放任不管了。不過德川宗春厲害的地方是，《溫知政要》被禁的翌月，他光明正大地將這本書獻給將軍家，這可說是德川宗春對將軍德川吉宗所下的挑戰書。

德川宗春率先導入近代思想

德川宗春處於風紀嚴正、鼓勵節約的享保改革時代中，卻許可了名古屋城下的戲劇、歌舞伎、相撲等娛樂活動，甚至還許可了藩祖以來就禁止的特種行業。不過，這些政策並非單純只是為了反抗德川吉宗，若閱讀《溫知政要》一書便可

歷史筆記　德川宗春的散漫財政最後為尾張藩留下了黃金一萬八千餘兩、稻米三萬六千兩的赤字。

了解其真意。德川宗春的政治理念為，積極地獎勵商業才能使國家富有，而非緊縮財政。

他還曾經說過：

「即使價值千金的物品，也無法換取輕如鴻毛的人命」（《溫知政要》）

「與民同樂」（《享保尾州上使留》）

「好色，出自內心之真實，如同吃飯」（《御嘯書》）

從其中可以看到尊重人權、人人平等、人類解放等近代思想的萌芽。德川宗春在統治尾張藩的八年之中，沒有執行過一次死刑，而且還於一七三四年春天，原諒了殉情未遂的男女，讓他們結為夫妻。在當時殉情是為重罪，更遑論可以結為連理。在江戶那個時代，居然有德川宗春這樣的人存在，真可說就是個奇蹟。

不過，德川宗春的方針引起了德川吉宗的反感，終於在一七三九年下令他隱居、禁閉。

●德川吉宗和德川宗春的對立

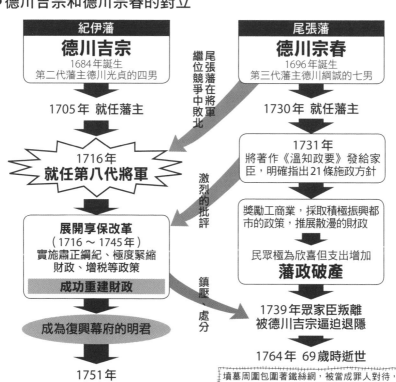

江戶設置免費的綜合醫院

為庶民建造的診所「小石川養生所」，是因為一位城鎮醫師的意見而得以誕生。

因「意見箱」而誕生的醫院

第八代將軍德川吉宗時代，元祿時期的泡沫經濟崩潰，江戶受到經濟不景氣的衝擊，貧窮而無法就醫的病人急速地增加。城鎮醫師小川笙船雖然只酌收便宜的費用幫窮人看病，但因為自己也必須生活，沒有辦法完全不收費，所以也不可能醫治所有的窮人。

對醫師而言，沒有什麼事比只能默默地看著病人受苦更令人感到難過。小川笙船思考了很久之後，最後決定將請願書投入意見箱，訴求建造公立施藥院，此時是一七二一年。

德川吉宗採納了這個意見，命令町奉行大岡越前守（譯注：大岡忠相，因曾任越前守而通稱大岡越前守或大岡越前）負責計畫的實行。而小川笙船的想法大致如下：

「建立施藥院，讓無人照顧的貧窮病人免費住院，由幕府的醫師輪流看病，並雇用孤苦伶仃的老人家來照顧病人。廢除町名主（譯注：負責處理城鎮日常事務的官吏）制度，將支付給名主的俸祿拿來做為維持施藥院的費用。」

結果，幕府沒有廢除町名主，而是拿出幕府出租城鎮土地所得到的租金捐助為施藥院的營運費用。一七二二年，施藥院設立於小石川（文京區）的廣大藥園中，取名為「養生所」。

養生所置於奉行所的管轄下，並配置兩名與力和十名同心負責掌管醫務以外的行政事務。此外，還僱用八名男性和兩名女性負責照顧病人、整理環境、煮飯、洗衣等。

醫師方面則是任命幕府聘用的八名小普請醫師（譯注：幕府醫師中職位最低者），每一位都是被稱為名醫的人物，其中許多人後來獲准覲見將軍或晉升為御醫。

歷史筆記　養生所會將患者拿來做人體實驗的謠言到處流傳，所以最初沒有患者敢來看病。後來大岡忠相召集町名主舉行實地說明，才化解了誤會。

終身為醫的小川笙船

住進養生所的患者可以分配到夏季和冬季的衣物、手紙，也可借到夜著（譯注：和服形狀的棉被）、棉被、蚊帳。當然，醫療費用完全免費。

小川笙船在養生所設立的同時被任命為肝煎（照料人），之後便傾注其全力改善養生所的各項條件。

他致力簡化入所手續，使患者不用接受町奉行所的調查，只要拿著名主的印記證明即可直接來到養生所，收容人數也從最初的四十人增加到一百人，之後又增加到一百五十人。即使是有人可以照顧的患者，只要是窮人都可以入所療養，對象包括了寺社奉行管轄地內的居民和臥倒在街頭的病人。

甚至，本道（內科）以外也增加了外科、眼科，將養生所擴大為綜合醫院，同時為了因應夜間的急診，還與小石川附近的數名藩醫簽署合作契約，將醫療體制建立得非常完備。

一七二二年，小川笙船因為設立養生所有功，接到幕府封為官醫的任命書，但他以生病為由拒絕了。據說他在改善養生所的條件告一段落後便辭去職務，專心做一個醫師幫患者治病。

●意見箱的作用

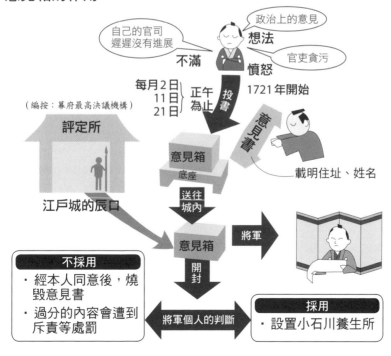

政治上的意見

自己的官司遲遲沒有進展

想法

官吏貪污

不滿

憤怒

1721年開始

每月2日11日21日

正午為止

投書

（編按：幕府最高決議機構）

意見書

評定所

載明住址、姓名

意見箱

底座

送往城內

江戶城的辰口

將軍

意見箱

開封

不採用
・經本人同意後，燒毀意見書
・過分的內容會遭到斥責等處罰

將軍個人的判斷

採用
・設置小石川養生所

妨礙商業自由化的
株仲間至今仍然存在？

不論任何時代，經濟政策都只是權宜之計？株仲間隨著幕府的財政狀況和經濟政策而不斷改變。

獲得將軍認可的同業組織

　　太平洋戰爭後，GHQ（聯合國軍最高司令官總司令部）認為財閥和握股公司會阻礙經濟民主化，而試圖解散他們，並為了防止卡特爾（譯注：同類性質的企業為避免同業競爭，在一定期間內採取一致行動）和托拉斯（譯注：同業或相關企業以獨占市場、增加利潤為目的組成的組織）興起而制定了《禁止獨占法》。不過，商人聯合起來獨占經營利益，其實早在日本中世時期便已存在，那就是「座」。織田信長認為這些獨占利益的座會阻礙市場的自由競爭，所以下令禁止，並為了讓任何人都可以在城下自由地做生意，而制定了「樂市樂座」制度（譯注：樂為自由之意，即廢除既有的擁有專賣權、非課稅權等特權的座，建立自由交易市場）。

　　之後，豐臣秀吉和德川家康也承襲樂市樂座制度。但是到了十七世紀後半期，許多行業的商人和工匠又再次紛紛組成同業組織，他們開始在彼此之間制定營業規則，拒絕新的商人加入並任意地調整商品價格，這種組織稱為「仲間」。

　　幕府也默許仲間的存在，德川吉宗甚至在一七二一年正式認可，而得到幕府認可的仲間便稱為「株仲間」。德川吉宗認為，藉由監督株仲間的領導人，政府的通知或命令可以順利地傳達給同業之間，如此一來便可以輕易地統制商業。

株仲間的政策反覆不定

　　第十代德川家治時代，老中田沼意次積極地鼓勵株仲間的組成，所以株仲間的數量快速地增加。這麼做是因為田沼想要藉此向株仲間榨取運上、冥加金充做營業獨占

| 歷史筆記 | 田沼意次許可民間株仲間，同時設立了朝鮮人參座、黃銅座、鐵座、銅座等幕府直營的座，掌握專賣權。 |

稅，以納為幕府的收入。

　　但是，株仲間的組織數量日益龐大，反而阻礙了經濟的健全發展。他們哄抬商品價格，導致物價上漲，並且妨礙打算加入市場的新興商人的活動，導致經濟停滯不前。

　　於是，第十二代德川家慶時代的老中水野忠邦，終於在一八四一年解散了株仲間。不過，因為是急速地打破了長年的習慣，所以反而引發經濟界的混亂，物價也遲遲降不下來。因此，幕府於一八五一年決定再次許可株仲間的組成，只是和以往不同的是，株仲間可以不必支付冥加金，但商品的價格必須壓低，而且不可以拒絕申請加入的商人，一律讓他們加入組織。如此一來，經濟便可以達到某種程度的自由化。但是，後來安政年間（一八五四～一八五九年）幕府又再度恢復冥加金的徵收，所以株仲間還是和以往一樣操作商品價格。

　　株仲間後來在一八七二年被明治政府禁止。但是，之後又誕生了與政權勾結的政商，最後變成財閥。戰後，由於政策的變更，使得財閥沒有徹底地解散，所以至今日本的經濟仍未完全地自由化。

●株仲間的歷史

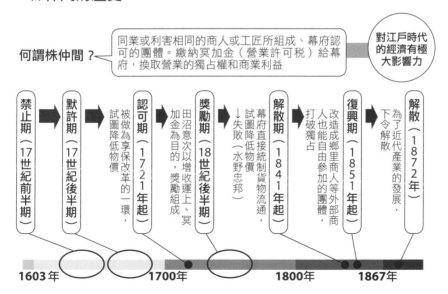

何謂株仲間？ 同業或利害相同的商人或工匠所組成、幕府認可的團體。繳納冥加金（營業許可稅）給幕府，換取營業的獨占權和商業利益

對江戶時代的經濟有極大影響力

禁止期（17世紀前半期）

默許期（17世紀後半期）

被做為享保改革的一環，試圖降低物價

認可期（1721年起）

田沼意次以增收運上、冥加金為目的，獎勵組成

獎勵期（18世紀後半期）

試圖降低物價↓失敗（水野忠邦）

解散期（1841年起）

幕府直接統制貨物流通，打破獨占

改造成鄉里商人等外部商人也能自由參加的團體，

復興期（1851年起）

為了近代產業的發展，下令解散

解散（1872年）

1603年　1700年　1800年　1867年

在米行情上嚐盡苦頭的將軍

米價的穩定攸關幕府的安定，德川吉宗試圖控制米價，但終究未能成功。

德川吉宗曾經研究米價

德川吉宗當上將軍時，武士的貧窮化正日益顯著，理由有許多，其中之一便是米價的下跌。御家人的俸祿拿的是米，所以米的價格下跌即意味著實際的俸祿減少，生活當然逐漸受到壓迫。

因此，德川吉宗為了維持高米價，親自研究米的行情。當時被徵收做為年貢的稻米不論來自幕府直轄地還是大名領地，大部分都會先聚集到大坂，在當地買賣之後再送到全國各地。據說，一年會有一百萬石以上的稻米聚集到大坂，因此大坂被稱為「天下的廚房」。

德川吉宗為了提升米的價格，限制從大坂進到江戶的米量，同時命令各大名不要運太多稻米到大坂和江戶，藉著減少大都市等大量消費地區的稻米量，製造出稀有價值，最後終於提升了稻米的價格。

此外，幕府還認可大坂堂島米市場的開設，並許可稻米的期貨交易，誘導商人投資，成功地推動米價上升。甚至提供資金給商人高間傳兵衛，讓他囤積稻米，藉此帶動米價上漲。

這些做法雖然促進了米價的上漲，但是一七三二年，西日本一帶遇上大歉收（享保饑饉），米價僅只短短數個月便上漲了四倍，這下幕府又必須急速地降低米價。

於是，幕府釋出儲藏米，並命令米商不可囤積稻米，一定要販售出來。而此時，高間傳兵衛的宅邸也被對他幾年前囤積稻米的惡行懷恨在心的庶民給破壞了。

被米價擺弄，最後採取下下策

但是，隔年稻米又遇上大豐收，米價急速地降了下來。因此，德川吉宗不得不在江戶、大坂下達規定，要求設定稻米買進時的最低價格，對於以低於最低價買賣的商

歷史筆記　米的期貨交易，即稻米收割前預測新米價格以進行買賣的商業行為。

人將嚴刑處罰。

　　但是，之後米價依然持續低迷，所以幕府最後只好採取下下策，於一七三六年斷然改鑄貨幣，降低享保金銀的品質發行「文字金銀」（元文金銀），藉以誘發米價上漲。

　　降低金銀品質的政策有違享保改革的方針，但是德川吉宗卻不得不採取這種做法，這也表示了他在控制稻米行情上的失敗。

● 稻米折現的過程（西國地區）

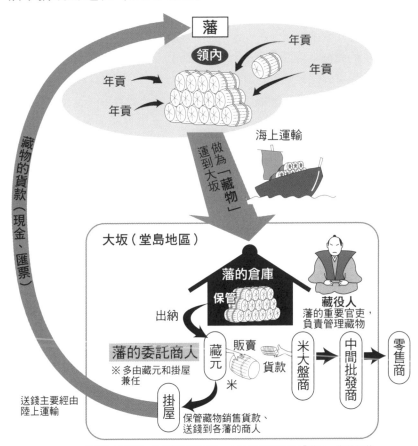

（譯注：「藏物」為各藩運到江戶、大坂販賣的物產；「藏元」為管理藏物出納的商人）

田沼意次其實是個偉大的政治家？

試圖發展重商主義的田沼意次改善了財政，但是本身散漫的個性和天災導致他失勢。

試圖活絡經濟以豐潤財政

第十代德川家治時代所實施的田沼政治被認為是賄賂政治，評價極為負面，而田沼意次也一直被視為惡人的代表，所以極少有人對他身為政治家的能力給予評價。但是，其實田沼意次可以說是一個少見的偉大政治家。

他的政治特徵是，重視已經發達的商業資本，試圖利用這些資本來豐潤幕府的財政。

幕府的基本財源是農民的年貢，所以幕府必須防止商業資本進入農村，並引導農民不追求功利，才能繳納全額的年貢，這是幕府向來的基本政策。但是，田沼意次卻將這個政策做了一百八十度的大轉變。

他當上老中後，於一七七二年起積極地承認「株仲間」（同業組織）並允許他們獨占銷售市場，但條件是必須繳納巨額的運上、冥加金（營業許可稅）。此外，還設立了幕府直營的「座」（銅座、黃銅座、人參座＝藥用人參的專賣機構），開始商品的專賣（獨占銷售）。

此外，由於以往的長崎貿易主要是買進外國商品，導致數量龐大的金銀流向海外，於是幕府採用限制貿易額的做法，致力防止金銀流出。然而，田沼意次卻是逆向思考，在擴大貿易的同時輸出銅和俵物（稻草包中裝著海產物的商品），並大量地輸入金銀。

談到貿易，田沼意次也曾計畫和俄羅斯進行交易，不過最後沒有實現。田沼意次並不排斥外國，還曾打算建造大型船隻派遣人員前往國外，或者從海外聘請知識分子前來日本，而且據說他喜歡收集由東南亞進口的奇珍異寶，家裡擺滿了這些寶物。

歷史筆記　德川家治死後，田沼意次手下五萬七千石的領地立刻被沒收了四萬七千石，並被下令禁閉、引退，家門由其孫田沼意明繼承。

田沼意次的想法獨特

甚至，田沼意次為了取得金銀銅等礦產，推動礦山的開發，同時也傾力於開發新田地。

不過其做法非常地獨特。他規劃了龐大的計畫，即將位於現今千葉縣的手賀沼和印旛沼的廣大沼地發包給商人開發，以及讓數萬人移居到蝦夷地一百一十六萬公頃的廣大土地，進行開墾。

雖然兩個新田開發計畫最後都宣告失敗，不過田沼意次所提出各種大膽的經濟性政策，使得德川吉宗之後一直處於危機狀態的幕府財政終於獲得了改善。只是，田沼意次公然接受賄賂的個性加上天然災害頻頻發生（下一節將敘述），使得其施政在當時被認為是惡政，而在將軍德川家治逝世後，田沼意次也於一七八六年失勢下台。

●田沼政治

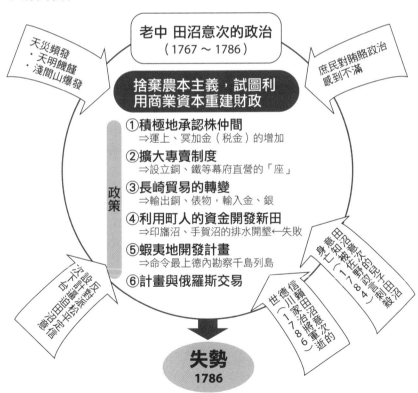

老中 田沼意次的政治
（1767～1786）

捨棄農本主義，試圖利用商業資本重建財政

政策

①積極地承認株仲間
⇒運上、冥加金（稅金）的增加

②擴大專賣制度
⇒設立銅、鐵等幕府直營的「座」

③長崎貿易的轉變
⇒輸出銅、俵物，輸入金、銀

④利用町人的資金開發新田
⇒印旛沼、手賀沼的排水開墾←失敗

⑤蝦夷地開發計畫
⇒命令最上德內勘察千島列島

⑥計畫與俄羅斯交易

天災頻發
‧天明饑饉
‧淺間山爆發

庶民對賄賂政治感到不滿

田沼意次的兒子田沼意知被佐野信政所殺（一七八四）

反對田沼政策的守舊派重整勢力

世德川家治逝（一七八六）反賴田沼意次的

失勢
1786

悽慘的東北地區連屍體都吃？

歉收加上火山爆發引起的氣象異常，使日本面臨了空前的大饑饉。不過，饑饉的發生也包括了人為因素。

饑饉始於淺間山的爆發

一七八三年夏天，許多沒有頭或沒有手腳的屍體漂流到江戶的河裡，散發著惡臭。這些屍體來自利根川，是淺間山火山爆發的犧牲者，據推測人數多達兩萬人以上。當時火山猛烈地噴發，造成江戶城鎮堆積了三公分以上的灰燼。

關東、東北的天空壟罩著淺間山所噴出的濃煙和灰燼，日照時間極度地減少，氣溫也異常地下降。從前年開始東北地區便已經連年歉收，火山爆發使得這一年的農作物生長狀況更是惡劣，小麥腐爛、稻穗仍呈青色始終沒有結穗。就這樣，糧食嚴重歉收，空前絕後的饑饉連續數年襲擊關東、東北地區，這便是「天明饑饉」，一直持續到一七八七年。

尤其是仙台藩、津輕藩、南部藩的災情特別嚴重。人們在米穀吃盡之後，因為太過飢餓只好啃食雜草和樹根，連重要的家畜也都殺來充飢。後來饑饉愈來愈嚴重，人們甚至從墳墓挖出屍體偷偷地吃掉。

連屍體都吃完之後，接著就襲擊尚存氣息的病人及弱小的孩子，使勁地猛撲上去抓住他們，那種情景就有如一幅地獄變相圖。

天明饑饉也包括人為因素

不過，東北地區雖然處在這種狀況下，但當中也有藩未出現任何餓死者，那就是松平定信統治的白河藩。因為松平定信很早就做好了農民救濟對策，如配給米穀與金錢、設立救災設施、禁止囤積米穀等。

但是，其他東北各藩卻默許商人和地主看準稻米會上漲而遲遲不肯賣出，據說還有惡劣的藩想趁著米價高漲大撈一筆，將米運到江戶賣掉，等到他們對藩內的饑饉慘狀感到驚訝才想要擬定對策時，早已經來不及了。這些藩因為農民餓死或逃散到他國而人口大減，廣大的

歷史筆記　佐野政言被下令切腹，遺體埋葬於淺草德本寺。民眾非常地讚賞他，到他墓前參拜的人潮絡繹不絕。

田地也因此荒廢，後來蒙受了嚴重的損失。換言之，天明饑饉不僅是天災，同時也是人為的災害。

田沼政治也是憎恨的對象

但是，江戶時代的人們認為天災連連是當時政治不善所致，而天明時代也正是田沼意次的全盛時期（參見136頁）。

「饑饉都是因為田沼意次的賄賂政治引起的！」，這樣的聲浪日漸高漲。翌年的一七八四年，田沼意次的兒子田沼意知因為個人恩怨被佐野政言刺殺身亡，庶民拍手叫好並尊稱佐野政言為「改造社會大明神」，強烈地渴望田沼意次下台。

結果，刺殺事件之後田沼意次的勢力急速地衰退，最後終於下台，所以易言之，也可說是天明饑饉促進了政權的交替。而且，替代田沼意次掌握政權的人，正是天明饑饉中施行善政的白河藩主松平定信。

● 江戶時代的三大饑饉

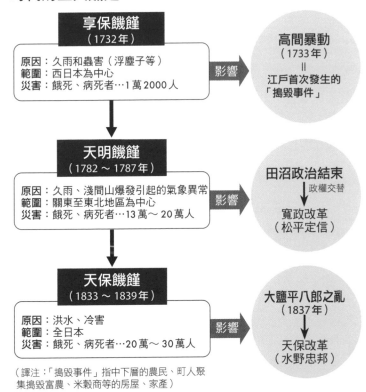

（譯注：「搗毀事件」指中下層的農民、町人聚集搗毀富農、米穀商等的房屋、家產）

寬政改革源自對田沼意次的憎恨

松平定信為了對抗企圖抹殺自己存在的田沼意次，斷然施行寬政改革，但終究還是不順利。

被趕到白河的松平定信

斷然施行「寬政改革」的老中松平定信是第八代將軍德川吉宗的孫子，父親田安宗武（譯注：德川宗武受封田安門內的宅邸後創立德川田安家，自稱田安宗武）據說是德川吉宗的兒子中最英明的一位，而身為田安宗武次男的松平定信（譯注：原名田安賢丸）從小就和父親一樣聰明過人。

一七七一年田安宗武死後，由松平定信的兄長田安治察繼承田安家。三年後，松平定信被幕府命令過繼給白河藩主松平定邦為養子，但田安家接到這個命令時強烈地反對。

因為，當代宗主田安治察抱病在身，被認為將不久於人世，所以藩內正打算讓松平定信繼承下任的宗主。

但是，幕府的權勢者田沼意次無視田安家的反對，強行將松平定信過繼給松平家當養子，因為他擔心，聰明的松平定信有朝一日會成為將軍。

第十代將軍德川家治沒有兒子，所以死後應該會從田安家、一橋家、清水家的「御三卿」（譯注：德川家的旁系，次於御三家）當中選出將軍。如果松平定信繼承田安家，肯定會成為最有力的第十一代將軍候選人，而萬一他當上了將軍，那麼田沼意次就沒有辦法像以前一樣操縱將軍、任意使用權力了，所以田沼意次無論如何都必須極力阻止。

松平定信成為松平定邦養子那一年的八月，其兄長田安治察過世，雖然松平定信試著讓田沼意次同意自己就任田安家的宗主，但田沼意次卻置之不理。因此，松平定信憎恨田沼意次如敵，據說曾經好幾次企圖刺殺他。

松平定信當上老中

不過，松平定信最後壓抑住心中的憎恨，不斷地賄賂田沼意次。

歷史筆記　松平定信施行思想統制，創下江戶時代的首舉，他視朱子學（正學）以外的儒學為異學，禁止聖堂學問所（幕府的學校）傳授給學生。

當然，這是松平定信的策略。後來賄賂終於有了代價，松平定信成功地被安插任職「溜間詰」（譯注：對老中的政務提出意見或接受諮詢，相當於政治顧問），這個職位一般是由有力的譜代大名擔任。他在裡面偷偷地集結反田沼派，趁著江戶發生大規模的搗毀事件時追究田沼意次的責任，逼迫田沼意次下臺。

一七八七年松平定信成為老中、掌握了權力後，徹底地否定積極利用商業資本的田沼政治，宣布實施以祖父德川吉宗的「享保改革」為理想的幕政改革。

松平定信會施行這樣的政策，有很大的成分是基於對田沼意次的憎恨所引起的反彈，所以這樣的反動復古政治當然無法順利進展。數年後，松平定信終於被解任老中職位。

●寬政改革（1787～1793年）

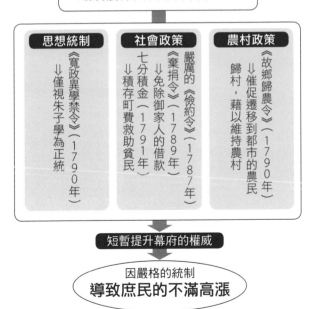

老中 松平定信 主導

對於田沼意次的賄賂政治之反動
➡維持農村和抑制商業資本

思想統制	社會政策	農村政策
《寬政異學禁令》（1790年） ⇩僅視朱子學為正統	嚴厲的《儉約令》（1787年） 《棄捐令》（1789年） ⇩免除御家人的借款 七分積金（1791年） ⇩積存町費救助貧民	《故鄉歸農令》（1790年） ⇩催促遷移到都市的農民歸村，藉以維持農村

短暫提升幕府的權威

因嚴格的統制
導致庶民的不滿高漲

將施政惡果讓大名承擔的德川家齊

擁有四十位側室、五十個孩子的德川家齊，不僅執政隨便，對孩子們的處置更是荒唐。

德川家齊政績毫無建樹

由於第十代將軍德川家治沒有兒子，所以由御三卿中一橋家的德川家齊（十五歲）於一七八七年就任將軍。德川家齊的執政開始於老中松平定信的寬政改革期間，但是後來他親自掌權，社會卻逐漸變得比前代的田沼政治時期還要腐敗。德川家齊把將軍職位傳給德川家慶之後，一直到一八四一年去世為止仍掌握著政權，所以實際掌握政權的時間長達五十年以上，這段期間稱為「大御所時代」。

德川家齊的執政沒有值得談論的地方，絲毫不見他帶著理想領導幕府的態度，而且日常生活也極盡奢華，使得幕府的歲出年年增加，每年產生五十萬兩的龐大赤字。為了填補赤字，不惜多達十數次進行貨幣改鑄，賺取「出目」（差額）。而且德川家齊還喜好賄賂政治，所以不僅是幕府內部，甚至連庶民之間也逐漸感染頹廢的享樂風潮，引發了社會風紀和治安的混亂。

恣意妄為的養子政策

德川家齊投入最多金錢的地方是大奧。大奧通常有七百人左右，但是大御所時代，其人數竟然多達兩倍。總而言之，德川家齊喜好女色，光是側室就有四十人，數量非比尋常。而且更叫人吃驚的是，他讓十六位女性生下了五十五個孩子（二十八男、二十七女）。

只是，該如何處置這些孩子著實讓德川家齊頭痛。如前面談及的，幕府的財政已經非常窘困，實在沒有辦法讓所有的兒子都擁有領地，以提拔他們成為大名。於是，德川家齊便強制地把自己的孩子推給各大名當養子或妻子。

當中以御三家為首，會津藩、仙台藩、加賀藩、越前藩、廣島

歷史筆記　也有一說認為，德川家齊是企圖藉由將繼承著自己血統的孩子送到所有的大藩家，與將軍家結為親戚，以鞏固幕藩體制。

藩、佐賀藩等大藩為主，共送出了三十六個孩子。江戶時代的大名家族有兩百六十至兩百七十家，其比例已經超過了百分之十。

倒霉的御三家尾張藩

不過，小藩當中也有家族高高興興地接收將軍的孩子做為養子。因為如此一來，不僅藩的地位可以得到提升，而且還可以獲准使用「松平」姓氏和三葉葵家徽（編按：即德川家的家徽）。

但是大藩可就頭痛了，當中也有大名家的血統被德川家齊弄得亂七八糟，例如福井藩。藩主松平齊承迎娶了德川家齊的女兒淺姬為妻，生下一子，但是孩子很早就去世了。於是，德川家齊不顧夫妻倆還有可能生第二子，強行將第四十八個兒子民之助過繼給倆人當養子。而且民之助目盲，當時的觀念認為眼睛看不到的人無法就任藩主，可見德川家齊的做法有多麼地違反常理。

還有更糟糕如御三家龍頭尾張藩的例子。德川家齊打算把長女淑姬嫁給尾張藩主德川宗睦的長子五郎太為妻，連婚約都訂好了，但是五郎太在五歲時便夭折，使得婚約無法成立，於是接著把六子敬之助過繼給德川宗睦當養子。但是，敬之助也在五歲時就死了，德川家齊

又接著把已經嫁給一橋齊朝的淑姬連同丈夫一起過繼給德川宗睦當養子，甚至得知齊朝、淑姬夫妻無法生育後，又把四十五子直七郎過繼給兩夫妻當養子，直七郎死後，又把二十八子齊莊送過去，讓他當上尾張藩主，真可說是個激烈的養子戰略。

●德川家齊對尾張藩的養子策略

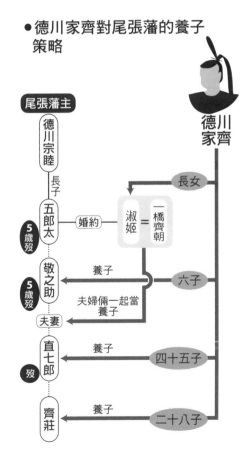

143

導致農村荒廢的近代工業

江戶時代中期，近代工業開始在日本萌芽，農村因此荒廢，幕府政治也受到影響。

庶民購買力提升帶動工業化

十八世紀後半期（第十代德川家治至第十一代德川家齊），江戶和大坂等大城市進入大量消費的時代。如之前的章節所談及，江戶時代日本全國各地出現了特產品，但因為這些特產品只有少數高收入的人購買，所以商品的生產通常是批發商接到訂單後，由農民當做副業一點一滴地製作而已。

但是到了大量消費時代，庶民的購買能力快速地上升，各種商品也開始大量生產。當然，商品要量產，以往只是農民當做個人副業或「批發商制家庭工業」（批發商將原料、工具先借給農家讓他們製造生產）的生產方式已經無法應付。

於是，批發商便自己在農村設立商品的生產工廠，雇用十數個雇傭勞工（工人），將規格品藉由分工方式逐漸量產化，這就是所謂「製造業」（工廠制手工業）的形成。

這種製造業的成立最初出現在造酒業，後來逐漸擴展到棉織業和絹織業。

此外，為了因應量產化，也出現了一些技術革新。例如在紡織業，紡織機從「居坐機」（譯注：名稱從其作業姿勢而來，直線的一端繫在腰前，用腰力調整鬆緊，用腳踩綜〔使經緯線交織的裝置〕）發展到高性能的「高機」（譯注：從居坐機改良而來，整體構造較高，速度快三倍），紡紗機也從人力的「紡車」發展到利用水力的「水力八丁車」（譯注：利用水力一次可轉動多個紡錘的紡紗機）。

推行工業的藩增加

但是，這種商人資本下的農村雇傭勞動，導致農民被捲入貨幣經濟的漩渦中，進而促使田地荒廢。於是，許多藩便委託二宮尊德等農政家代為復興農村（參見146頁），試圖重建封建制度。不過，也有一

歷史筆記　薩摩藩專賣砂糖、長州藩專賣紙和蠟、肥前藩專賣陶瓷器等，這些藩成功地改革了藩政，而躍升為雄藩。

些藩積極地承認製造業，將其生產的特產品做為藩的專賣品，或由藩自行設立工廠。

特別是江戶時代後期的天保時代，在藩政改革中展現成果的藩，絕大部分都是受惠於專賣制的成功。

不管如何，明治時代日本得以做為資本主義國家快速地完成發展，主要就是因為上述的資本主義發展的基礎已經建立完成之故。

● 手工業的發展過程

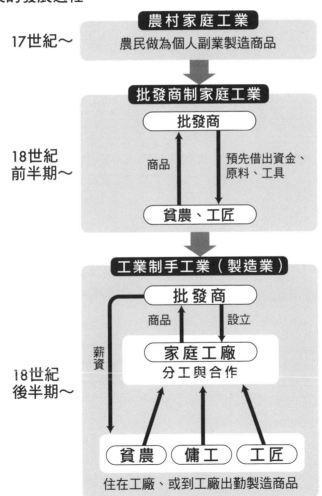

17世紀～

農村家庭工業
農民做為個人副業製造商品

18世紀前半期～

批發商制家庭工業
批發商
商品
預先借出資金、原料、工具
貧農、工匠

18世紀後半期～

工業制手工業（製造業）
批發商
商品　　設立
薪資
家庭工廠
分工與合作
貧農　傭工　工匠
住在工廠、或到工廠出勤製造商品

勤勉的農政家二宮尊德

二宮尊德勤勉習得農業技術，接受幕府的委託指導農政，最後晉升為幕臣。

振興家道並受小田原藩拔擢

十九世紀初，為了確保用來維持國家財政的年貢能夠穩定，幕府傾力於新田的開發和農業技術的發展。結果，耕地面積和農業技術都飛快地成長。

而民間也有宮崎安貞的《農業全書》和大藏永常的《廣益國產考》等農業書籍普及，以及大原幽學和田中丘隅等優秀的農政家輩出。其中特別是二宮尊德，他對日本農業所產生的影響可說非常地大。

第二次世界大戰前的日本小學校園裡，都可看到一個揹著木柴讀書的少年銅像，這便是二宮金次郎、也就是二宮尊德少年時代的模樣。他被視為勤勞少年的榜樣，戰前的修身教科書中也經常收錄他一生的故事。

二宮尊德於一七八七年誕生於現在的神奈川縣小田原市，父親身體虛弱很早就過世，家道也因此中落。二宮尊德為了再次振興家道，不只下田耕種，晚上也拚命地工作並四處打零工努力存錢，用攢得的積蓄陸續購買土地成為了地主，同時也靠自己的力量學習算數和識字，並努力地研究農政，然後將農業技術傳授給附近鄉居。

二宮尊德這種勤勉的精神和造福鄉里的功績，受到小田原藩的矚目，終於在一八二二年受到藩的拔擢，被託付振興櫻町領（位於現今栃木縣芳賀郡）的任務。

農業政策經由「報德社」長久流傳

二宮尊德先請藩主減少櫻町領的年貢十年，然後為了解決耕作人口的不足，從他國招攬農民，並將分家出去的家庭視為一個新的家庭，此外還建造農業用道路和渠道、使用沙丁魚乾等效益較好的肥

歷史筆記　二宮尊德的「尊德」日文不念做「SONTOKU」，而是「TAKANORI」。他實際的樣子與二宮金次郎銅像不同，十四歲時便已經長到一百八十公分高了。

料、借貸種子給農民等。

　　然後，二宮尊德每天從早到晚在櫻町領的農村巡視，同時推行教化政策，教導農民勤勉、節約、積善。

　　結果，櫻町領成功地振興，而二宮尊德的農政改革能力也因此傳遍全國，各地紛紛邀請他前往協助振興農村，他也都盡可能地回應，全力以赴地到各地指導。

　　幕府也對二宮尊德的功績給予高度評價，一八四三年二宮尊德五十六歲時，將他拔擢為幕臣，賦予振興天領的重任。

　　後來二宮尊德的振興手法被稱為「報德仕法」，經由弟子們普及到全國，拯救了許多農村。一直到明治、大正時代，報德仕法依然盛行，全國各地集結了宣揚二宮尊德思想的「報德社」，與明治時代的國家農村發展政策和國民教化政策緊密結合，逐漸擴展。

　　戰後受到民主化政策的波及，二宮尊德的思想急速地衰退，不過當中還是有很多值得學習的地方。

●江戶時代的新田開發

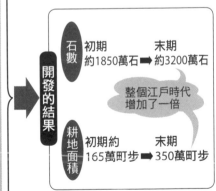

豪族開發新田	由在當地落地生根的武士開發 五郎兵衛新田 （1626～1662年）
藩營新田	由藩主主導，交給農民開發 熱田新田 （1637～1647年） …尾張藩
村開發新田	由村吏帶領全村共同出錢出力開發 武藏野新田 （享保年間）
代官開發新田	由幕府代官主導，交給農民開發 小宮山昌世所主導的下總小金的開發（享保年間）
町人開發新田	商人出資金開發 神戶新田 （1707～1709年）

開發的結果

石數　初期約1850萬石 ➡ 末期約3200萬石

整個江戶時代增加了一倍

耕地面積　初期約165萬町步 ➡ 末期350萬町步

（譯注：「代官」為掌管幕府直轄地行的地方官。
「町步」為計算山林、田地面積的單位，1町步＝9917平方公尺。）

因西博德而聞名世界的間宮林藏

暗地收集日本情報的西博德，因為間宮林藏的密告而被趕出日本。

西博德暗地收集日本情報

德國醫師西博德是荷蘭東印度陸軍軍醫少校，一八二三年以長崎出島荷蘭商館館醫身分來到日本。

西博德得到國家指派任務，負責對日本進行整體調查研究。不過，荷蘭對於西博德的使命只向幕府做了簡單的通知，強調西博德赴日的目的是要傳授最新的醫學給日本，以及幫患者診療和採取藥草，請求幕府准許西博德可以自由進出長崎市。

日本欣然同意荷蘭的請求，並在鳴瀧（長崎郊外）蓋了宿舍，讓原本應該住在出島的西博德居住在此。

西博德在當地犧牲奉獻，為許多重症病患進行治療，奇跡式地拯救了許多病患的性命。他的事蹟很快地傳遍開來，日本全國各地的醫師紛紛造訪鳴瀧，成為西博德的弟子。

西博德為了收集日本的情報，採取了巧妙的手法，就是提出各種問題給弟子，要他們整理成報告交出。在這當中也有許多不可洩漏海外的機密情報，但因為是用荷蘭文記載，所以未被官吏發現。

不過，幕府天文方（譯注：負責天文、編曆、測量以及洋書的翻譯）高橋景保贈送日本地圖給西博德一事被發現了，這幅地圖是伊能忠敬所繪製，被幕府嚴禁帶出日本。事跡會敗露，起源於間宮林藏將西博德和高橋景保兩人非比尋常的關係密告給幕府。而間宮林藏是誰呢？他是北方（譯注：涵蓋現今北海道、千島群島、庫頁島）探險家，間宮海峽（譯注：位於亞洲大陸和庫頁島之間，一般稱為韃靼海峽）就是他發現的。

幕府接獲密告後，展開了祕密偵查，終於在一八二八年從任期結束準備回國的西博德的行李中，發現了許多禁止攜帶出境的物品，逮

歷史筆記　一八五九年，六十三歲的西博德再次踏上日本的土地，相隔三十年再次見到妻子阿瀧和女兒伊篤。

捕了數十名相關人員，並將西博德驅逐出境，而贈送地圖給西博德的幕府天文方高橋景保則被宣判死刑（但實際上早已在獄中過世）。

間宮林藏的真正身分

高橋景保是間宮林藏的老師，但為何間宮林藏要致恩師於死呢？事實上，這是間宮林藏被賦予的任務，他真正的身分是幕府的密探。間宮林藏是個優秀的密探，一八三二年他為了偵查祕密貿易潛入了薩摩藩，而據說當時薩摩藩對於密探防範得非常嚴密，沒有人能活著離開。但是，間宮林藏卻變身為做拉門的工匠，在薩摩藩滯留了三年，順利地完成了使命。

話說西博德被趕出日本回到了歐洲，他將事前複製好的日本地圖拿到學會發表，地圖上記載著間宮海峽，首次證實了「樺太」（譯注：庫頁島）是個島嶼。間宮林藏密告了西博德，卻也因為西博德而聞名世界，可說是件諷刺的事。

●西博德事件（1828年）

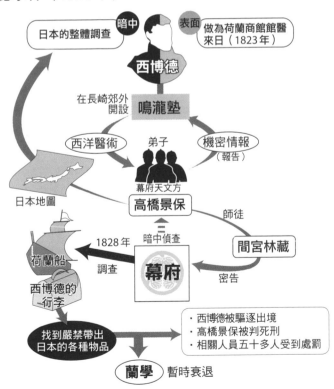

廣受享樂文化歡迎的畫狂人

享樂、通俗的化政文化逐漸擴展到地方，在日本各地展開多樣化的發展。

從米粒到一百二十帖榻榻米大的和紙

化政文化是於文化、文政時期在江戶開花結果的文化，此時正好是第十一代將軍德川家齊的執政期間，由於德川家齊沒有任何理想，政治也流於散漫，所以社會上也人心散亂。

因為化政文化誕生於這種頹廢的氣氛當中，所以強烈的享樂、通俗傾向成為他的特色。化政文化的主要中堅分子最初是江戶的町人，後來透過商人、文人和旅行者逐漸傳播到地方，其內容也有別於之前的寬永、元祿文化，呈現出多樣化的發展。

當時各領域的文化人代表如右頁圖解所示，而在此則特別介紹其中的葛飾北齋。

葛飾北齋是以系列畫作《富嶽三十六景》聞名的畫家，一七六〇年誕生於江戶本所割下水，自幼即喜歡寫生，十四歲時跟隨老師學習版畫，從十九歲開始拜入勝川春章門下，學會了浮世繪（譯注：以社會風俗為題材的江戶時代繪畫藝術，描繪人們的日常生活、風景、戲劇等）。但是葛飾北齋無法以此滿足，於是離開原本的流派，輾轉在狩野派、土佐派、琳派磨練技術，並研究中國畫作、西洋風格畫作，創造出屬於自己的畫風。

葛飾北齋不拘泥於特定的領域，風景畫、美人畫、歷史畫、花鳥畫、漫畫等無所不畫，領域非常地廣泛，像在一百二十帖榻榻米大的和紙上描繪達摩、或在米粒上畫兩隻麻雀等這般讓世人讚嘆的創作，也是他的專長。

葛飾北齋對自己的畫作似乎有絕對的自信，據說他幫作家瀧澤馬琴在著作中描繪插畫，瀧澤馬琴不滿意而要求修改，但他卻絲毫不回應。

歷史筆記 畫狂人北齋、畫狂老人、卍、可侯、不染居為一、載斗，據說這些都是葛飾北齋用過的名號。

畫狂人葛飾北齋

葛飾北齋還以奇人聞名，一生搬過九十三次家，名號也換過將近三十次。他曾說過以下的話，道出將一生奉獻給繪畫的決心。

「我到了七十三歲才終於知道真正的禽獸蟲魚形體、草木的姿態，八十歲時將會更加長進，九十歲時可以看得更透徹，一百歲時應能達到神妙的境界，一百一十歲時筆下的一點一線應該可以更活靈活現吧。無論如何請活得久一點，來驗證我說的話並非虛假。」

從葛飾北齋稱自己為「畫狂人」，也可以知道他有多麼地熱愛繪畫。雖然他最後沒有活到一百一十歲，但也維持了長久的生命，創作出許多著名的作品，最後在一八四九年於九十歲時結束一生。

●江戶時代後期的「化政文化」

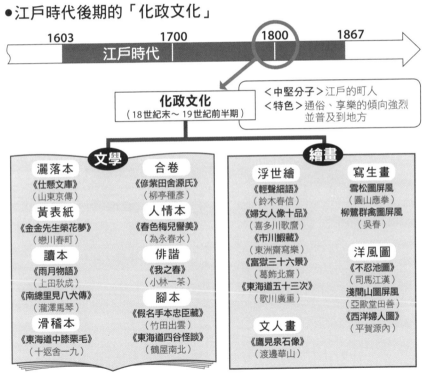

（譯注：「灑落本」是以煙畫巷為題材的小說。
「黃表紙」是畫冊，封面為黃色。
「滑稽本」即幽默小說。
「人情本」為以男女戀愛為題材的小說。）

被譽為英才的第十代德川家治
為何存在感薄弱？

　　德川家治是個存在感薄弱的將軍，但他小時候很聰明，被祖父德川吉宗寄予厚望，經常將他帶在身邊傳授帝王學，並且安排一流的儒者和武術家做為他的家庭教師，所以德川家治在各方面的才能都很優秀，特別是砲術和馬術堪稱一流。

　　德川家治在一七六〇年於二十四歲時就任第十代將軍，雖然在位長達二十六年，但政治完全交給老中田沼意次執掌，未如祖父德川吉宗般親自執政，原因就為了父親德川家重的遺言──「不可怠慢了田沼意次」。

　　田沼意次是德川家重寵愛的大臣，在當時的儒教社會，違背父母親的遺言相當於犯罪，所以德川家治繼位後繼續晉用田沼意次。然而，田沼意次卻巧妙地讓德川家治遠離政治。

　　例如，勘定奉行山村信濃守為德川家治講解記載著德川家康豐功偉業的《三河後風土記》，德川家治聽了之後非常地感動，讓山村信濃守又講了好幾次。不久後，德川家治已經可以將這本書倒背如流，並常常引用書中的例子和田沼意次談論政治。田沼意次對此感到警戒，便停止了山村信濃守的職務。

　　還有，奧醫師（譯注：醫官）栗原向德川家治談起德川吉宗傑出的政治手腕，結果也被田沼意次禁止觀見將軍。之後，大家恐懼田沼意次，沒人敢再跟德川家治談到政治。

　　由於德川家治被隔絕於政治的帷幔之外，所以他將精力投注於書畫，其技術已經到達被認為「臨摹的古畫難以分辨真偽」（《德川實紀》）的程度，據說他的象棋和圍棋也很厲害。不過這不禁讓人感到，德川家治似乎是藉著專注於興趣，以安慰無法參與政治而失意的自己。

第4章

急速走向瓦解——毀滅的時代

佩里的到來使幕府開始動搖
並逐漸走向毀滅

老中阿部正弘賦予雄藩力量

一八五三年，德川家慶在佩里率領艦隊抵達日本沒幾天後逝世，由三十歲的兒子德川家定繼任第十三代將軍。之後，幕府只維持了短短的十五年便滅亡了。德川家定時代初期，幕府的政治是由老中阿部正弘掌管，他藉由大規模改革幕政及拔擢人才，解除了佩里帶來的危機，並成功地與美國簽訂不平等性較少的《日美和親條約》。

不過，他犯了一個關鍵性的錯誤，就是對於該如何處理佩里所帶來的問題，廣泛地徵詢了包含外樣大名等諸大名及一般人的意見，而給了外樣雄藩參與政治的機會。這個舉動招致了禍患，最後政權終於被奪走。

日漸強大的天皇權威

一八五八年，幕府請求朝廷賜准簽訂《日美修好通商條約》，但是被討厭外國人的孝明天皇拒絕了。此時朝廷急速地受到矚目，地位崇高卻沒有實權的「天皇」，在國難當前時開始顯得重要。一時之間，尊王攘夷論沸騰，而效忠天皇的志士所採取的行動更加速了政治的混亂。

大老井伊直弼對於一連串的動向感到憂心忡忡，未經天皇賜准便擅自簽訂了通商條約，並排除雄藩推薦的將軍繼任人選一橋慶喜，選定紀伊藩的德川慶福繼承。爾後德川慶福改名家茂，就任成為第十四代將軍。

就在幕府的權威看似恢復的一八六〇年三月，井伊直弼被水戶浪士等尊王攘夷派暗殺。接著，老中安藤信正認為幕府已經無法單獨維持政權，實施了「公武合一政策」（譯注：將幕藩體制與朝廷的傳統權威結合，試圖加強並重新編制幕藩體制），但也同樣在江戶城的坂下門外遭到浪士襲擊，最後下台。之後，幕府的權威墜地，朝廷與幕府的勢力反向逆轉。年輕的德川家茂雖然受到混亂政局的擺弄，仍想盡辦法正確地因應，但或許是操心過度，最後於一八六六年七月第二次長州征討之際，在大坂城驟逝，當時仍是個二十一歲的青年。

德川幕府的最終

接著繼位的德川慶喜是位被譽為德川家康再世的優秀人才，就任將軍後立刻借用法國的力量策劃改革幕政，但已經無法扭轉時代的潮流，終於在一八六七年十月決定「大政奉還」，幕府的歷史在此畫下了句點。

不過，統治四百萬石領地的德川家依然存在，德川慶喜以此勢力為後盾，計畫成為以朝廷為中心的新政權盟主，而當時局勢也如其所願地發展。但是未料幕臣受到薩摩藩和長州藩的挑釁，在江戶發動攻擊，使得幕府開始走向瓦解，名實雙亡。

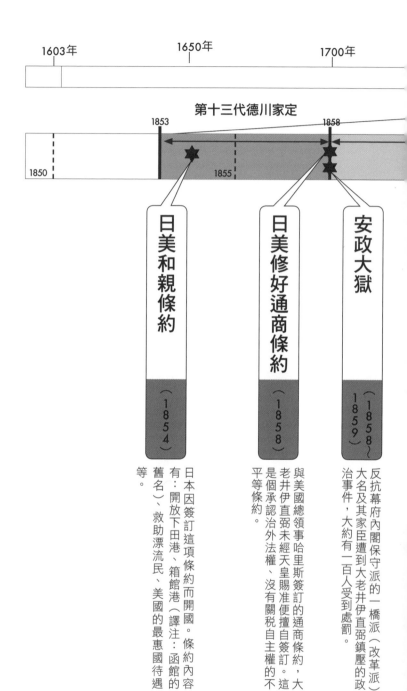

江戶幕府——毀滅的時代（第十三代家定～第十五代慶喜）

1603年　　1650年　　1700年

第十三代德川家定

1853　　　　　　　　　　　　1858

1850　　　　　1855

日美和親條約（1854）

日本因簽訂這項條約而開國。條約內容有：開放下田港、箱館港（譯注：函館的舊名）、救助漂流民、美國的最惠國待遇等。

日美修好通商條約（1858）

與美國總領事哈里斯簽訂的通商條約，大老井伊直弼未經天皇賜准便擅自簽訂。這是個承認治外法權、沒有關稅自主權的不平等條約。

安政大獄（1858～1859）

反抗幕府內閣保守派的一橋派（改革派）大名及其家臣遭到大老井伊直弼鎮壓的政治事件，大約有一百人受到處罰。

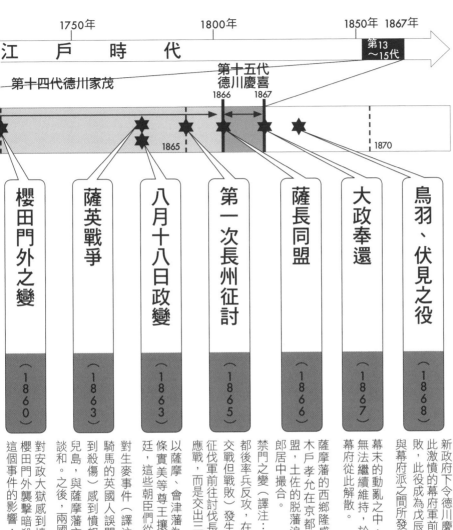

| 江　戸　時　代 | | | | | 第13~15代 |

1750年　　　　　　1800年　　　　　　1850年　1867年

第十四代德川家茂

第十五代
德川慶喜
1866　1867

1865　　　　　　　　　1870

櫻田門外之變
（１８６０）

對安政大獄感到憤慨的十數名水戶浪士在櫻田門外襲擊暗殺了大老井伊直弼，因為這個事件的影響，幕府的權威墜地。

薩英戰爭
（１８６３）

對生麥事件（譯注：在生麥村附近，幾個騎馬的英國人誤闖入武士的行進行列而遭到殺傷）感到憤怒的英國率領艦隊攻擊鹿兒島，與薩摩藩交戰，雙方都蒙受損失後談和。之後，兩國關係急速拉近。

八月十八日政變
（１８６３）

以薩摩、會津藩為中心的公武合一派將三條實美等尊王攘夷派的七名朝臣趕出朝廷，這些朝臣們從京都逃到了長州藩。

第一次長州征討
（１８６５）

禁門之變（譯注：長州藩政變失敗被趕出京都後率兵反攻，在禁門與會津、薩摩藩軍隊交戰但戰敗）發生後，幕府奉朝廷之命派遣征伐軍前往討伐長州藩。不過，長州藩沒有應戰，而是交出三名家老的首級投降。

薩長同盟
（１８６６）

薩摩藩的西鄉隆盛、小松帶刀和長州藩的木戶孝允在京都組成的倒幕祕密軍事同盟，土佐的脫藩浪人坂本龍馬和中岡慎太郎居中撮合。

大政奉還
（１８６７）

幕末的動亂之中，德川慶喜將軍無法繼續維持，於是將政權歸還給朝廷，幕府從此解散。

鳥羽、伏見之役
（１８６８）

新政府下令德川慶喜將軍必須辭官納地，對此激憤的幕府軍前往京都與薩長軍交戰但戰敗，此役成為戊辰戰爭（譯注：維新政府軍與幕府派之間所發生的內戰）的導火線。

叛亂鎮壓後，大鹽平八郎的鬼魂依然出現在全國各地

大鹽平八郎一直到幕末為止長久地活在人們的心中，他何以如此受到人們的愛戴呢？

大鹽平八郎起而救助貧民

一八三三年起連續數年，日本遇到全國性的歉收，人們生活得非常困苦，這便是「天保饑饉」。

有「天下的廚房」之稱的大坂城鎮也不例外，米價暴漲，連帶地各種物價也跟著高漲，貧民之中不斷有人餓死或自殺。曾擔任過大坂町奉行與力的陽明學者大鹽平八郎不忍心看到這種慘境，賣掉了自己珍藏的書籍，將所得的錢分給貧民，但也不過是杯水車薪而已。

於是，大鹽平八郎屢次上書給大坂町奉行跡部山城守，請他設法救助貧民。但是，跡部山城守卻斥責大鹽平八郎的行為是越權，不僅沒有救助貧民，甚至依幕府內閣的命令將京都、大坂一帶的米拚命運往江戶。

至此，大鹽平八郎認為要救助貧民，應該誅殺無能且無慈悲心的大坂町奉行所官吏、並牽制中飽私囊的富商，於是在一八三七年二月十九日發動了起義，在城鎮施放大砲，四處投擲土製炸彈，將大坂燒成一片火海。但是，叛亂僅只一天便被平定了。四十天後，大鹽平八郎的藏身之處被幕府的官兵包圍，大鹽平八郎引火自殺身亡。

民眾希望大鹽平八郎還活著

但是不久之後，「大鹽平八郎並沒有死，還活著！」的謠言開始流竄。

由於大鹽平八郎的遺體被燒得血肉模糊，無法看清長相，所以才會產生他還活著的說法。在江戶、大坂、京都等地，奉行所每天都會收到應該已經死亡的大鹽平八郎寫給幕府的挑戰書，鎮上的街頭也隨處可見張貼在牆上或散落在地上的批評幕政文章，上面署名為大鹽平八郎。幕府雖然被這些惡作劇搞得

歷史筆記　據說跡部良弼和堀利堅兩位大坂町奉行得知大鹽平八郎叛亂後，率兵出陣，不過所騎的馬匹受到敵軍砲聲驚嚇，兩人無法拉好繮繩而摔落馬下。

精神緊張，但也沒有辦法抑止。

後來，大鹽平八郎還活著的謠言繼續擴展，還產生了「大鹽平八郎從河內逃到九州，坐船前往中國，接著又逃亡到美國或歐洲」的誇張說法。這個謠言一直持續到幕末，由此可見庶民是多麼地將大鹽平八郎視為英雄，也可見幕府的政治有多麼地腐敗。

一般認為大鹽平八郎當時應該已經死了，但是他的精神可以說是還繼續活著。因為大鹽平八郎之亂以後，在各地陸陸續續有受到其人生態度感動的人們發動起義。

自稱是大鹽同黨的叛亂和起義事件頻發，主要的便有一八三七年四月發生於備後國三原；五月發生於播磨國加東郡；六月發生於越後國柏崎；七月發生於攝津國能勢。

●大鹽平八郎之亂

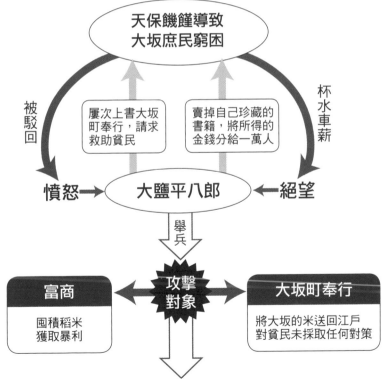

● 在各地發生同樣的叛亂和起義
● 成為天保改革的契機

天保改革結束後水野忠邦的下場

水野忠邦一被罷免老中職位，眾人立刻蜂擁而上。為何水野忠邦如此遭庶民厭惡？

民眾的不滿終於爆發

一八四三年閏九月十三日，水野忠邦被罷免老中職位後下臺。消息在當天便擴散開來，水野忠邦的家門口聚集了大批民眾，幾乎被人群給淹沒。

眾人對著水野忠邦的房子破口大罵並丟擲石頭，還搗毀房子旁邊的辻番所（警衛室），將殘骸丟到江戶城的護城河裡。

鎮吏聽到騷動後雖然盡力制止，但是暴動始終無法平息，最後圍牆的小門也被推倒，眼看著群眾就要攻進房子裡了。此時，鄰近的大名和奉行所帶領軍隊前來威嚇群眾，騷動才終於平息。水野忠邦之所以會如此遭到民眾厭惡，主要是起因於他所施行、僅只兩年便結束的「天保改革」。

一八四二年十二月，水野忠邦以戲劇和狂言（譯注：日本傳統戲劇，為簡短的鬧劇或喜劇，以模仿聲音、動作及口白呈現劇情）猥褻為由，強制將城下的小劇院遷移到偏僻的淺草山宿，並禁止演員居住在這裡以外的地區，而且外出時還必須戴著草笠，不准露出臉讓人看到。

同時管制寄席（譯注：欣賞說書、相聲、通俗音樂等娛樂的劇場），也禁止女性從事淨琉璃，並將歌舞伎演員市川團十郎趕出江戶。此外，還禁止出版演員和妓女的畫像，並嚴格審查刊物，不合格的作品便下令絕版，作者也會受到處分。甚至，還斷然施行廢除私娼街、男女共浴等各種矯正風俗的政策。

對於物價政策也執行地非常徹底，命令所有的東西都必須降低價格。房租、店租和當舖的利息降低雖然是好事，但是連夥計的薪水和工人的手工錢、加工錢也都跟著減少，使得町人的生活愈來愈困苦。商人為了因應急速的價格衝擊，只好降低商品的品質或數量，所以江戶的壽司和豆腐也跟著愈做愈小。

歷史筆記　《紫田舍源氏》的作者柳亭種彥與《春色梅兒譽美》的作者永春水為兩位廣受歡迎的作家，在天保改革時因受到處分而受到打擊，不久後便辭世。

派密探監視密探

此外，水野忠邦似乎非常地喜歡樸素，他所頒發的《禁止奢侈令》非同尋常，並認為金、銀、龜甲工藝品、絹織品、時鮮食品等都是浪費，而下令禁止製造、販賣，並在城鎮中部署了許多官吏和密探，監視著民眾是否有奢侈的行為。

例如，若有女性穿著華麗的衣裳，便會被官吏當場奪走衣物，在群眾面前被脫得一絲不掛。還有，密探會喬裝成客人向店家購買豪華的物品，如果店主答應，便立刻當場逮捕。這樣的做法實在卑劣。

不過，更令人瞠目結舌的是，這些密探背後還有密探在監視。其手法是派出穿著華麗衣裳的美女密探走在街上，官吏看到後理所當然地會上前盤問，然後準備逮捕，這時女密探會送上秋波或賄賂官吏，官吏若是接受了，就會受到革職處分。經過這樣的一番改革後，所有的娛樂消失了，僅只一年，江戶城鎮就失去了生氣變得非常沉寂。

因此，民眾攻擊水野忠邦宅邸的暴動，正是其受到壓抑的慾望瞬間爆發的表現。

在此順帶一提，幕府為了因應國際情勢，於是翌年的一八四四年再次任命水野忠邦為老中，但是遭到幕臣強烈的反對，隔年幕府只好命令他隱居、禁閉。

●急速且嚴厲的「天保改革」

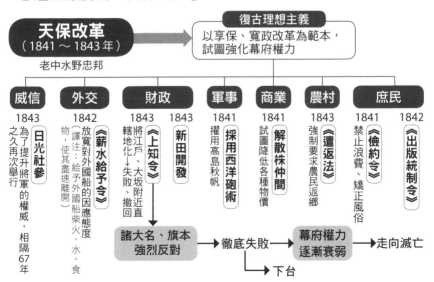

毀滅德川家的是御三家的水戶家？

外國船隻突然出現在水戶藩領內，促使「尊王」思想之外又誕生了「攘夷」思想。

尊王論的始祖是水戶光圀

談到德川幕府的滅亡，御三家之一的水戶藩可說是毀滅德川家的遠因，因為從水戶藩發展出來的尊王攘夷運動引發了幕末的混亂，最後終於演變成倒幕運動。那麼，究竟為何水戶藩會孕育出尊王攘夷論呢？

原因起於第二代藩主德川光圀（一六二八～一七〇〇年）有著強烈的尊王思想之故。德川光圀在領地內普及尊王思想，優厚地保護神社。另一方面，不僅拆除了七百座以上的寺院，還編撰以尊王思想為基礎的《大日本史》。後來會再加上攘夷思想，是由於一八二四年所發生的事件。

時值五月，沒有任何徵兆地，水戶藩領內的大津濱（位於今北茨城市）海岸突然出現了外國船，而且船隻還不斷地接近然後靠岸，接著船員們開始登上陸地。這些外國人總共有十二人，他們對慌慌張張趕來的藩吏請求提供食物和水，藩吏應允了他們的請求，很快地把他們打發走。但是，這個異常事態在藩內引起一陣譁然，而且後來得知上陸的外國人不是頻繁在近海出沒的俄羅斯人，而是英國人時，更是掀起了軒然大波。

特別是下級藩士之間產生了強烈的危機意識，進而組織了改革派，其中心人物便是水戶藩的思想家藤田東湖和會澤正志齋。在外國人上岸事件發生時，藤田東湖被父親藤田幽谷命令前去砍殺外國人，所以他抱著必死的決心前往大津濱，只是當他到達時，外國人早已離開了。

而會澤正志齋則是在事件當時負責與外國人筆談溝通，實際和外國人接觸過。這個深刻的經驗促使他於翌年完成了提倡攘夷思想（趕走外國人的主張）的著作《新

歷史筆記｜會澤正志齋著作了《新論》，帶給志士們強大的影響，但他在晚年時毫不眷戀地撤回尊王攘夷論，變身為開國主義者。

《論》，後來這本書成為志士們必讀的聖書。

尊王攘夷論確立

藤田東湖和會澤正志齋在第八代水戶藩藩主德川齊脩過世的一八二九年，壓制住藩內的保守派，擁立信奉尊王思想的敬三郎（德川齊脩同父異母的弟弟）為藩主，他就是後來的烈公（德川齊昭）。之後，藩內在德川齊昭的領導下，由改革派為主體斷然實施藩政改革，而從外國人手中保護藩的海防政策則成為改革的核心。

也就是說，藤田東湖和會澤正志齋將攘夷論與水戶藩以往即有的尊王論融合在一起，統合成一個思想，再將以尊王攘夷思想為基礎的政策交由德川齊昭執行，使思想昇華為政治。而且在佩里來日之後，這個思想還成為一種運動擴展到了全國。

● **幕府雄藩的動向**

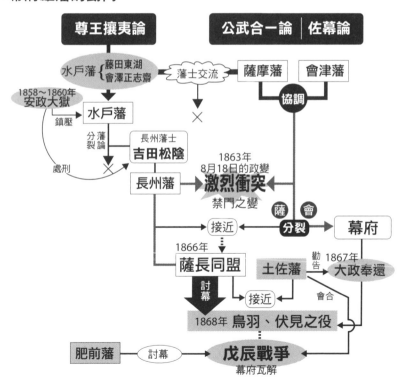

長州人的堅持大幅推動了時代

長州藩不管如何被打壓都未曾改變基本態度，如果沒有長州藩就沒有明治維新。

阿部正弘助長了諸藩的氣勢

　　幕府滅亡的導火線可以說是老中阿部正弘引爆的。因為一八五三年佩里來到日本時，對於該如何因應，阿部正弘廣泛地徵詢了各方的意見，對象包括外樣大名到庶民。

　　幕府從來未曾對外徵詢過政治上的意見，或許阿部正弘是希望全國能夠上下一致共同面對前所未有的國難，但卻反而成了一個敗筆。江戶時代，幕府的政治由譜代大名、旗本、御家人執掌，外樣大名和御三家不能過問，但佩里來日事件卻打破了這個慣例。

　　之後，「雄藩」（御三家和外樣大名當中，於天保時代藩政改革成功的藩）對國家政治有所覺醒，積極地設法參與幕政，但不久便放棄幕府轉而事奉朝廷，逐步走向倒幕。

　　諸藩中最早介入政治的是水戶藩。如同前節所敘述，水戶藩盛行尊王攘夷運動，後來這個運動由長州藩承接延續。

始終堅持的長州藩完成討幕

　　將尊王攘夷運動的規模擴大者，是長州藩的藩士吉田松陰，他因安政大獄（參見172頁）而遭到逮捕，最後被處刑。在這之前，他因其他罪名被禁閉於長州時，開設了「松下村塾」教育子弟，雖然期間只有短短的兩年，但是因為他對教學充滿熱情和獨特的教育方針，孕育出了高杉晉作、伊藤博文、品川彌二郎、山縣有朋等後來成為幕末維新原動力的尊王攘夷派。

　　吉田松陰的學生在朝廷內擴展勢力，採取了激烈的攘夷行動，如砍傷外國人、攻擊大使館、砲擊外國船等。由於做法太過激烈，導致當時的孝明天皇和幕府將長州勢力（朝臣七人）趕出了朝廷，這就是發生於一八六三年的「八月十八日

歷史筆記 吉田松陰所採取的教育手法是找出每個學生的長處，將其長處告訴本人並加以鼓勵，使他們產生自信。

政變」。為了對此表示抗議，長州藩於翌年大舉闖入京都，與負責守衛朝廷的會津、薩摩軍交戰，不過最後敗北。

於是，幕府趁機發動長州征討（第一次），同時列強諸國（譯注：英美法荷）也從海上砲擊長州藩，使得長州藩遭受多重攻擊，最後藩內的尊王攘夷派暫時失去勢力，政權交給保守派，屈服於幕府。

不過沒有多久，高杉晉作就發動政變奪回政權。得知消息的幕府雖然發動第二次長州征討，但是長州藩已經祕密地和薩摩藩結為同盟，並向薩摩藩買進大量最新武器，運用奇兵隊諸隊（武士和庶民組成的軍隊）等近代步兵部隊擊退了幕府諸大名軍，幕府的權威從此墜地，時代急速地進入明治維新。

長州人儘管被打得傷痕累累，仍然堅守主張沒有動搖，就是他們這樣的堅持大大地推動了時代。不過，這樣的長州藩在新政府開始執政後，卻也毫不留戀地捨棄尊王攘夷思想，提倡以往幕府當做施政方針的「開國親善」主張。所謂的政治，真的是不可思議。

●長州藩在幕末的變遷

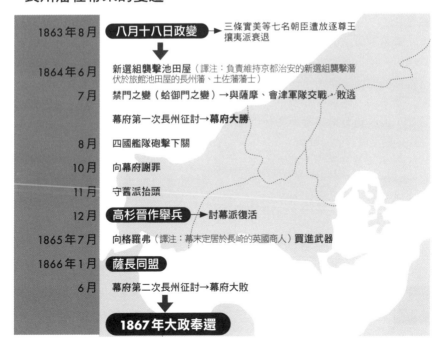

1863 年 8 月	**八月十八日政變** ▶ 三條實美等七名朝臣遭放逐尊王攘夷派衰退
1864 年 6 月	新選組襲擊池田屋（譯注：負責維持京都治安的新選組襲擊潛伏於旅館池田屋的長州藩、土佐藩藩士）
7 月	禁門之變（蛤御門之變）→與薩摩、會津軍隊交戰，敗逃
	幕府第一次長州征討→**幕府大勝**
8 月	四國艦隊砲擊下關
10 月	向幕府謝罪
11 月	守舊派抬頭
12 月	**高杉晉作舉兵** ▶ 討幕派復活
1865 年 7 月	向格羅弗（譯注：幕末定居於長崎的英國商人）買進武器
1866 年 1 月	**薩長同盟**
6 月	幕府第二次長州征討→幕府大敗
	1867 年大政奉還

民眾對佩里的到來並不特別驚訝

日本人在佩里之前已經看過許多外國船，對於黑船並沒有那麼驚訝，而且幕府其實早已知情。

幕府早已知道佩里即將到來

「喚醒太平洋的上喜撰（蒸氣船）

只有四杯（四艘）夜晚便已無法入眠」

這首狂歌（譯注：詼諧的短詩）是在諷刺黑船抵達日本時人們的慌亂。

一八五三年六月，浦賀的海面上出現了佩里准將所率領的四艘美國黑船。

傳說當時由於太過突然，江戶的城鎮內陷入了一片混亂，人們非常恐慌地四處逃竄。不過，這個傳說是錯誤的。確實有許多庶民緊急避難，但其實有更多冷靜的民眾待在家中觀望著外面的動靜。

甚至，還有許多人非常好奇，想瞧一瞧外國船而湧向海岸，把海邊擠得水泄不通，據說其中還有人划著小船靠近黑船。

在當時，外國船隻經過江戶近海並不稀奇，一八四六年同樣是美國軍官的璧珥就曾經率領兩艘軍艦出現在浦賀，要求幕府同意通商。總之，佩里的出現並不是一個前所未聞的大事件。

另一方面，幕府的高層也早在一年多前就已經知道佩里會來日本，所以並不怎麼驚訝。

這是因為一八五二年四月，也就是佩里來日的前一年，長崎的荷蘭商館館長東克·寇帝斯呈交給幕府的《荷蘭風說書》（記載著歐美情報）中，便記載著佩里將會帶著美國總統的親筆書函來到日本，並可能強行要求日本開國，其中甚至記載著具體的要求項目和黑船的數量。

考慮國力差異而假裝無對策

當時幕政的中心人物老中阿部正弘聽到佩里到來的消息，雖然試圖盡快地增強軍事力量，但是財政

歷史筆記　璧珥要求日本開國不成，回到美國後受到國內輿論責難。佩里害怕重蹈覆轍，所以採取強硬的態度要求日本開國。

困難加上經濟官僚的反對，最後以失敗收場。因此，幕府並沒有特別做什麼準備或擬定對策，仍然一如往常地度日——這是一般定型的說法。

但有人提出不同的說法認為，是因為阿部正弘深知日本和美國的國力相去甚遠，研判以眼前的狀態無法與美國較量，唯有和平解決一途，所以假裝毫無對策，沒有做戰爭的準備。

阿部正弘最擔心的就是有朝一日，日本會像在鴉片戰爭（一八四〇～一八四二年）中敗給英國的中國（清朝）那樣，成為列強的殖民地。據說他似乎已經察覺美國禁止佩里動用武力一事，所以他決定開國，盡量以有利的條件和美國簽訂條約。

因此，阿部正弘接下了佩里帶來的國書，並約定於隔年答覆，讓佩里先行離開日本。

●佩里來日

聖赫勒拿島 1853.1.10

佩里的航路

南美洲

黑船 4 艘

開普敦 1853.1.24
非洲

馬德拉島 1852.12.12

諾福克 1852.11.24出發

北美洲

模里西斯諸島 1853.2.18

歐亞大陸

錫蘭島 1853.3.10

上海 1853.5.4

香港 1853.4.7

新加坡 1853.3.25

那霸 1853.5.26

浦賀 1853.7.8

從久里濱上陸，呈交國書 1853年7月（嘉永6年6月）

江戶城

江戶灣

橫濱

東海道

相模灣

浦賀

久里濱

1853年佩里來日航路

成功簽訂不平等性較少的條約

日本巧妙地利用佩里的焦躁談判成功，所以得以簽訂不平等性較少的條約。

高壓的美國、充耳不聞的日本

一八五四年二月，佩里率領七艘軍艦再度來到日本。此時，幕府早已決定採取開國方針，問題只在於如何在有利的條件下開國。

開國的談判地點是位在橫濱的臨時接待所，美國的代表團有佩里為首的五人，而日本的代表團也同樣有林大學頭（譯注：林信篤。「大學頭」為官位職稱，負責管理幕府直轄的昌平坂學問所）等五人。會談以荷蘭語為共通語言，在一邊翻譯成各自的母語下進行。

正如前節所談及的，佩里被美國嚴禁動用武力，但是他卻誇大地說自己已經命令五十艘軍艦在近海待命，藉以威脅幕府，表現出「必要時不惜一戰」的高壓態度。而日本則是表現出「雙方又沒有什麼大恩怨，沒有必要戰爭吧」的態度，冷靜地帶過，不當一回事。

佩里的焦躁對日本有利

佩里在談判開始沒多久就攤開開國條件的草案，全部有二十四條，這是美國以一八四四年與中國清朝簽訂的《望廈條約》為基礎所擬訂，而日本的課題就是要如何將這個草案改得對己方較為有利。

此時的佩里非常地著急，因為列強各國都虎視眈眈地等著要求日本開國，特別是俄羅斯、英國早已經準備好，隨時可以派出使節團，所以無論如何都必須拔得頭籌，最早讓日本開國，否則將會像昔日的璧珥那樣受到輿論的激烈攻擊（參見167頁歷史筆記），那對自視甚高的佩里而言將是無法忍受的恥辱。

然而，日本早已看穿佩里的焦慮，所以開口要求刪除條約中有關通商條件的重要項目，而且港口的開放也限於下田和箱根兩港而已。此外，對於保護美國漂流民的項目，也相對地要求美國必須保護日

歷史筆記 佩里贈送蒸氣火車模型給日本，據說當時幕府的官員們坐在模型火車上玩得不亦樂乎。

本的漂流民，讓美國同意了雙邊性的條約內容。

就這樣，《日美和親條約》的原型完成了。確實，這個條約中還有些不平等的地方，但是相較於歐美列強和亞洲各國簽訂的條約，其不平等的程度已相去甚遠。

當時亞洲各國幾乎都是以戰敗後簽訂談和條約的方式開國，必須支付巨額的賠款，土地也被奪取，而且是在武力的威脅下被迫接受有如殖民地般的條項。在這樣的局勢中，經由和平的談判後所簽訂的開國條約，《日美和親條約》是首例。

條約成立後，當雙方要交換條約書時，林大學頭卻拒絕在英文、荷蘭文、中文的條約書上簽名，只簽署了日文的條約書。

林大學頭主張「外國語言所寫的任何文件，我一概不簽名」，讓佩里頓口無言，只得默默地收下其他沒有簽名的條約書。隔天佩里雖然強烈地表達抗議，但幕府充耳不聞。從這些情況看起來，當時的幕府官吏也絕非無能之輩。

● 《日美和親條約》四年後也變得不平等

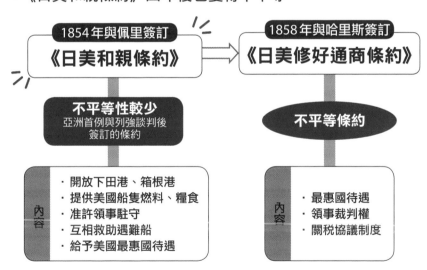

1854年與佩里簽訂
《日美和親條約》

→

1858年與哈里斯簽訂
《日美修好通商條約》

不平等性較少
亞洲首例與列強談判後簽訂的條約

不平等條約

內容
・開放下田港、箱根港
・提供美國船隻燃料、糧食
・准許領事駐守
・互相救助遇難船
・給予美國最惠國待遇

內容
・最惠國待遇
・領事裁判權
・關稅協議制度

地震加速了江戶幕府的衰亡

這場大地震帶走了尊王攘夷思想家藤田東湖，並且引發人民對幕政更加地反感。

水戶的辯論家藤田東湖死於地震

第二代將軍德川秀忠曾經說過：「地震總是突然發生，所以平常必須事先想好地震突發時的行動，以免驚惶失措。」據說他在實際發生地震時也處之泰然。

不過，如果面臨的是近幾年我們親身經歷或聽聞過的阪神大地震般的強烈地震時，究竟該如何冷靜地因應呢？要不慌張是不可能的。

眾所皆知，日本災情最嚴重的地震災害是一九二三年九月一日的關東大地震，這場地震造成四十五萬棟房屋倒塌，十萬人以上被奪走性命，蒙受災害的民眾多達三百四十萬人。

當然，江戶時代地震也不斷地在各地造成很大的災害，其中最為嚴重的就是一八五五年十月二日的「安政大地震」，是一場芮氏規模六點九的直下型地震（譯注：通常指震源位於人類居住城市下方的淺層地震）。這場地震對江戶周圍直徑二十五公里範圍內造成非常大的損傷，死亡人數多達一萬人以上，受傷人數也超過十萬人。據說地震發生於當晚十點鐘左右，本所、深川、築地的災情非常嚴重，沒有一棟房屋倖免，連江戶城也遭到毀損，德川家定將軍當時也躲到了城內的庭園避難。

而提倡尊王攘夷論、對當時的志士具有極大影響力的藤田東湖，也被壓死在水戶藩的小石川藩邸內，據說他為了救出年邁的母親衝進屋內時，被倒塌下來的屋樑壓在底下。

人民認為地震是幕府引起的

據說這場激烈地震發生後的數日間，民眾擔心餘震發生，紛紛睡在家門前，加上各種惡意的謠言四處流竄，食物的價格高漲數倍，小偷盜賊等猖獗，使得治安極度惡化，江戶於是陷入了混亂。

歷史筆記 安政大地震之後，鯰魚的錦繪在庶民之間大為流行，因為當時庶民迷信地認為地震是地下的鯰魚擺動所引起的。

　　幕府雖然緊急在淺草、深川、上野等數處設立受災者救助設施，在現場烹煮食物供災民食用或發放金錢賑災，但是，庶民之間還是認為「地震會發生都是因為幕府的政治不好，必須改革社會才行」，這樣的的聲音日益高漲，庶民並頻頻以地震為題材繪製書畫來諷刺政治。總而言之，安政大地震的發生促使幕府更加速地步向衰亡。

●江戶時代的地震年表

1600年

1611年 會津大地震（陸奧）
3,000人死亡。山崩堵住阿賀川，形成了山崎湖。會津若松城損壞

1700年

1703年 元祿大地震（關東）
伊豆、相模灣發生大海嘯，江戶震度6（芮氏規模8.2），鎌倉600人死亡、茂原2,500人死亡

1707年 富士山的寶永大爆發（駿河）
小田原藩受災。產生大量的火山灰

1751年 越後高田大地震（越後）
發生土石流、海嘯。高田藩數千人死亡

1778年 三原山爆發（伊豆）
火山熔漿流到海岸，爆發聲遠達江戶

1779年 櫻島的大爆發（薩摩）
相隔300年之久的火山大爆發，2萬石田地受損，150人死亡

1783年 淺間山的大爆發（上野）
2萬人死亡，上野國鎌原村遭火山碎屑流淹沒全毀，北半球發生氣象異常

1800年

1804年 出羽大地震（出羽）
震源位於由利郡象潟一帶，土地激烈地上下震動，地表裂開造成象潟湖消失，400人死亡、8,000戶房屋全毀

1847年 上信越大地震（上信越）
廣域地震，數千人死亡。犀川因地震而被堵塞造成氾濫，形成大洪水

1854年 安政東海地震（東海）
廣域地震，推測達芮氏規模8.4，伊豆下田因海嘯全毀，3,000人死亡

1855年 安政江戶大地震（江戶）
芮氏規模6.4的直下型地震，震源為荒川河口。1萬人死亡，1萬4,000戶全毀

手腕高明的井伊直弼僅兩年便消失

井伊直弼雖曾短暫讓幕府恢復了權威，但他的死也讓幕府的權威一落千丈。

彥根藩主井伊直弼就任大老

一八五八年四月二十三日，彥根藩主井伊直弼就任幕府的大老，使幕府的內憂外患很快地有了解決之道。

「大老」是幕府中的最高職位，但是個臨時性的官職，並非常設，幕府的政務通常由數名老中掌管。會設置大老有兩種情況，一是出現了符合該職位的權力者；一是國難當前，不得不將權力集中於大老一人，以帶領幕府全體一致共同解決困難。而這次的情況，便是屬於後者。

若就井伊直弼原本的生長環境來看，他本來應該沒有辦法當上大老。他是彥根藩主井伊直中的十四男，兄長陸陸續續過繼給其他家族當養子，但是不知因何緣故，他卻沒有得到青睞，而失去當上大名的機會，三十歲之前領著三百袋的補助米，在城下的一角平凡度日。不過，兄長井伊直亮的繼位者井伊直元過世後，井伊直弼被選為後嗣而晉身藩主（譯注：三男井伊直亮膝下無子，收十一男井伊直元為養子，井伊直元死後又收十四男井伊直弼為養子），只能說人的命運真的是不可思議。井伊直弼在就任藩主後展現其卓越的政治手腕，受到幕府內閣眾譜代大名的矚目，因而當上了這一次的大老。這時候，井伊直弼四十四歲。

井伊直弼做法強勢

此時幕府的內憂便是將軍的繼嗣問題。對於第十三代將軍德川家定的繼位者人選，幕府分裂成兩派，保守派推舉紀伊藩的德川慶福（德川家茂）；而以水戶、尾張、福井、薩摩、土佐等雄藩為中心的改革派則強力推舉一橋慶喜。

而外患則是指條約簽訂問題，美國哈里斯要求締結《日美修好通商條約》，但孝明天皇非常討厭外國人，所以拒絕賜准簽訂條約。

針對這兩個難題，井伊直弼於一八五八年六月迅速地做出了判斷，決定擅自簽訂通商條約，並選擇德川慶福成為德川家定的繼位者。

 歷史筆記 因為安政大獄而犧牲性命的人當中，有八名遭到處刑，八名在獄中病死或自殺，四名在逃亡途中自殺或病死。

一橋派（雄藩改革派）對於這種強勢的做法相當憤怒，而向井伊直弼表示強烈的抗議。但是，井伊直弼竟以德川家定將軍的名義下令一橋派大名在家中禁閉，並陸陸續續逮捕大名的家臣及協助者，這就是所謂的「安政大獄」。多達將近一百人因為這個鎮壓政策而遭到逮捕，其中吉田松陰和橋本佐內等優秀的人才也被處刑。此外，井伊直弼也企圖利用這個鎮壓政策對朝廷施加壓力，讓朝廷同意簽訂條約。

經由這樣的專制做法，保守派掌握了幕府的實權，並封鎖已經抬頭的朝廷勢力，暫時恢復了幕府的權威，這一切可說都是歸功於井伊直弼的領導能力。

不過，一八六〇年三月三日，井伊直弼在前往江戶城的途中，遭到十數名水戶、薩摩浪士襲擊，被刺殺後還被砍下首級，而幕府的權威也因為這個「櫻田門外之變」下墜得比以往更為嚴重。之後，就任老中的安藤信正雖然嘗試以「公武合一政策」收拾事態，但仍無法恢復幕府已經失去的權威。

●井伊直弼遭暗殺前後

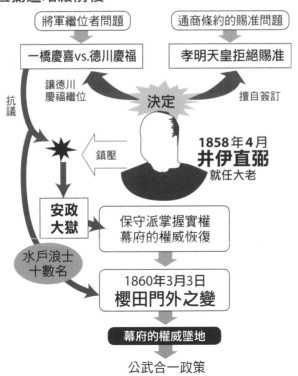

將軍繼位者問題

通商條約的賜准問題

一橋慶喜 vs. 德川慶福

孝明天皇拒絕賜准

讓德川慶福繼位

決定

擅自簽訂

抗議

1858年4月
井伊直弼
就任大老

鎮壓

安政大獄

保守派掌握實權
幕府的權威恢復

水戶浪士十數名

1860年3月3日
櫻田門外之變

幕府的權威墜地

公武合一政策

貿易帶動物價上漲進而引發倒幕運動

「物價上漲都怪幕府！」貿易成長帶來的高物價，使得幕府的立場更為不利。

養蠶人家富、棉織品業者窮

一八五八年六月《日美修好通商條約》簽訂後，翌月幕府和俄羅斯、英國、荷蘭、法國也簽訂了通商條約（《安政五國條約》），翌年開始正式展開貿易。

原則上官吏不插手貿易，全由民間商人自由進行。一八五九年時，貿易的輸出總額已經達到約九十萬美元，輸入總額也達到約六十萬美元。這些額度在數年之間飛快地成長，六年後的一八六五年，輸出總額變成約一千八百五十萬美元，輸入總額約一千五百一十五萬美元。

輸出品當中的第一名是生絲，一直保持占有整體輸出品的八成，養蠶農家很快地致富，農村的製絲業也出現了分工生產的經營方式。其他還有茶葉和海產也是主要的輸出品。而輸入品則幾乎都是棉織品和毛織品等纖維品，特別是棉織品在幕末到明治初期顯著地成長，有一段時期進口棉占據了市場的將近百分之四十，使得日本國內的棉織品業者因進口品而蒙受致命性的打擊。

這個時期的貿易有一個特徵便是，以前的過度輸出在一八六七年後變成了過度輸入。這個現象是因為輸入品的稅率從百分之二十降到百分之五所引起，日本和歐美列強簽訂的條約中沒有關稅自主權，而是採用關稅協議制度，關稅全憑與各國協議的結果而定。一八六六年，幕府以延後開放兵庫港為條件，答應降低稅率，所以導致輸入品的量急速地增加。

幕府的滅亡，外國商人也有份

在幕末貿易中執牛耳的是外國（列強）的貿易商人，他們原本在中國從事貿易，幕府開國以後，立刻在橫濱等地開設分店。不過，當時外國人不可以在開放港口的方圓

歷史筆記　明治政府依然沿襲以往幕府與列強簽訂的不平等通商條約，以致阻礙了資本主義的發展。一九一一年，這些不平等條約才終於被解除。

四十公里之外進行商業活動，所以他們雇用日本人前往生產地，直接向商品製造者或當地商人買貨，或是將資本借給農民從事生產。

當時日本的貨物流通系統已經定型，全國的商品都會先集中到江戶或大坂的大盤商手上，然後大盤商賣給中間批發商，中間批發商再賣給零售商。但是，外國商人買走生絲等商品，並從產地直接運到港口，使得原本已經成形的流通體系遭到瓦解，且生絲和茶葉在大都市缺貨導致價格暴漲，連帶地整體的物價也跟著高漲。

數年之間生活必需品漲到數倍，人們的生活很快地陷入了困境，眾人把矛頭指向外國貿易商和被雇用的日本商人，有不少商人因而受到襲擊。此外，貿易所導致的物價上漲也加溫了尊王攘夷運動，甚至有學者認為物價上漲就是促使幕府滅亡的主因。

●幕末貿易的變遷

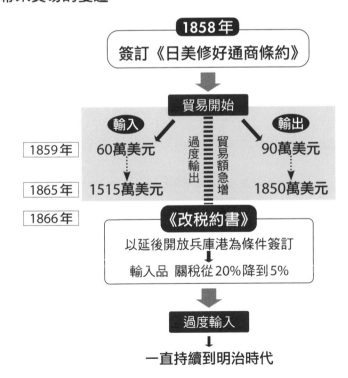

1858年
簽訂《日美修好通商條約》

貿易開始

輸入　　過度輸出　貿易額急增　　輸出

1859年　60萬美元　　　　　　　90萬美元

1865年　1515萬美元　　　　　　1850萬美元

1866年　《改稅約書》
以延後開放兵庫港為條件簽訂
輸入品　關稅從20%降到5%

過度輸入

一直持續到明治時代

德川慶喜本該是明治政府盟主？

德川慶喜先發制人進行大政奉還，原本順利的話應該能夠成為新政府的重要角色，可惜天不從人願。

公議政體派與討幕派的競爭

在薩摩、長州藩主導的討幕運動日益高漲的情勢中，第十五代將軍德川慶喜於一八六七年十月十四日向朝廷提出了「大政奉還」，想藉此先發制人，以平息訴諸武力的討幕運動。

據說實際上在同一天，朝廷亦向薩摩、長州兩藩發出了「討幕密敕」（不過也有說法認為此事為假）。

討幕派的行動受到了箝制，為了抑制急速發展的「公議政體論」（譯注：主張應該由諸侯、公卿、藩士共同商議國政的理論），於是在同年十二月九日宣布了朝廷的《王政復古大號令》，告知國內外幕府已經解散，並宣告日後將由朝廷執掌政權。同一天夜裡，朝廷宮中便針對該如何處置德川家一事，舉行了「小御所會議」。

德川慶喜的德川家延命之策

會議上，討幕派的薩摩藩大久保利通和岩倉具視強硬地主張要求德川慶喜「辭官納地」（譯注：將領地歸還給朝廷，並辭去「內大臣」〔制度外的代理官職〕的職位），而越前藩的松平慶永和土佐藩的山內容堂等公議政體派則對此表示強烈反對，使得會議陷入膠著狀態。

對此感到不耐煩的討幕派放話要用短刀刺殺公議政體派，藉以恫嚇對方，才讓公議政體派同意採行辭官納地。

討幕派之所以如此，是希望德川慶喜在得知決定後大為震怒而舉兵叛變，如此一來，便可以給德川軍冠上賊軍的惡名加以討伐。不過，事態的發展並未如討幕派期待般順利，因為德川慶喜和公議政體派於隔天便展開了強烈的反擊。

德川慶喜從京都的二條城退到大坂城，並召集海軍和陸軍，對討幕派施加無形的壓力，還邀請英

歷史筆記　為了刺激江戶的幕臣發兵，西鄉盛隆策劃擾亂江戶的治安，並由後來的赤報隊（譯注：幕末時組成的草莽部隊）隊長相樂總三採取實際行動，在江戶縱火、搶劫等大肆地破壞。

國、法國等六國的公使商談，請他們承認日本的外交權為德川家所有，這些都是相當準確的措施。

另一方面，公議政體派也在宮中改變論調，主張「要求德川慶喜納地，是要使其負擔朝廷的經費，所以各藩也應該跟進」，並且一一說服各藩贊成「政權既然由列藩開會共同商議，當然也應該讓德川家參與」。後來，各藩同意了公議政體派的主張，討幕派的岩倉具視最後也終於屈服。

●幕府走向滅亡的過程①

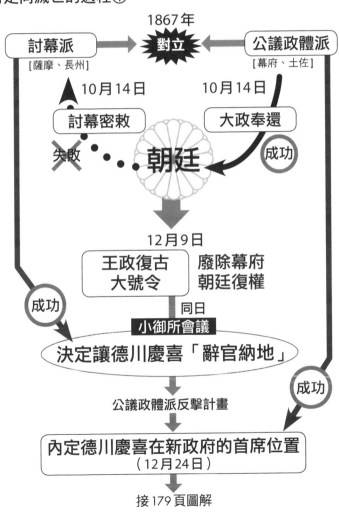

1867年

討幕派 [薩摩、長州] ➡ 對立 ⬅ 公議政體派 [幕府、土佐]

10月14日　　　10月14日

討幕密敕　　　大政奉還

失敗 ╳ ⋯⋯ 朝廷　　成功

12月9日

王政復古大號令　　廢除幕府朝廷復權

成功

同日

小御所會議

決定讓德川慶喜「辭官納地」

公議政體派反擊計畫　　成功

內定德川慶喜在新政府的首席位置
（12月24日）

接179頁圖解

政局大轉變，幕府急速走向滅亡

僅僅一天，德川慶喜和幕府的命運急轉直下。時代從年底到新年大步地往前邁進。

公議政體化為烏有

一八六七年十二月二十四日，朝廷決定頒發一份昭書給德川慶喜，主旨是以新政權的營運經費為由，命令德川慶喜辭官納地，並要他參加列藩的會議。

加入新政府的各藩當中，公議政體派占了壓倒性的絕大多數，如果德川慶喜加入列藩會議，肯定會居首席地位，亦即會被選為新政府的最高執政者。不過，事態的發展卻出乎意料之外。

翌日的十二月二十五日，江戶的薩摩藩邸被人放火攻擊，因為在這段期間，薩摩藩利用浪士和流浪漢公然地擾亂江戶的治安，刻意挑釁幕臣，刺激他們發兵。終於，幕府內閣被激怒，起而放火攻擊薩摩藩邸並朝京都進攻。

當德川慶喜聽到這些消息時，心情應該很沮喪吧。不過，當時的情勢已經無法阻擋了。

接著，幕府軍在鳥羽、伏見與薩長軍展開激烈交戰，幕府軍不幸戰敗淪為賊軍，而公議政體派所期待由德川慶喜為首的新政權也化為幻影。

幕府軍加速瓦解

德川慶喜得知幕府軍在鳥羽、伏見戰敗後，擔心被朝廷披上賊寇的污名，於是趁著黑夜搭船回到江戶，待在上野寬永寺內幽閉。

如果當時德川慶喜能夠趕到前線的話，或許會對幕府軍造成極大的鼓舞，而改寫了歷史。

不過，由於將軍丟下幕臣臨陣脫逃，使得眾人失去戰鬥意志，開始往江戶竄逃，幕府軍就地瓦解。

歷史筆記　據說薩摩藩兵對衝破攔阻、欲從鳥羽口大舉前往京都的幕府軍展開砲擊，因而引發了鳥羽、伏見之役。

● 幕府走向滅亡的過程②

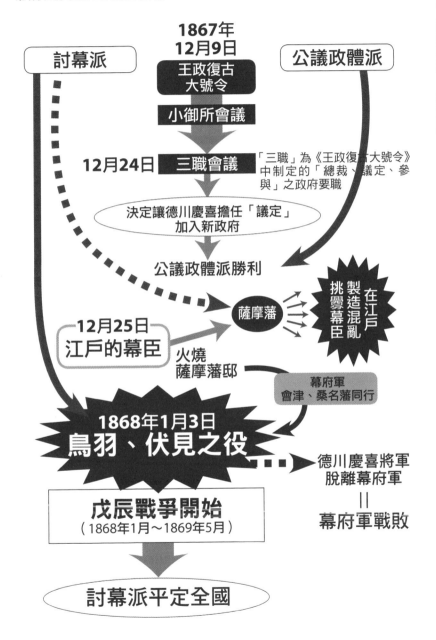

討幕派

**1867年
12月9日**

王政復古
大號令

小御所會議

公議政體派

12月24日　三職會議

「三職」為《王政復古大號令》
中制定的「總裁、議定、參
與」之政府要職

決定讓德川慶喜擔任「議定」
加入新政府

公議政體派勝利

薩摩藩

在江戶
製造混亂
挑釁幕臣

**12月25日
江戶的幕臣**

火燒
薩摩藩邸

幕府軍
會津、桑名藩同行

**1868年1月3日
鳥羽、伏見之役**

德川慶喜將軍
脫離幕府軍
＝
幕府軍戰敗

戊辰戰爭開始
（1868年1月～1869年5月）

討幕派平定全國

推翻幕府的相關人物

一人之力無法推翻幕府，當時眾人錯綜複雜的關係催生了維新之世。

日本史當中最難理解的應該就是幕末時的政治思想史，當時倒幕、攘夷、佐幕、尊王、公武合一等各種立場、思想不斷地出現，而且各藩也不斷地改變自己的立場，所以雖然只是短短十年的歷史變遷，但要掌握整體卻是一件極為困難的事。

因此，在這裡特別舉出活躍於幕末各主要的藩及其人物，從這些人物彼此的關係來了解幕末的政治動態，接下來的人物關係圖應該有助於輕易理解日本幕末的變遷。

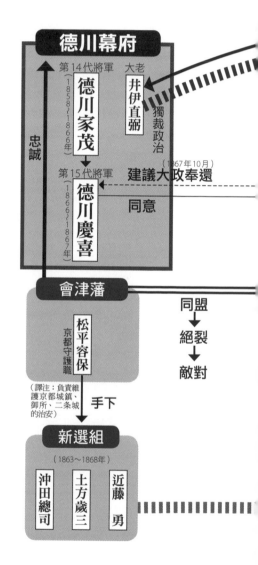

德川幕府

第14代將軍（1858～1866年）德川家茂

大老 井伊直弼　獨裁政治

忠誠

第15代將軍（1866～1867年）德川慶喜

（1867年10月）建議大政奉還

同意

會津藩

京都守護職 松平容保

（譯注：負責維護京都城鎮、御所、二条城的治安）

手下

同盟
↓
絕裂
↓
敵對

新選組

（1863～1868年）

沖田總司　土方歲三　近藤勇

歷史筆記　一九九六年，東行紀念館的管理員一坂太郎發表了一篇論述，表示薩摩藩和長州藩締結同盟時坂本龍馬並不在場。（譯注：東行紀念館為高杉晉作〔字東行〕的紀念館，位於山口縣下關市）

● 從人物看幕末政治史的過程

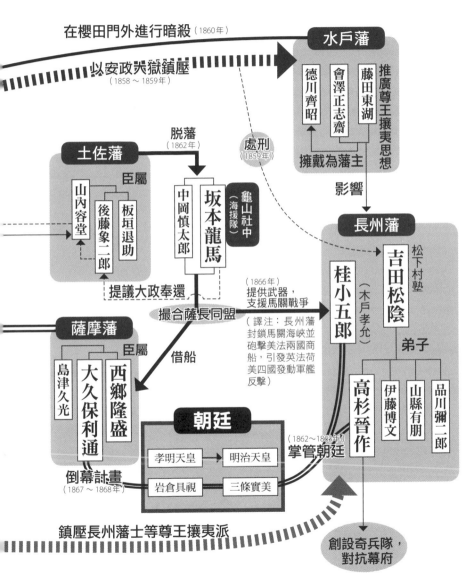

在櫻田門外進行暗殺（1860年）

以安政大獄鎮壓（1858～1859年）

水戶藩

推廣尊王攘夷思想

德川齊昭　會澤正志齋　藤田東湖

擁戴為藩主

影響

脫藩（1862年）

土佐藩

臣屬

山內容堂　板垣退助　後藤象二郎

中岡慎太郎　坂本龍馬　龜山社中（海援隊）

處刑（1859年）

提議大政奉還

撮合薩長同盟

（1866年）提供武器，支援馬關戰爭

（譯注：長州藩封鎖馬關海峽並砲擊美法兩國商船，引發英法荷美四國發動軍艦反擊）

長州藩

松下村塾

桂小五郎（木戶孝允）　吉田松陰

弟子

高杉晉作　伊藤博文　山縣有朋　品川彌二郎

薩摩藩

臣屬

島津久光　大久保利通　西鄉隆盛

借船

朝廷

孝明天皇　→　明治天皇

岩倉具視　→　三條實美

掌管朝廷（1862～1863年）

倒幕計畫（1867～1868年）

鎮壓長州藩士等尊王攘夷派

創設奇兵隊，對抗幕府

幕末時歐美人對日本的印象

外國人的眼中，幕末的日本人技術水準高超，每個人看起來都很幸福，而且生活得很簡樸。

在文化差異極大的歐美人眼中，幕末的日本和日本人是什麼樣子呢？在此便介紹幾位外國人對日本的印象。

佩里
（美國東印度艦隊司令官）

「日本人在生活與機械方面的技術都非常地精湛細緻，如果他們擁有文明世界過去及現在的技術，將會成為強力的對手，加入發展機械工業的競爭。」

（取自加藤佑三《佩里來航與日本開國》，收錄於中央公論社出版、田中彰編輯的《日本的近世十八》）

阿禮國（英國駐日公使）

「即使我們認為沒有自由，但日本人仍因為封建制度享受著許多幸福。就算他們活用西洋各國引以為傲的自由與文明，並經過同樣悠長的歲月，也無法得到像現在這樣

的幸福。國家的繁榮、獨立、遠離戰爭的自由、生活技術方面的物質進步——日本人身為一介國民擁有著這一切，而且傳承了好幾世代。」

（《大君之都》，山田光朔譯，岩波書店出版）

科主教（法國神父）

「不論走到哪裡，都有目光密切地監視著我的行動，絲毫不放過我的一舉一動。不論走到哪裡，路邊、牆壁後面或草叢中一定都有人毫不客氣地豎著耳朵偷聽我說話。」

（《幕末日法交流記》，中島昭子、小川早百合譯，中央公論社出版）

哈里斯（美國駐日總領事）

「他們都很福態，穿得很好，看起來很幸福，乍看之下沒有富人、窮人之分。這應該就是所謂的幸福人民真正該有的樣子吧。有時

歷史筆記 哈里斯是一位教育家，曾在美國擔任過紐約市的教育長並創設自由學院（現今紐約市立大學）。

我自己也懷疑，要求日本開國，讓他們接受外國的影響，真的會增進他們整體的幸福嗎？我在日本看到的儉樸和豐饒遠勝於其他任何國家。生命、財產、安全、以及整體人民的儉樸與滿足，應該就是現在的日本最清楚的寫照。」

（《日本滯在記》，坂田精一譯，岩波書店出版）

霍斯肯（哈利斯的翻譯員）

「日本人的儉樸真的足以媲美古代斯巴達人，連這個國家中最高階的大名，其官邸房間的樣子跟下田地區商人的家沒什麼兩樣。」

（《霍斯肯日本日記》，青木枝朗譯、岩波書店出版）

●幕末時來日的歐美外交官

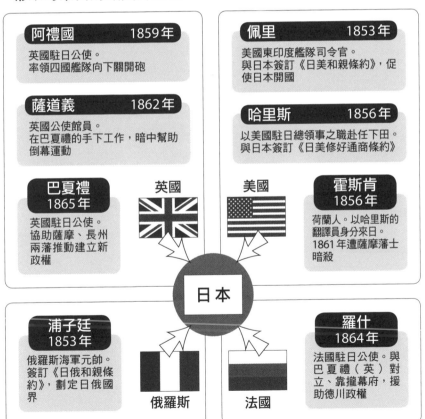

阿禮國　　1859年
英國駐日公使。
率領四國艦隊向下關開砲

薩道義　　1862年
英國公使館員。
在巴夏禮的手下工作，暗中幫助倒幕運動

巴夏禮 1865年
英國駐日公使。
協助薩摩、長州兩藩推動建立新政權

英國

美國

佩里　　1853年
美國東印度艦隊司令官。
與日本簽訂《日美和親條約》，促使日本開國

哈里斯　　1856年
以美國駐日總領事之職赴任下田。
與日本簽訂《日美修好通商條約》

霍斯肯 1856年
荷蘭人。以哈里斯的翻譯員身分來日。
1861年遭薩摩藩士暗殺

日本

浦子廷 1853年
俄羅斯海軍元帥。
簽訂《日俄和親條約》，劃定日俄國界

俄羅斯

羅什 1864年
法國駐日公使。與巴夏禮（英）對立、靠攏幕府，援助德川政權

法國

天才平賀源內
因小事殺人而死於獄中

平賀源內是個天才，不只發明了摩擦發電器、冷暖計、火浣布（不會燃燒的布），還承攬物產展和礦山開發，甚至執筆撰寫戲劇和淨琉璃的劇本，真可謂是十八般武藝樣樣行。

不過可惜的是，他晚年的時候精神上似乎有些輕微的異常。

平賀源內非常地喜歡搬家，一生當中換過十數次住所，而他晚年時的居處是一個專放高利貸、叫神山檢校的人住過的房子。據說神山檢校因為做了壞事被放逐，最後垂死路邊，他的孩子也掉落家中的井裡死掉，所以謠傳房子裡有鬼魂出沒，但是平賀源內卻很高興地住進了那裡。此外，當他寫的淨琉璃沒人喜歡，而弟子森島忠良的作品卻大受歡迎時，他竟非常生氣地衝到森島中良位於劇場中的休息室，把他臭罵了一頓。最後，平賀源內終於在一七七九年犯下了殺人罪。

事情的原委大致如下：

有個町人承攬了大名宅邸的整修工程，平賀源內看到他的報價單後，找碴地說：「我來做的話，可以更便宜。」結果，大名最後決定將整修工程交給兩人共同負責。有一天，平賀源內和町人一起喝酒，町人問他為何價格可以比自己便宜，平賀源內便拿出報價單給對方看，對方看過之後也覺得心服口服。之後，喝得酩酊大醉的兩人便睡著了。隔天，平賀源內先醒過來，不過他卻找不到報價單而逼問睡在旁邊的町人，但町人矢口否認，還態度惡劣地說道：「就算是我偷的也不會承認。」結果怒氣沖天的平賀源內拿起刀子殺了町人。後來，平賀源內決定切腹自決，開始整理房間時，竟然找到了遺失的報價單，原來他誤會町人了。最後平賀源內以殺人罪被關入牢獄，一個月後因感染破傷風逝世，享年五十一歲，讓人不禁感嘆天才的末路悽涼。

第二部

江戶時代的社會體系

- 每一個時代都會有其特有的制度和法律，但這些制度和法律並非一夕之間突然出現，絕大部分都是承襲前一個時代的體制，並加以改良、調整而來。

- 例如江戶幕府的建立，便是仿效室町幕府掌握政權的方式；而士農工商的階級制度，也很明顯地繼承了豐臣秀吉的兵農分離制度。織田信長時代，也曾經實施過類似參勤交替和設置町奉行等制度。交通網絡方面亦然，在德川家康進駐領地江戶之前，後北條氏已在所有地方設置驛站並規劃了完整的街道。

- 不過有件事情不可忘記：「前一個時代的體制，若缺乏強烈的意志去學習並導入，也不可能繼續傳承下來」。

- 江戶時代存在著許多非常卓越的體制，回收系統應該可算是最佳代表。但是，身處現代的我們是否學習了前代的優點？接下來就一邊好好思考這個問題，一邊進行下面的第二部。

第5章

社會的結構

陸上、海上、通信等
各種完備的系統

相當完整的社會體系

本章將介紹一些獨特的制度和體系，這些制度和體系建立於江戶時代，並只在江戶時代發揮其功能。

首先有一點與現代社會完全不同的，便是江戶時代存在著士農工商的階級制度，原則上人們無法超越一生下來就決定的身分階級。不過，這終究只是個原則，日本階級制度的限制非常地寬鬆，這一點與印度的種姓制度有很大的差別。

其次是江戶時代的物流，其路徑規劃得非常完整，特別是「大盤商→中間批發商→零售商」的流通途徑，一直到最近為止幾乎都是採用這種型態。

交通網絡方面，陸上、海上的交通在江戶初期都已經建設得很完整。不過，當時的陸上交通網絡不像現在是提供給汽車行駛，所以道路非常地狹小。而信差便是利用這些陸上交通網絡傳遞書信，當時的通信系統已發展得相當完備，絲毫不遜色於近代的郵遞制度。

德川吉宗建立江戶的各種體系

德川吉宗將軍為江戶時代催生出各種新制度，其中最有名的應該就屬意見箱的投書制度了。現在的社會，人們被賦予言論自由，政治性的發言和對政治的參與也不會受到國家的干涉。相對於此，意見箱對於當時沒有管道表達不滿的江戶庶民而言，應該是個讓人相當欣喜的制度。德川吉宗時代還創設了稱為「町火消」的消防組織，當時的滅火方法與現在不同，採用的是破壞性消防，做法是將附近的房屋拆毀，以防止火勢擴大。

另外，德川吉宗在其他方面也留下了功績，如整理刑罰使內容體系化、條文化，並推動禁止酷刑和減輕刑罰。不過，偷了十兩就是死刑，以及容許嚴刑拷打等刑罰制度還是太過嚴厲。據說當年美國總領事哈里斯就是擔心日本刑罰的嚴峻，所以在《日美修好通商條約》中加入了領事裁判權。

不過德川吉宗也曾做過輕率的決定，就是聽信「地下的自來水道導致火災頻發」的胡言，而停掉大部分當時已經充分發揮功能的江戶水道系統。

那麼，接下來便介紹江戶時代部分比想像中還要完善的社會體系。

江戶時代的階級制度相當寬鬆

「士農工商」制被認為是個嚴格的階級制度，但實際上，農民也能成為武士。

「士農工商」制其實很寬鬆

眾所周知的，江戶時代人們的身分分成了「士農工商」（四民）四種階級，但其實早在豐臣秀吉時代便已經完成了「兵農分離」。

豐臣秀吉於執政時期進行太閤檢地（譯注：全國性的土地測量和收穫量調查。「太閤」為豐臣秀吉的稱號），承認農民的土地所有權，但相對地也賦予他們繳納年貢的義務，並頒發《刀狩令》嚴禁農民擁有武器，將農民束縛在農地上，另一方面也禁止武士從事農業。江戶幕府承襲了豐臣秀吉的這個政策，最後完成了四民制度。

不過「四民」的想法並非江戶幕府的獨創，其實早在公元前的中國古書中便已經出現。只是，中國的四民是根據職業所做的分類，不像日本的四民代表著身分的高低。

江戶時代禁止變換四民之間的身分，也就是說，如果出生時父親是農民，自己便是農民，將來兒子也會是農民，而且永遠都是農民。不過事實上，這終究只是表面上的規定。當時農民的次男、三男遷移到城鎮裡在商家當伙計，然後成為商人，或是跟著師傅學習然後成為工匠，並不是什麼稀奇的事（參見228頁），甚至農工商身分者晉身為武士的例子也相當常見。

只要有錢誰都能成為武士

《南總里見八犬傳》的作者瀧澤馬琴據說是日本第一位只靠著稿費過日子的作家。由於他的兒子早逝，使他對年老後的生活感到不安，而讓孫子太郎成為了御家人（武士），因為只要成為武士就可以領到俸祿（定期收入）。那麼，究竟瀧澤馬琴是如何讓孫子成為御家人的呢？

其方法便是買下「御家人株」（譯注：御家人的權利）。當時在沒落

歷史筆記　將軍家並不過問將軍妻子的身分。第五代德川綱吉的親生母親桂昌院是京都堀川的菜販之女小玉，而第八代德川吉宗的親生母親是農民出身、負責服侍將軍沐浴的下人。

的御家人當中，有人將自己的身分拿出來販售，做法大多是將對方收為養子，然後排進自己的家譜中。瀧澤馬琴便是花了兩百兩的巨款買下御家人株，將自己的孫子送進御家人家中當養子，繼承了該御家人的家門。

這樣的例子其他還有很多，例如新選組（譯注：幕末集結的浪士武力組織，負責維持京都治安）局長近藤勇原本是農夫的三男，因為劍術精湛受到賞識，而成為劍術家的養子並繼承了劍道場。後來，更因為新選組在京都的活動受到高度評價，進而被幕府擢用，最後勝海舟還允諾讓他成為十萬石的大名。

而勝海舟本身也是如此，他的祖父原本是個目盲的庶民，因為放高利貸賺到了錢，買下御家人株，讓勝海舟的父親成為了武士。

由此可知，江戶時代的階級制度其實並非絕對不可變。

● 江戶時代的階級制度——四民制度

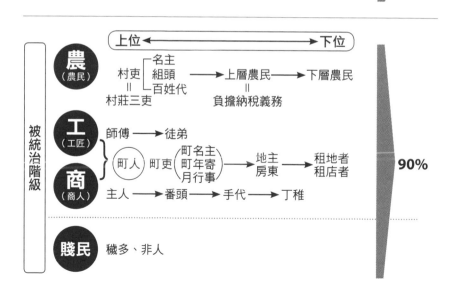

罪犯被帶上法庭的過程

江戶時代，犯罪者會被處以嚴厲的刑罰。那麼，嫌疑犯又是如何被判決的呢？

日本的刑罰過於嚴厲

據說當年美國總領事哈里斯之所以會將治外法權（領事裁判權）加入《日美修好通商條約》中，主要是因為擔心幕府的刑罰實在過於嚴厲，若對美國人也適用，將會非常地嚴重。

殺了人是死刑，但連外遇或偷了十兩（相當於現在的數十萬日圓）也都是死刑，若以現在的觀點來看，的確是非常地嚴厲。不過，這比起江戶初期的刑罰已經寬鬆相當多了。

幕府最初是沿襲戰國時代的風氣，試圖以殘忍的刑罰做為警示，防範人們犯罪，而會實施「連坐制」，將犯人的家屬和親戚也處以死刑，應該也是基於這樣的目的。

德川吉宗改變刑罰

第八代將軍德川吉宗時改變了這種潮流，他於一七四二年制定了《御定書百箇條》，將之前的刑罰體系做了一番整理，同時減輕酷刑，如禁止削鼻、切指，限制嚴刑拷打等，將刑罰的目的定位為促使犯人改過自新、防止再犯。

那麼，嫌疑犯實際上是經過什麼樣的過程才決定處以何種刑罰呢？接著便以江戶城鎮的例子說明。

首先當犯罪案件發生，而且已鎖定可疑人物時，町奉行所會立刻逮捕嫌疑犯並關進牢房。在江戶時代，被關進牢房的人並非犯罪者，而是嫌疑犯。

不久後，嫌疑犯會被帶到奉行所，只有在一開始由町奉行直接審訊，之後便由與力詳細地查問事情原委，或者拿出證據引導嫌疑犯自己供出罪狀，這個過程稱為「吟味」。很有趣的一點是，即使罪證確鑿且罪行清楚，原則上若沒有當事者的自供，便不能懲處犯人，所以如果犯人始終不認罪，有時會採用鞭打、抱石（譯

 歷史筆記 日本工業大學波多野純教授研究了奉行所的相關繪畫，他發表研究結果表示，白州（法庭）是在室內而非室外。

注：讓犯人跪在布滿三角形尖刺的刑具上，並在大腿上放上石頭，不招供便增加石頭數量）或蝦刑（譯注：在胸前將兩腳交叉綁在脖子上，雙手反綁於後，以阻礙其全身的血液循環）等拷打。不過，使用拷打等於承認了自己不會審問，所以與力都盡可能地避免。

犯人認罪後，便由官吏書寫犯罪經過和承認罪行的口書（口供書），然後唸給嫌疑犯聽，如果沒有異議，便命令嫌疑犯按壓爪印（指尖沾印泥按下的指紋）。犯人的罪名依照《御定書百箇條》決定。

町奉行的裁決權其實很小

之後，犯人會被傳喚到奉行所，由町奉行在白州（譯注：法庭，因為審判犯人的地方鋪了白色細砂而得名）直接宣讀判決。不過若判決為死刑，而且犯人是庶民的話，慣例上是在牢房宣判。到此，案件算是做了了結，之後便會迅速地處刑。

不過，町奉行的裁決權非常地小，若是重放逐以上的重罪，需要得到老中的許可，而若是放逐外島和死刑，則老中還要再得到將軍的許可才能執行。

●江戶時代的刑罰

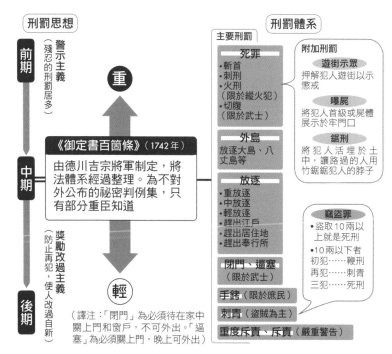

刑罰思想

前期：警示主義（殘忍的刑罰居多）

重

《御定書百箇條》（1742年）
由德川吉宗將軍制定，將法體系經過整理。為不對外公布的祕密判例集，只有部分重臣知道

中期

獎勵改過主義（防止再犯，使人改過自新）

後期

輕

（譯注：「閉門」為必須待在家中關上門和窗戶，不可外出。「逼塞」為必須關上門，晚上可外出）

刑罰體系

主要刑罰

死罪
・斬首
・刺刑
・火刑（限於縱火犯）
・切腹（限於武士）

外島
放逐大島、八丈島等

放逐
・重放逐
・中放逐
・輕放逐
・趕出江戶
・趕出居住地
・趕出奉行所

閉門、逼塞（限於武士）

手銬（限於庶民）

刺青（盜賊為主）

重度斥責、斥責（嚴重警告）

附加刑罰

遊街示眾
押解犯人遊街以示懲戒

曝屍
將犯人首級或屍體展示於牢門口

鋸刑
將犯人活埋於土中，讓路過的人用竹鋸鋸犯人的脖子

竊盜罪
・盜取10兩以上就是死刑
・10兩以下者
初犯……鞭刑
再犯……刺青
三犯……死刑

町奉行本來的工作並非判決犯人

町奉行經常在古裝劇中出現而著名，他們實際的職務其實是以一介政治家的身分治理江戶城鎮。

町奉行就是東京都長

江戶幕府的官位中最為著名的，應該非町奉行莫屬了。日本人應該都在電視劇裡看過大岡越前充滿慈悲的著名判決、以及遠山金四郎在白州露出肩膀上櫻花刺青的畫面。

或許是因為如此，所以一談到町奉行，一般多會聯想到現代的法官或警視總監（譯注：東京都警察總部的首長）。不過，辦理案件其實只是町奉行工作的一部分而已，他們主要的職務是治理江戶城鎮的民政。

江戶是一個居住著一百萬人口的世界第一大城，人口當中大約一半的五十萬人是庶民，而管理這些庶民的工作便落到町奉行身上。所以與其說町奉行是法官，不如說是個接近現在東京都長的職位。

町奉行的定額為兩名，分為北町奉行和南町奉行，並各自配有奉行所。不過，兩個奉行所並非設置於城鎮的南北兩處、將城鎮一分為二來治理，而是採用輪班制，輪流執掌政務一個月。

兩位町奉行各配給二十五名與力（上級差役）和一百二十名同心（下級差役）。但是只有這些人力終究無法管理五十萬人，所以町奉行便巧妙地善用町年寄和町名主等半官半民的「士紳」，並雇用前犯罪者擔任「捕吏」。

町奉行的年工作量驚人

接著看看町奉行一天的行程。町奉行大概於早上六點到奉行所出勤處理待辦的工作。上午十點時進入江戶城內名為「芙蓉之間」的房間中待命，若有必要便會和老中會談，下午兩點時出城，再次回到奉行所處理公務。工作結束的時間每天不同，據說工作量相當地龐大，所以在職期間的死亡率比起其他職位要高出相當多。

光是訴訟案件，一個人一年便

歷史筆記 一七三六年，大岡忠相晉升為寺社奉行，俸祿也獲得增加，成為領有一萬石的大名，並受封三河國碧海郡內的領地，建立西大平藩。

194

得處理三百至四百件，其忙碌的程度可想而知。

此外，町奉行也是幕府最高決議機構「評定所」的固定成員，每個月必須參加三次幕府的內閣會議。就此意義而言，町奉行也兼任了國務大臣的職位。

大岡越前擔任這個辛苦的町奉行職位長達二十年，光憑這一點，應該就可以稱他為名奉行了。

●江戶幕府的三奉行制度

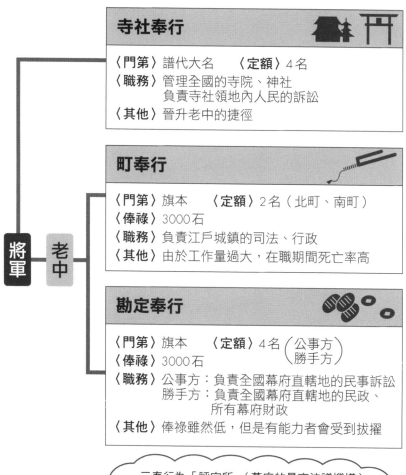

寺社奉行

〈門第〉譜代大名　　〈定額〉4名
〈職務〉管理全國的寺院、神社
　　　　負責寺社領地內人民的訴訟
〈其他〉晉升老中的捷徑

町奉行

〈門第〉旗本　　〈定額〉2名（北町、南町）
〈俸祿〉3000石
〈職務〉負責江戶城鎮的司法、行政
〈其他〉由於工作量過大，在職期間死亡率高

勘定奉行

〈門第〉旗本　　〈定額〉4名（公事方、勝手方）
〈俸祿〉3000石
〈職務〉公事方：負責全國幕府直轄地的民事訴訟
　　　　勝手方：負責全國幕府直轄地的民政、
　　　　　　　　所有幕府財政
〈其他〉俸祿雖然低，但是有能力者會受到拔擢

將軍　老中

三奉行為「評定所」（幕府的最高決議機構）的固定成員，也參與幕府政治

195

寺院的勢力完全被掏空

基督教和日蓮宗等「宗教」是可能對抗幕府權力的最大敵人，無論如何都必須擬定對策。

打倒危險的宗教勢力

以淨土真宗本願寺為中心的宗教起義（稱為「一向一揆」）深深地困擾著戰國大名，德川家康也曾經因為領國三河發生的一向一揆而險些丟掉性命。所以，江戶幕府採取了徹底統制宗教的方針。

幕府預料基督教和日蓮宗的不受不施派將會反抗體制，因此加以禁止，強迫信徒改信他教，對於不服從者毫不寬容地處刑。雖然幕府容許佛教、神道教、修驗道等宗教繼續存在，但也剝奪其特權並加以嚴格統制。

宗教裡特別是寺院擁有相當大的勢力，所以幕府施行了一連串政策欲使其勢力化為虛無，試圖完全地壓制寺院。

幕府從一六〇一年開始，頻頻頒布名為《寺院法度》的法令，逐漸加強統制。一六六五年時更是不分宗派，制定了統治寺院的《諸宗寺院法度》，打算統治所有的宗教勢力，並且將各宗派寺院分為本山（譯注：總寺）、末寺（譯注：分寺），建立了末寺需從屬於本山的縱向組織，再於其頂點配置寺社奉行，建構出上意下達機關。

就這樣，寺院被禁止了所有的政治活動，被貶為專司葬禮、法事，以及猶如現在的地方機關般只是負責發行「寺請証文」（施主的證明文件，相當於現在的戶口名簿）的機構。

連聖所的功能也剝奪

甚至，連寺院可做為「聖所」（獨立於權力之外）的特權也被剝奪了。政治犯和叛亂者只要逃進某個特定的地方，就不會被問罪，可以逃過刑罰，這樣的成規在世界各地皆有，而在日本便是由寺院和神社發揮聖所的功能。

若談到戰國時代的聖所，應該

歷史筆記　幕府之所以會禁止日蓮宗的不受不施派，是因為該派主張「對於不信《法華經》者，不接受其布施、也不布施給他們」，即使對象是權力者也不例外。

就屬高野山最為有名，曾經有好幾個戰國武將躲進高野山削髮為僧，而安然逃過刑罰。但是，幕府並不承認寺院神社的聖所地位，其典型的例子便是加藤家的「御家騷動」事件。

事情發生於一六三九年，堀主水是統治會津四十萬石的加藤明成的重臣，由於他和主子加藤明成不和，便帶著自己的一族離開加藤家，離開之際還用鐵砲攻擊加藤明成的城堡，而且還前往江戶直接向幕府控訴加藤明成的暴君行為，之後便躲進了高野山。

加藤明成大為震怒，強烈地要求幕府交出堀主水，此時的將軍德川家光就把堀主水從高野山抓出來，交給了加藤明成。也就是說，高野山延續已久的特權完全被幕府否定，這個事件象徵著，寺院早已經沒有任何特權了。

●江戶幕府對寺院神社的統制

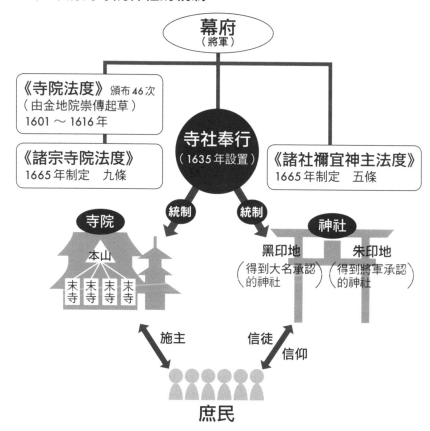

幕府
（將軍）

《寺院法度》頒布 46 次
（由金地院崇傳起草）
1601 〜 1616 年

《諸宗寺院法度》
1665 年制定　九條

寺社奉行
（1635 年設置）

《諸社禰宜神主法度》
1665 年制定　五條

統制　統制

寺院

神社

本山

末寺　末寺　末寺　末寺

黑印地
（得到大名承認
的神社）

朱印地
（得到將軍承認
的神社）

施主　　信徒

信仰

庶民

利用規定和租稅層層束縛農民

農民被許多土地和生活相關的規定、以及各種租稅束縛得不得動彈。

農民生活盡是規定

江戶時代農民的生活並沒有一般所想像的那麼悲慘，其實生活富裕、快樂度日的人也不在少數（對農民的生活的詳細介紹參見232頁）。不過，幕府在農本主義的前提下制定了種種規定束縛農民，藉以維持農村，所以這裡所講的快樂度日，終究只是在規定範圍內的快樂。

例如，農民被規定不可以販賣自己的土地（《田畑永代賣買禁令》），分給子孫的財產也受到限制（《分地限制令》），連栽種的農作物都受到法律管制（《田畑勝手作之禁》）。甚至，幕府還頒布了描繪農民理想形象的《慶安御觸書》（譯注：公告書），強迫農民遵守。

此外，原則上農民不被准許走出村子，若要前往他國旅行，便必須申請「寺請証文」（身分證明書），並且隨身攜帶。

甚至，幕府為了防範農民棄地遷移他處或武裝起義、犯罪等，還制定了非常卑劣的制度（五人組制度），要農民近鄰互相監視，若有可疑之處必須稟報政府機關。

農民的租稅林林總總

談到農民的租稅，馬上讓人聯想到農民將米繳納給領主的情景，其實這並不正確。農民所繳的年貢稱為「本途物成」，不只水田要納稅，連旱田也要納稅。水田的年貢原則上是繳納稻米，旱田的年貢則是繳納金錢，但也有部分繳納農作物。

農民的負擔不只如此。從山林、海洋或河川取得的收益，或者從副業賺取的收入也必須納稅，稱為「小物成」，這條雜稅規定必須以金錢繳納。

此外，農民有時也會臨時性地被要求負擔修復河川、道路和接

歷史筆記　《昇平夜話》中記載，德川家康曾經說過：「巧妙地榨取農民的稅金，要做得讓村莊的農民活不下去但又死不了。」

待朝鮮通信使的費用（國役），這條稅不分幕府直轄地或諸大名的領地，而是以「國」為單位課徵。甚至農民還會被課徵稱為「高掛物」的附加稅，此稅按照村莊整體的稻米收穫量計算。

坐落於街道旁的村莊還必須於必要時提供人馬給驛站，稱為「助鄉役」（參見204頁）。

江戶時代的農民便是如此這般，在行動上和經濟上都受到幕府的束縛。

●幕府統制農民的政策

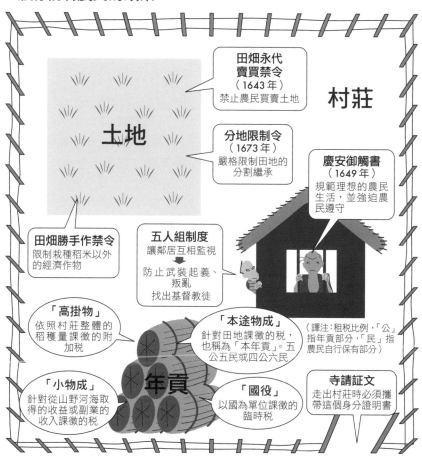

田畑永代賣買禁令（1643年）
禁止農民買賣土地

村莊

土地

分地限制令（1673年）
嚴格限制田地的分割繼承

慶安御觸書（1649年）
規範理想的農民生活，並強迫農民遵守

田畑勝手作禁令
限制栽種稻米以外的經濟作物

五人組制度
讓鄰居互相監視
→防止武裝起義、叛亂
找出基督教徒

「高掛物」
依照村莊整體的稻穫量課徵的附加稅

「本途物成」
針對田地課徵的稅，也稱為「本年貢」。五公五民或四公六民

（譯注：租稅比例，「公」指年貢部分，「民」指農民自行保有部分）

「小物成」
針對從山野河海取得的收益或副業的收入課徵的稅

年貢

「國役」
以國為單位課徵的臨時稅

寺請証文
走出村莊時必須攜帶這個身分證明書

199

江戶時代的農民一揆多達三千件

由一人代表越級提出請願、到集體起義，可看出隨著時代的變遷，農民的自我主張也逐漸改變。

江戶前期以「越級請願」為主流

江戶時代的農民一揆不論規模大小全數加總起來，總共有三千件以上，可說是個令人咋舌的數字。

所謂的「農民一揆」，是指農民採取非合法的手段試圖讓權力者答應自己要求的行動。談到「一揆」，一般大概會聯想到農民為訴求減免年貢而成群結黨拿著竹矛、鋤頭，舉著草蓆做成的旗子，蜂擁至領主宅邸的場面吧。不過據說事實上，農民不太使用草蓆旗，而且帶竹矛上陣也是從幕末才開始。此外，農民一揆的形態也隨著時代的變遷而逐漸產生了變化。

江戶時代初期，社會尚存著戰國時代的遺風，所以農民一揆通常是由反抗幕府統治的豪族領導，煽動農民起義，「島原之亂」便是這類型一揆的最後一個事件（參見82頁）。

到了十七世紀中期，則以「代表越級上訴型一揆」為主，也就是由村吏（名主等）代表農民，不經過一定的程序而直接向將軍或領主申訴農民所面臨的困境，希望能夠改變局面。

最具代表性的例子，便是發生於一六五二年的「佐倉惣五郎一揆」。據說身為下總國佐倉藩某村莊名主的惣佐倉五郎，直接向德川家綱將軍上訴領主堀田正信的苛政，結果堀田家遭到改易，而佐倉惣五郎也因為越級請願的重罪被處刑。像這樣為了解決村莊的困難而犧牲的村吏，一般稱為「義民」。

不過根據現在的研究結果得知，當時幾乎沒有人因為直接向將軍或領主上訴而遭到處刑，多半僅是手鎖（以手銬銬住）數十日後便釋放回家。一般認為推崇義民的風氣形成於幕末至明治初期期間，是志士和自由民權家為了討幕和打倒新政府，利用了義民的形象所造成的結果。

歷史筆記 幕末「端正世俗型一揆」的規模非常龐大，例如一八三六年發生於甲斐郡內和三河加茂的一揆，參加者均超過一萬人。

江戶中期發展為集體起義

到了江戶時代中期，「集體起義」成為主流，亦即上層農民（譯注：農民中擁有自己的耕地、房屋，並負擔稅務的階層）集結在一起，以群體的力量為後盾逼迫領主答應自己的要求，稱為「農民百姓型一揆」。起義事件中也有許多富農和村吏的宅邸遭到破壞，由此可以得知，以前身為義民的階層在此時已經和權力者站在同一陣線了。農民百姓型一揆從享保時代到天明時代不斷地增加，在天保時代更是急遽地增加。

之後到了幕末，開始出現以「改革幕政」或「打倒幕府」為口號的農民一揆，稱為「端正世俗型一揆」。這類的一揆到了明治時代之後仍然持續發生，因為農民對於明治政府的新政已經感到失望。

● 農民一揆的變遷

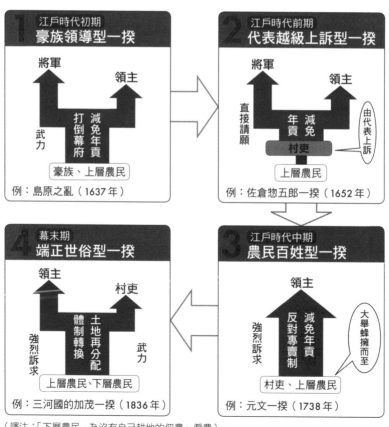

（譯注：「下層農民」為沒有自己耕地的佃農、僱農）

連大名都得讓路的信差

「飛腳」原是幕府為了傳遞書信而設置，後來發展為全國的通信系統。若是遇到傳送幕府文件的飛腳時，連大名都得讓路。

飛腳最初為幕府的信差

在沒有電話、電報、電子郵件的江戶時代，相隔遙遠的兩地只能靠著書信互通消息，而書信也只能靠著人的雙腳運送，當時這些傳遞書信的人被稱為「飛腳」。

江戶時代的信差大分為三類，有傳遞幕府公文的「繼飛腳」、各藩仿效幕府而設的「大名飛腳」、及町人所設立的民間「町飛腳」。

其中繼飛腳最早成立，在一六三〇年代就已經發展成一個完整的制度。當時主要街道旁的驛站聚落都派有飛腳待命，以備隨時有幕府的公文送來。當公文送達驛站時，飛腳會馬上接下，快馬加鞭地跑到下一個驛站交給下一位飛腳，公文便在這樣的接力之下，很快地送達目的地。幕府則會支付稻米給各驛站，做為他們提供飛腳的酬勞。

此外，繼飛腳傳送書信的速度也劃分為三個層級。例如元祿時代，江戶和京都之間的常體（一般件）為九十個鐘頭、御急（快件）為八十二個鐘頭、無刻（特快件）為五十六個鐘頭。

繼飛腳為兩人一組，由其中一人用棍子扛著裝有公文的漆製御狀箱（文書盒），一起奔往目的地，傳說他們非常具有權威，就連大名的隊伍也要讓出路來。

出現大名和民間的信差

不久後，各藩也自行建立了連結領內和設置在江戶、大坂的倉庫之間的飛腳系統，亦即大名飛腳。據說尾張藩和紀伊藩的飛腳（七里飛腳），明明身分卑微卻披著華麗的外褂、腰間佩刀，在各驛站極盡放肆地四處敲詐勒索，所以人人嫌惡。

到了十七世紀中期，民間的町飛腳以大阪為中心發展到全國各

歷史筆記 紀伊藩的七里飛腳中島唯助是盜賊日本左衛門的部下，因為在飛腳歇息用的小屋裡開設賭場而被斬首示眾。

地，通信網也隨之漸趨完整。這些町飛腳不僅傳遞武士的私人書信，也負責運送商人的小包裹、匯票、現金等。順道附帶一提，據說從江戶送一封信到京都、大坂的費用是一百二十至一百三十文，快件的話費用為三倍。

到了幕末，出現了僅限於江戶町內、專門負責通信事業的飛腳業者，他們在扁擔前面繫上風鈴，穿過城鎮的大街小巷，被稱為「叮鈴叮鈴町飛腳」，廣為大家熟悉。不過這個飛腳制度，在一八七一年郵局制度創設後也走入了歷史。

●飛腳的種類和變遷

成立	1590年代 ～ 1633年制度化	**繼飛腳**	傳遞幕府的公文

· 具有權威，連大名隊伍都讓路
· 在各驛站有飛腳待命

成立	1610年 ～ 1620年	**大名飛腳**	傳遞各藩的公文、匯票、現金

· 各藩自行設立（仿效幕府）
· 仗著大名勢力在驛站耀武揚威
例 七里飛腳：尾張、紀伊藩的飛腳

成立	1630年代	**町飛腳**	廣泛傳遞一般人的私人書信、文件、匯票、現金等

· 民間（商人）出資設立
· 以大坂為中心發展至全國
· 也有兼任大名飛腳的業者

例
江戶的定飛腳
京都的順番飛腳
大坂的三度飛腳

1871年 **消失**	官營郵局制度開始運作

維繫江戶交通的重要街道

各街道因參勤交替和庶民的旅行（朝山）而大為熱鬧，許多地方都市隨之誕生。

參勤交替帶動街道的繁榮

東海道、中山道、甲州道中、日光道中、奧州道中合稱為「五街道」，於江戶時代初期整備完成，起點均是江戶日本橋。而其他的主要街道也以江戶為基軸，往全國各地呈放射狀延伸。

街道上每一里（四公里）便會設置一個路標，並根據交通計畫於一定的間隔設置驛站聚落。聚落內有官方的住宿設施「本陣」、「脇本陣」（譯注：替代本陣的備用設施），並且還設有「問屋場」，提供人馬給官方接力運送人或貨物之用。

參勤交替的大名一行人在行程途中，會住宿在這些本陣、脇本陣，並接受問屋場提供的人馬，當人馬不夠時，則會要求附近的農村提供，稱為「助鄉」，是幕府對街道周邊農民所課徵的租稅之一。由於助鄉的負擔過於沉重，所以曾有許多農村因此發動一揆。

參勤交替為驛站聚落帶來了大筆的金錢，是促進街道繁榮的因素之一。

驛站聚落中一般旅行者的住宿處稱為「旅籠」、「木賃宿」。旅籠和木賃宿的差別，簡單而言就在於有無提供餐食。旅籠會提供餐食，且一般有「飯盛女」服侍。所謂的飯盛女，不單只是服侍住宿的客人用餐而已，還可以陪客人過夜，說穿了就是類似妓女的女性。總而言之，旅籠不僅是住宿的地方，也是娛樂場所。

阻礙旅行者的關所與河川

江戶時代中期以後，旅行在庶民間大為流行，前往大山阿夫利神社或伊勢神宮參拜的女性旅行者也年年增加。不過，由江戶欲前往地方的女性，在「關所」會受到嚴格的盤問，這是為了防止大名在江戶做為人質的妻子逃脫之故。全國共

歷史筆記 據說箱根的關所會命令可疑的女性脫光衣服進行檢查。不過若是藝人，只要當場獻藝便能順利地過關。

設有七十六個關所，嚴格地盤問通關的女性以及防堵槍枝流入江戶。

此外，大名叛亂和武裝起義發生之際，關所還可以做為阻擋敵人進攻江戶的防衛設施。而同樣具有防衛功能的，還有河川。幕府為了防止敵人進攻江戶，刻意不在大河川上面搭建橋樑，因此旅行者不得不搭船渡河或走路繞道，河水高漲時還必須在河邊等上好幾天，這也是陸上交通的不便之處。

●江戶時代的陸上交通

江戶時代的物流以大坂為中心

稻米、特產品等所有的商品都集中到大坂，然後運往全國各地。

商品從大坂流向江戶

右頁圖解是簡單歸納江戶時代物流的流程圖。不過如果只看此圖，可能無法了解實際的狀況，接下來便簡單地說明。

如同在貨幣那一節（參見80頁）所談及，江戶時代的日本分成以江戶為中心的金幣經濟圈和以大坂為中心的銀幣經濟圈。不過以都市特性而言，江戶是大消費都市，而大坂則是大商業都市，所以通常物流主要是從大坂流向江戶。日本人在送禮時常會謙虛地說自己的禮物是「無趣的東西」（下らないもの），這裡的無趣（下らない）原本指的是無法從大坂賣到江戶的老舊商品。

江戶時代，各藩的年貢米會大量地集中到大坂，稱為「藏物」。聚集而來的稻米存放在各藩於大坂所設的倉庫，然後透過藏元、掛屋等藩的委託商人販賣換成金錢，

所得到的利潤再送回各藩（參見134頁）。後來，藏物已不單指稻米，逐漸地也包含許多各藩的特產品。

此外，大坂也聚集了大量直接來自生產者（農民或手工業者）的商品，稱為「納屋物」，而專門採購這些藏物和納屋物的大盤商則稱為「問屋商人」。

大盤商會將採購的商品賣給中間批發商，中間批發商再賣給零售商，零售商再賣給消費者，形成物流系統。雖然現在的流通機構已經產生了變化，但這個系統仍是現在日本貨物流通的主流。

大坂和江戶的大盤商組織

正如前述所談及，集中到大坂的物資大半是賣到江戶，而一手攬下這些生意的出貨大盤商組織（株仲間）就是「二十四組問屋」。二十四組問屋利用往返於南海路（連結大坂與江戶的航路，參見102

歷史筆記 江戶十組問屋成立於元祿期間，是在大坂屋伊兵衛的號召下，由米大盤商、漆器大盤商、榻榻米蓆面大盤商、酒大盤商、紙大盤商、綿大盤商等聯合組成。

頁）的菱垣商船和樽商船裝載物資，運到江戶。

而在江戶也有進貨大盤商組織一手獨攬抵達港口的物資，就是

「十組問屋」。來自大坂的物資就這樣從十組問屋到大盤商，再到中間批發商、零售商，最後到達消費者的手中。

●江戶時代的物流系統

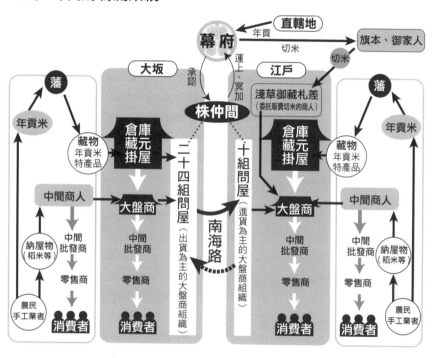

京都在政治中心東移後的生存戰

京都長久以來做為日本中心都市而繁榮，江戶時代之後，亦不斷地嘗試各種轉變而繼續存續下來。

從政治都市轉變為經濟都市

京都雖然在經歷始於一四六七年、長達十一年之久的「應仁之亂」後，變成一片焦土，但在町眾（住在京都的富裕商人）的努力下，城市成功地復甦，之後便在町眾的自治營運下發展了起來。

不過到了十六世紀中期，戰國大名之間認為「統治京都者便能統治天下」的幻想愈來愈強烈，進駐京都逐漸地被視為統一日本的象徵。

最早成功進入京都的戰國大名是織田信長，而町眾的自治也因此宣告結束。不過，織田信長和之後取得天下的豐臣秀吉都將政權中心設置於京都附近的安土和大坂，所以京都特殊的政治性地位並沒有削弱（譯注：京都自七九四年桓武天皇遷都至此以後一直是政治中心）。

特別是豐臣秀吉在一五八七年起的數年間，將據點設置在此，建造了名為「聚樂第」的雄偉城堡式豪邸做為官邸，並建築了長達二十三公里的御土居（土牆和濠溝）包圍京都，使京都宛如一座城堡。同時將城市劃分成一塊塊長為一町（譯注：約一〇九公尺）的正方形土地，並在其正中央開闢南北向道路，將城市規劃成諸多長方形區塊，促進了城市的發展。

但是，後來德川家康將政權中心設置在關東，京都只剩下有名無實的天皇居住在此，於是也就失去了其政治性的地位。不過不可思議地，京都在整個江戶時代始終維持著三十五萬的人口，絲毫沒有衰微，這是因為幕府和町眾互助合作，將京都從政治都市轉變為經濟都市之故。

特別是京都嵯峨的富商角倉了以（一五五四～一六一四年）貢獻良多。一六〇三年，德川家康建造了二條城做為在京都的居城，角倉了以便以二條為起點挖鑿人工河川，引進鴨川的水，將水路一直挖

歷史筆記 佩里來日後，尊王攘夷運動興盛，志士們試圖建造以朝廷為中心的國家而在京都暗中活躍，京都於是再度成為政治中心。

鑿到伏見與宇治川會合，這條人工運河便是高瀨川。

就這樣，大坂與京都藉由水路連結，瀨戶內海的物資得以從大坂灣經過宇治川直接進入高瀨川，成功地克服了京都是為內陸都市的弱點。高瀨川沿岸興建了內濱、米濱、富濱等卸貨場，並且誕生了材木町、鹽屋町、石屋町等新城鎮，極為繁榮。

從經濟都市轉變為觀光都市

為了維持京都的經濟力，江戶幕府還賦予京都商人可在長崎貿易買賣生絲的特權，並且優厚地保護西陣織產業，所以京都在十七世紀時以經濟都市之姿大放光芒。不過，後來許多京都商人改行做大名貸（譯注：借錢給大名的高利貸業者），但不幸被倒債而沒落，西陣織也因為其特殊技術外流和火災的衝擊而衰退。

不過，京都人並沒有氣餒，他們看好空前的旅行熱潮，不斷地打開寺院、神社內的神龕，讓人們參觀京都所擁有的眾多佛像和重要寶物，吸引了來自全國各地的參拜者。觀光客在此留下了大筆的金錢，不只是參觀費用，還有住宿費、餐食費、土產禮物等，京都便如此從經濟都市再度轉變成觀光都市。

● 京都的變遷

政治都市

1336 年
足利尊氏在京都建立幕府

1467 年
應仁之亂燒毀大半京都

1500 年代前半期
町眾復興了城市

1587 年
豐臣秀吉改造京都 ➡ 促進發展

1603 年
德川家康建立江戶幕府

京都沒落

經濟都市

幕府的幫助 ➡ 重生為經濟都市
改造都市培育產業

1730 年
發生大火

積弱不振

觀光都市

18 世紀中期 ➡ 重生為觀光都市
寺院神社不斷地開放神龕，吸引觀光客

1853 年
佩里來日

政治都市

成為幕末動亂的舞台 ➡ 暫時再度成為政治都市

大坂何以為日本第一的商業都市？

大坂位於大消費圈京都附近且擁有良港，是最適合聚集西國所有物資的良地。

大坂足以控制京都經濟

在古代，大坂是難波宮朝廷的首都所在地。室町時代，僧侶蓮如在大坂建造了石山本願寺，做為淨土真宗本願寺派的根據地，於是大坂成為「寺內町」（譯注：以淨土真宗的寺院等為中心形成的城鎮）而日益繁榮。到了日本近世初期，豐臣秀吉建造大坂城，並將政權中心設置於此。

為何大坂這個地方會如此陸續受到為政者和宗教家的注目呢？

那是因為，大阪位於瀨戶內海航路的終點並且擁有良港，所以成為物資的集散地，大量的物品經過自大坂灣開始延伸的淀川與大和川運往內陸，充足地供應給京都周圍的廣大消費市場。

也就是說，掌控大坂即等於在經濟上掌控了京都。

所以，豐臣秀吉讓堺的商人移居大坂，加強大坂做為商業城市的功能，後來的江戶幕府也承襲了這個政策。

江戶幕府讓許多伏見的町人移居大坂，給予免除稅金等優渥的保護，試圖培育出大坂商人。由於這些政策的施行，促使元祿時代期間誕生了許多富商（參見110頁）。

此外，幕府也積極地改造都市地形，命角倉了以開鑿高瀨川，以水路銜接京都和大坂，並於一六八四年命河村瑞賢開鑿安治川，使大船可以直接從大坂灣經由安治川往返淀川。此外，還挖鑿了京都渠、江戶渠等許多渠道，在城鎮中分布了水上交通網，讓商人可以根據在大坂灣卸貨的商品種類或送貨地點，用小船運送到城鎮各處。

想要賣光就到大坂

不過，促使大坂決定性地成長為商業都市的因素，是連接大坂與

歷史筆記 大坂城市的特徵是町人多、武士少，據說四十萬人口當中，武士只占了五千人左右。

江戶的南海路（參見102頁）的發達。由於菱垣商船和樽商船開始定期行駛，各種商品已經可以運送到當時最大的消費都市江戶。於是，西國地方各大名和生產者競相將商品轉運到大坂，希望可以賣掉以米為首的各種產品。

就這樣，大坂繁榮到被稱為「天下的廚房」，並且因為具有足以決定日本物價的經濟勢力，而被稱為「各種物價行情的領導者」。

● **大坂的重要性**

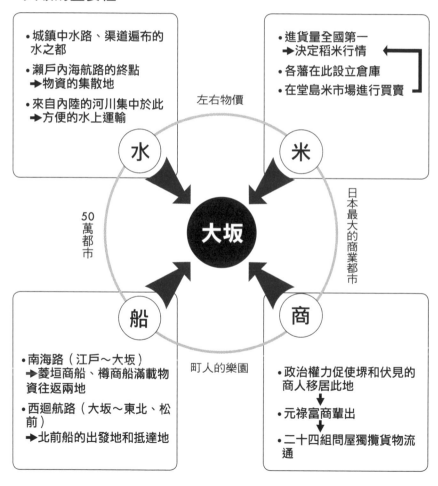

- 城鎮中水路、渠道遍布的水之都
- 瀨戶內海航路的終點
➡物資的集散地
- 來自內陸的河川集中於此
➡方便的水上運輸

- 進貨量全國第一
➡決定稻米行情
- 各藩在此設立倉庫
- 在堂島米市場進行買賣

左右物價

水

米

大坂

50萬都市

日本最大的商業都市

船

商

町人的樂園

- 南海路（江戶～大坂）
➡菱垣商船、樽商船滿載物資往返兩地
- 西迴航路（大坂～東北、松前）
➡北前船的出發地和抵達地

- 政治權力促使堺和伏見的商人移居此地
↓
- 元祿富商輩出
- 二十四組問屋獨攬貨物流通

長崎六個人當中便有一個中國人

由於大村純忠將長崎捐給耶穌會，反而讓長崎急速地發展為貿易港口，直到明治維新為止都是海外貿易的中心。

長崎並非日本國土

一五八七年，豐臣秀吉為征伐九州而抵達長崎時，當時長崎並不是日本的國土，因為這裡的土地已經捐給了耶穌會（天主教的修會之一），屬於耶穌會所有。據說豐臣秀吉知道這個事實後非常地震驚，立刻於同年頒發了《基督教驅逐令》。而當年將長崎捐獻出去的是統治該地的大村純忠，他為了促進葡萄牙船來日，在一五八〇年將擁有天然良港的長崎捐獻給耶穌會。

長崎是海灣都市，緊鄰著綿延四公里的細長海灣，於一五七一年被開發做為外國船隻的停靠港。在那之前，這裡幾乎沒有人居住，不過到了十六世紀後半期至十七世紀，人口急速地增加。

剛開始，長崎只有一千五百人的人口，一五九〇年時增加到五千人，一六一四年時增加到兩萬五千人，一六三〇年代時增加到四萬人，呈現了爆發性的成長。一六八〇年代時，長崎已經發展成一個擁有六萬人口的巨大都市。

此外，城市的土地規模也隨著人口增加而擴大，最初只有六個町，一五九〇年左右已經增加到二十三個町，這些稱為「內町」。而外側還誕生了四十三個町，稱為「外町」，最後數量增加到了八十個，其中還包含了以煙花巷為中心、名為「丸山」、「寄居」的「傾城町」（意指煙花巷）。

長崎大部分的居民從事貿易相關工作，且大多數是基督教徒，此外也有為數不少的外國商人，日本尚未鎖國時，葡萄牙人、英國人、荷蘭人、中國人等自由地散居於此，特別是被稱為「唐人」的中國人據說多達一萬人。因為傳入了各種外國文化、語言及生活習慣，使得長崎整座城市瀰漫著濃烈的異國氣氛。

歷史筆記 幕末時，幕府在長崎設立海軍傳習所，聘請荷蘭教師教導航海術和砲術，對象為以幕臣為中心的日本人。勝海舟、榎本武揚也是傳習所的畢業生。

後來由於幕府採取鎖國政策，先是荷蘭人被隔離於出島，接著中國人也被隔離於唐人村，而長崎的居民也被迫捨棄基督教改信他教。不過儘管如此，由於長崎得以成為唯一的貿易都市，所以國際色彩始終濃厚。

長崎人不為生活所苦

後來江戶幕府將長崎納為直轄地，並派遣兩名有能力的旗本至此擔任長崎奉行治理內町。為了防範未然，佐賀藩和福岡藩也輪流負責城市內的警備。但實際上，城市的治理工作是由當地擁有權勢的町人採合議制運行，而外町則是由居民中的權勢者擔任代官負責治理。

此外讓人驚訝的是，龐大的貿易利潤中有一部分被做為紅利，平均地分給居民，所以居住在此的人不用為生活擔憂。長崎這個城市，真可謂是延續至近世的中世時期自由都市、也是町人的理想國。

●長崎「出島」平面圖

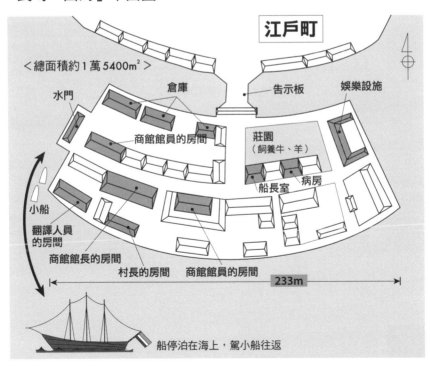

江戶町

＜總面積約1萬5400m²＞

水門　倉庫　告示板　娛樂設施

商館館員的房間　莊園（飼養牛、羊）

船長室　病房

小船

翻譯人員的房間

商館館長的房間

村長的房間　商館館員的房間

233m

船停泊在海上，駕小船往返

水野勝成建造城下町的方法

城下町因《一國一城令》的頒發而日益壯大。城鎮形成後，還需要幾項條件才能繁榮。

首先尋找水陸交通的要衝

由於一六一五年所頒發的《一國一城令》，大名被限定在領國內只能擁有一座城堡，因此藩主居城以外的城堡全部遭到廢除，居城便成了政廳兼軍事根據地，家臣們也都集中居住到城堡附近。而商人和工匠看好武士的消費潛力，逐漸聚集到城下，周圍也就理所當然地形成了城鎮，逐漸繁榮，這就是日本近世的「城下町」。

接著要介紹的是江戶時代初期由水野勝成所建造的福山城下町。

水野勝成是德川家康的表弟，一六一九年福島正則被改易後（參見74頁），水野勝成從大和郡山被轉封到備後國（現今廣島縣東部）。水野勝成是第一位進駐中國地區（譯注：日本本州西部，涵蓋現今岡山、廣島、山口、島根、鳥取等五縣）的譜代大名，幕府似乎是為了監視並牽制西國的外樣大名，所以將水野勝成配置於此。

水野勝成遷入領地後，為了尋找適合建造藩的政廳、亦即城堡的土地，立刻徹底巡視領內的每一角落，結果找到了三處適合的地方，與幕府經過幾番商量後，最後決定建在蘆田川三角洲地帶的荒涼蘆葦原上，這就是後來的福山。這裡南邊面向瀨戶內海，接近名為「鞆」的良港，西邊流動著蘆田川，上面有河舟來來往往，而且距離山陽道也很近，是一個水陸交通的要地，可說是最適合建造居城的地方。

水野勝成從京都和各國召集了工匠，讓他們建造牢固的城堡和城牆，同時也著手建設城下町。他開鑿內護城河圍繞本丸、二之丸，將家老的宅邸排列於三之丸，外側則安排為武士的住宅區，並在四個角落配置寺院神社，以在重要時刻可以發揮要塞的功能。城下的東側隔著河流分成南北兩邊，則規劃成町人居住的城鎮。

歷史筆記 基於防禦的目的，城下的道路通常建造得非常複雜，道路呈T字型或鑰匙型蜿蜒區折，而且還設有許多死胡同，所以初次造訪的人都會迷路。

町人城鎮的土地面積是武士住宅區的三分之一，絕大部分的城下町都是如此，武士的居住空間往往要比町人來得寬廣許多。此外，許多城下町通常限制武士和町人之間的來往，典型的例子有仙台和彥根，不過福山並沒有加以限制。

完成基礎建設和制度

水野勝成免除了城下町町人的稅金，並且容許他們在城鎮內自由地建造住宅，吸引了各地的商人和工匠遷移至此，使這裡呈現一片活絡氣象。此外為致力促進繁榮，還採用特有的物流系統，即先將以年貢米為首的榻榻米蓆面、木棉等特產品集中到城下的大盤商處，再配送到各國。

福山的特色是自來水網絡很早就建設完備，時間僅次於江戶的神田水道。福山的自來水是引自蘆田川，經過幹線道路中央挖鑿出來的溝渠注入城下的蓄水池，然後再用木頭或竹製水管銜接，從蓄水池分布出網狀般的水道。這個自來水道的發達，無庸置疑地對福山的發展有很大的貢獻。

●典型的城下町結構

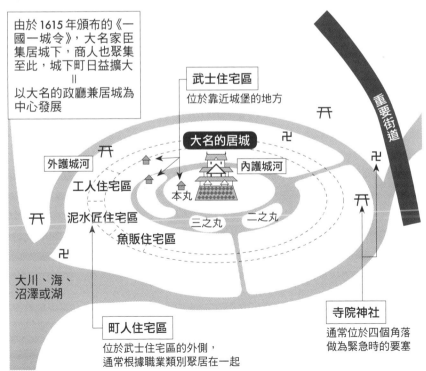

由於1615年頒布的《一國一城令》，大名家臣集居城下，商人也聚集至此，城下町日益擴大
＝
以大名的政廳兼居城為中心發展

武士住宅區
位於靠近城堡的地方

大名的居城

外護城河　　內護城河

工人住宅區　　本丸

泥水匠住宅區　　三之丸　二之丸

魚販住宅區

重要街道

大川、海、沼澤或湖

町人住宅區
位於武士住宅區的外側，通常根據職業類別聚居在一起

寺院神社
通常位於四個角落做為緊急時的要塞

岡山藩一直繁榮至幕末
全虧明君池田光政的德政

池田光政十四歲時，據說身旁的貼身侍衛發現他連續數日失眠，向他詢問原因，他答道：「一想到自己今後做為藩主究竟該如何妥善地統治領民，便無法入睡。」

池田光政天生聰穎，具有政治家的資質，後來成為岡山藩主統治當地五十年以上，施行的德政廣受讚譽。

他的主要政績，在教育領域有為藩士設立藩校「花畠教場」，為庶民設立「閑谷學校」；在土木事業方面則有開鑿長達十七公里的倉安川渠道、以及共計四萬石的新田開發。

其中池田光政特別傾注全力於農政，由於他信奉儒學，深深為儒學的仁政思想傾倒，心中的理想便是撫育、教導將軍所託付的領民，讓他們可以過著和平、安穩的日子。也因此，池田光政特別注意農政官吏的非法行為，沒有才學的庄屋（名主）便解除其職位，也曾為了不問家世、貧富擢用賢良做為庄屋，而讓農民舉行選舉。甚至，池田光政還曾教誨代官和官吏：

「如果救助農民只是為了從他們那裡收取年貢，認為幫助他們卻沒有辦法收到完整的年貢就毫無意義的話，這樣的想法可說是大錯特錯。你們應該將重點放在如何救助正陷於困苦的農民，等到他們度過難關，自然繳得出完整的年貢。」

而且還告誡他們，居於農民上位者，必須仔細地傳授農民正確的農業技術，並親自引導他們致力於農事。由於出現了這樣一位明君，岡山藩得以一直繁榮到幕末。

第6章

江戸時代人們的生活

由於政治、經濟變遷
生活也產生很大的變化

初期生活儉樸，後期貧富差距擴大

　　江戶時代的人們住什麼樣的地方、穿什麼樣的衣服、吃什麼樣的東西，無法一概而言。即使依階級分開來看，領有一百萬石的大名和處於最下級的足輕雖然同樣是武士，生活卻有著天壤之別。而且，若相較於江戶初期的水準，幕末時庶民吃的食物已經豐富得令人驚訝。

　　因此，只憑著幾個項目要描述江戶時代人們的生活實非易事，不過在此還是大膽地依照階級別，簡單地介紹江戶時代人們平均的生活水準及其喜好。

　　首先是食物。江戶時代不論士農工商任何一個階級，都吃得非常簡單，沒有如現代所謂的美食。而且，一天吃三餐是在元祿時代以後才固定下來，在那之前基本上只有早晚兩餐而已。

　　而且，能夠吃到白米飯的只有都市，鄉下的農民都是將白米混入雜穀中煮成粥食用。不論武士還是町人，早餐都是配醬菜和味噌湯，晚餐頂多再加上滷的東西和魚乾等而已，而且這樣的飲食模式一輩子都不曾改變。到了十九世紀，食物的種類急速地豐富起來，餐桌上也開始出現了天婦羅和壽司。特別是道地的江戶人，非常講究吃最早上市的時鮮，一尾當季最早捕到的鰹魚甚至有人出價到相當於現在的三十萬日圓以上。

衣著方面，整個江戶時代幾乎沒有什麼改變，不論階級、性別全都穿著稱為「小袖」的衣服。據說小袖本來是穿在最裡面的襯衣，因為非常貼合身體，活動起來很方便，所以從室町時代開始被當成外衣穿。不過，武士在需要穿著正式服裝的場合，下半身會加穿「袴」（譯注：外觀看似百褶裙的寬大長褲），農民和工匠在工作時也會穿著緊腿褲，而女性則僅穿著小袖，下半身沒有多穿其他衣物。

只有成功的商人生活快樂？

若從經濟觀點來看江戶時代人們的生活，便可以知道財富還是聚集在少部分富商的手中。

武士身為管理階層，薪俸始終沒有調漲，但貨幣經濟的滲透卻使得支出增加，因此苦於貧困的武士愈來愈多。另一方面，富農和上層農民則與一般人想像的不同，過著相當富裕的生活。

不過，江戶時代中期以後，貨幣經濟逐漸滲透農村，使得應變失敗只得放棄土地而逐漸沒落的農民急速增加，這些人後來全都遷移到都市去了，他們住在陋巷裡狹小、骯髒的「裏長屋」（譯注：長條型簡易住宅，參見238頁），被迫過著貧窮的生活，而且占據了大都市人口的大部分。

將軍的生活其實並不自由

住在江戶城本丸的將軍雖然擁有自由時間，但不自由的事情也很多。

邊吃飯邊梳理頭髮

江戶時代，將軍究竟過著什麼樣的生活呢？接著便簡要地介紹將軍的一天。首先，將軍通常在六點起床，起床後以小納戶（譯注：負責為將軍梳理頭髮、服侍用膳等雜務）準備好的水漱口，然後用裝在黑色水盆裡的熱水以及裝有米糠的白木棉袋洗臉，將軍洗臉時是由小姓負責伺候。

早餐通常在八點左右吃，菜餚會先經過好幾個人確認無毒後才送到將軍面前，所以通常是冷冰冰的。有趣的是，將軍會邊吃飯邊讓人整理頭髮，由幾個小姓和小納戶負責幫將軍剃鬍子和月代（譯注：前額至頭頂剃成半月型的部分），並挽上髮髻。厲害的是即使在這種情況下，將軍還是可以用膳。

吃完早餐後會進行健康檢查，由數名奧醫師為將軍把脈和做腹部觸診，接著祭拜祖先的牌位，然後換好正式服裝喝個茶稍做休息。十點左右

前往大奧接受夫人們的請安，之後便去學習自己喜歡的學問和武藝。不過每個月的一日和十五日、以及舉行儀式的日子，將軍必須前往位於「表」的白書院，坐在「上段之間」（譯注：地板較高的房間或房間內地板較高處，為主人接見家臣時、或尊貴者使用的地方）接受諸大名的拜謁。

附帶一提，將軍所居住的江戶城本丸是南北向的長條型建築，由三個部分組成。最南邊是將軍執行政務或舉行儀式的地方，稱為「表」；其次是將軍日常的居住空間，稱為「中奧」；然後是將軍夫人們居住的地方，稱為「大奧」。將軍雖然一天中大半的時間都在「中奧」度過，但晚上有時也會在「大奧」過夜。

洗澡時什麼都不用做

接著是下午的時間。午餐不早不晚就在正中午時吃，然後一點

> **歷史筆記**　大名拜謁日時，有時將軍漸漸累了，會在所有人還未全部拜謁完前就退朝，因為隔著簾幕，所以不會被發現。

左右起的數個鐘頭（視當日情況而異），將軍會將御側御用取次（近侍）叫到中奧的休息室，讓他們唸出當天的案件，聽完後再針對各個案件逐一做出指示或下達裁可，已經決定的事項會畫上將軍的花押。

如果政務較早結束，將軍會到大奧吃個點心。通常政務結束後到晚餐之前是自由時間，將軍可以和寵物玩、畫畫、看書、釣魚，做任何自己想做的事。也有將軍會乘舟出遊或獵捕老鷹，或者去拜訪家臣。

到了傍晚會先沐浴，此時將軍什麼事都不用自己來，由小姓幫將軍脫掉衣物、清洗身體，然後一件接一件地換過十件左右的木棉浴袍，以吸乾身上的水分。將軍必須做的事，就是自己走進大浴盆裡而已。

洗完澡後，進用晚膳，然後於九點就寢。睡覺前的空檔也是將軍的自由時間，將軍一般都會在這個時候看看書、和人聊聊天、下下棋。

晚上將軍通常在中奧內稱為「休息之間」處的「上段之間」就寢，寢息時會有兩名小姓一夜不睡地伺候在將軍身邊。當然，除了中奧以外，將軍也會在大奧過夜。而關於大奧的情形則在下一節介紹。

●將軍的日常生活

將軍在大奧不可思議的生活

將軍也常和正室以外的女子共度良宵，而據說從德川綱吉將軍開始，將軍和女子的臥榻旁還多了一個侍女。

大奧侍女曾超出千人

大奧是為德川將軍專設的後宮，據說平時長住的女性不下六百人，多時曾超過一千人。只要將軍心有所想，便可隨時自由地欽點這些女子，可真是令人稱羨的夢境般生活。不過這些女性的存在，是為了避免將軍的血統斷絕，所以也可說是理所當然。

大奧裡的女子分為可謁見將軍者及不可謁見將軍者，職務上則是一半的侍女負責伺候御台所（正室）、一半的侍女負責伺候將軍。大奧的最高權力者為御台所，原則上將軍不會干涉大奧內部的事情。雖然大奧裡也有將近三百名的男性官吏在此辦公，但全部都集中在離大門最近的北邊房間，絕對不允許再往裡面踏入，可以進入大奧內部的男性只有將軍一個人而已。

接下來介紹一下將軍不為人知的夜晚生活。

將軍來到大奧，並不一定會和御台所共寢。特別是御台所在年近三十時，慣例上便會拒絕和將軍同床共眠，所以將軍共度良宵的對象多半不是御台所。

「那個侍女叫什麼名字？」

將軍只要如此向御年寄（大奧的女總管）詢問屬意一同過夜的侍女名字，當晚那名侍女便會前往將軍的房間。當然，將軍也並非總是問起侍女的名字，有時將軍什麼都沒有講，御年寄便會觀察將軍的神情、講話的態度或者健康狀況，幫將軍挑選當天的對象。

被選上的侍女會先洗淨身體、換上純白的衣物，然後前往御小座敷（將軍的寢室）。途中會經過長長的走廊，左右排列著侍女們的小房間，被選上的侍女就在眾人羨慕和忌妒的眼光下，得意洋洋地通過長廊。

歷史筆記　在大奧，御台所如廁時侍女也會隨身伺候，負責御台所排便後的清潔工作。

侍女的身邊還有一名侍女

進入寢室之前，侍女會在等待的房間被除去衣物，目的是要檢查是否夾帶了凶器或祕密書信，待確定安全之後，才能進入御小座敷。

晚上十點，將軍會前往御小座敷準備就寢，待將軍躺在睡床中間後，侍女會躺到將軍的右側。

此外，將軍左側稍遠處還會躺著另外一名年輕的侍女，不過這並非將軍同時欽點了兩名侍女，另外的這名侍女稱為「御添寢」，任務是負責監視陪將軍過夜的侍女。御添寢雖然背對著將軍，但必須整晚不睡地豎起耳朵，牢牢記下兩人的枕邊細語和交歡情形，然後於隔天早晨將內容詳細地向御年寄報告，真可謂是一個荒唐之至的任務。據說御添寢都是由處女擔任。

之所以會有御添寢這個職位出現，是由於第五代將軍德川綱吉的親信柳澤吉保（參見118頁）所祖護的將軍側室在床第間撒嬌，央求將軍增加柳澤吉保的封領，而取得了將軍承諾一百萬石的領地，這件事被認為是起源。也就是說，御添寢是為了避免閨房政治而設立的。這樣的事在現代無法想像，但對將軍而言卻是理所當然，所以即使御添寢就在旁邊，將軍依然毫不介意地努力製造下一代。

●大奧的組織

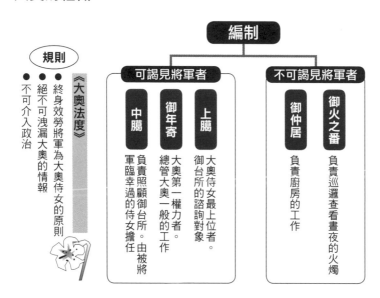

規則

《大奧法度》

● 終身效勞將軍為大奧侍女的原則
● 絕不可洩漏大奧的情報
● 不可介入政治

編制

可謁見將軍者

中﨟
負責照顧御台所。由被將軍臨幸過的侍女擔任

御年寄
大奧第一權力者。總管大奧一般的工作

上﨟
大奧侍女最上位者。御台所的諮詢對象。

不可謁見將軍者

御仲居
負責廚房的工作

御火之番
負責巡邏查看晝夜的火燭

大名的生活可不輕鬆？

大名的生活必須日復一日按規定的時程進行，比將軍還沉悶。不過，空閒的時間也很多。

為家門犧牲的大名

雖然本節所談的是大名的生活，但是大名的領地從一萬石到一百萬石差距很大，各家的經濟狀況也不一樣，所以無法一概而論。

不過「大名的生活可不輕鬆」倒是真的，因為行動程序都有時間規定，而且每天一成不變，讓人覺得厭煩，很快地便對這樣的生活感到厭膩。

不過，如果大名對每天同一時間起床、吃飯、洗澡、睡覺的生活感到無聊，而打破既定的安排擅自行動或發牢騷的話，家臣必須切腹為主人的行為負責，所以大名也不能粗心大意地違反規定。

大名的行動程序會如此發展成固定模式，全是源自於保護家門的想法。大名如果自由地憑自己的想法行動，萬一出了什麼差錯，甚至意外死亡，其家門便會遭到廢黜。因此，才會用規律的生活來束縛大名，並且派人隨時跟在身邊，使大名的行動固定下來。也正因為如此，所以平庸的人反而較適合擔任大名，因為聰明的人大概沒有辦法忍受這樣的生活，而頭腦不好的人也無法勝任。

專注於研究以打發時間

大名的公務在幕府職位中稱得上繁重的沒有幾人，事實上其他的人都只是在江戶城內待命而已，甚至沒有公務可辦的大名也很多。因此，有許多大名為了打發公私都讓人厭倦的生活、追求生活目標，便專注於嗜好或研究。

古河藩主土井利位是日本第一位對雪結晶進行仔細研究的人，大約長達三十年期間，他用顯微鏡觀察、記錄結晶的樣貌，並針對雪的效用進行研究，其研究成果被整理成《雪華圖說》正集、續集兩冊，分送給將軍家及各大名、蘭學學者

歷史筆記 大名若是個暴君，家臣多半會團結一致，軟禁主人促使其反省，若不改過便會逼迫主人引退。

等。《雪華圖說》中刊載著將近兩百種雪的精密結晶圖，世界上尚未有任何研究書籍可與之比擬。

土井利位大概真的非常喜歡雪結晶吧，據說他的刀柄、刀劍的護手、小藥盒、身上穿的衣服、使用的和紙等，都或刻或染地加上了結晶的圖案。後來，雪結晶圖案的衣服也在庶民之間廣為流行。

土井利位的嗜好除了雪結晶的研究以外，還有繪畫及書法、製作茶具等。

大名之中，還有不少人像這樣為了打發時間而在嗜好或研究領域留下了莫大的功績。

●大名的趣味研究

松下重綱	小張藩／ 1579 ～ 1627 年
成就	變化煙火的研究

有馬賴徸	久留米藩／ 1714 ～ 1784 年
成就	算術的研究　　著作《拾璣算法》

細川重賢	熊本藩／ 1720 ～ 1785 年
成就	動植物分類的研究　　著作《百卉俟狀》

佐竹義敦	秋田藩／ 1748 ～ 1785 年
成就	西式畫法的研究　　著作《畫法綱領》

朽木昌綱	福知山藩／ 1750 ～ 1802 年
成就	西洋地理的研究　　著作《泰西與地圖說》

增山正賢	長島藩／ 1754 ～ 1819 年
成就	昆蟲的研究　　著作《蟲豸帖》

土井利位	古河藩／ 1789 ～ 1848 年
成就	雪結晶的研究　　著作《雪華圖說》

生為武士便無法奢望快樂的生活？

武士原本是最高階級，但由於貨幣經濟的發展，使得收入沒有增加的武士生活陷入困境。

物價上漲米價下跌

　　武士在整個江戶時代身為統治階級治理著各地，但是他們實際的生活比起商人和富農，卻是非常地樸素。

　　在武陽隱士所著的《世事見聞錄》中寫道：「武士的品行將成為社會的榜樣，身居查明是非善惡、執掌賞罰職位者，不可有絲毫阿諛諂媚，也不能有絲毫私欲，必須為國獻身盡忠，對父母盡孝」。是因為世人對武士有著如此高標準的道德要求，所以武士為了做為庶民的榜樣，才過著簡樸的生活嗎？

　　其實不然。基本上任何人都討厭貧窮的生活，武士只是處於身不由己的環境中罷了。

　　武士的薪俸（領地、俸祿米）除非有特殊情況，否則一般不會增加。然而，江戶時代的物價卻不斷地上升，使得武士領到的稻米價格下降，等於實質上的薪俸大幅減少。加上貨幣經濟滲透，四處充滿了各種物品刺激消費欲望，讓人忍不住大手筆地購物消費，不知不覺花在玩樂方面的費用也就愈來愈多，當發覺事態嚴重時，家中的經濟通常已經入不敷出。大部分的武士都是如此，因此最後也不得不陷入極度貧窮的生活。而這樣的貧窮化，到了十八世紀時更為嚴重。

　　幕臣以外的各藩家臣的貧窮狀況更是悽慘。大名的參勤交替需要花費龐大的費用（參見76頁），為了湊出這筆巨款，許多大名便採取稱為「借上」的做法，亦即拿走家臣百分之數十的薪俸，甚至有大名拿走家臣半數的薪俸。雖說是借，但日後並沒有歸還的可能，可說是實質上的減俸。

打腫臉充胖子

　　僅管武士的生活陷入如此嚴苛的狀況，但為了顧及門面，表面上還是維持得和以往一樣，不過背地裡卻

歷史筆記　武士所從事的家庭代工除了貼紙傘外，還有做牙籤、養殖昆蟲、金魚、捲蠟燭蕊線、竹編等林林總總。

努力地節儉，甚至還拚命做家庭代工。但是，有些沒有金錢概念的武士反倒經常向高利貸借錢，利上加利，最後無法償還只有逐漸沒落。

其中也有販賣武士的權利（株）、或將領地拿進當舖抵押者，還有很多人捨棄武士身分到寺子屋（參見246頁）當老師，或轉行當俳諧師，甚至還有人鋌而走險做起非法勾當，也不斷有武士失蹤或是自殺。

如此看來不禁讓人覺得，與其生為統治階級的武士，不如生為身分低微的商人之子，日子還過得比較幸福。

●武士貧窮化

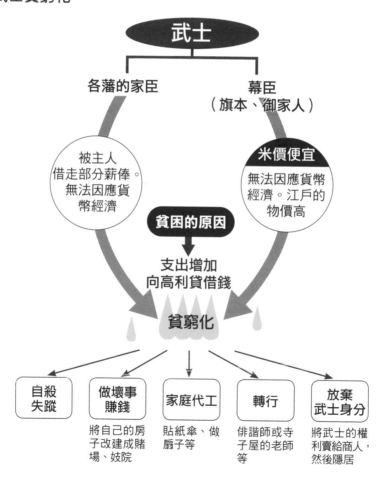

商人之路難行

年紀尚小時便要選擇自己的人生，被店主當做牛馬般使喚，
然而能夠出人頭地的只有極少數。

首先從伙計開始當起

所謂的「町人」，主要是指居住在都市或城下町的商人或工匠，他們的生活從富商到打零工的工人，各有不同。關於富商奢華的生活已經在前面介紹過（參見110頁），本節所要談的是商家的伙計和工匠的學徒生活。

不論是商家的伙計或是工匠的學徒，都是在相當於現在的小學高年級至中學階段的年紀便住進店家或師傅家，開始工作。他們幾乎都是農家的次男、三男，有的是靠著關係被收為伙計或學徒，有的則是透過稱為「桂庵」的私立職業介紹所找到工作。

在商家工作的少年稱為「丁稚」（伙計），主要的工作是跑腿、掃地或陪伴主人等雜務，從早到晚被當做牛馬般地使喚，而且晚上還有密密麻麻的讀書、寫字、珠算等課程，由前輩嚴格地教導做生意的基礎知識。

丁稚從住進店裡到大約弱冠之年的五年間，完全沒有薪俸，商家僅配給衣物和提供伙食。不過，所謂的伙食也不過是早上吃白飯配味噌湯，中午、晚上多加一道菜而已。因為吃的是這樣營養不均衡的食物，所以有很多人罹患了腳氣病或夜盲症而辭職，此外無法忍受疾病或辛苦而逃跑的人也接續不斷，因此工作到第五年時，剩下的伙計還不到當初的一半。工作十年後，可以得到一筆金錢和長期的休假，這時伙計們可謂是衣錦還鄉。不過，沒有才能的人不會再被商家叫回來，也就是等於被開除了，社會就是如此地現實。

一百人中只有一人能當上掌櫃

待伙計終於升上「手代」（譯注：二掌櫃）後，便可以開始領薪俸。此時他們首先會做的通常是吃

歷史筆記 據說江戶的工匠種類有兩百種以上，在戶外大為活躍的木工、泥水匠、架子工被稱為「三職」，是當時的明星職業。

美食、看戲或遊山玩水，以及涉足風月場所等等。手代接著再工作將近十年，便能晉升到「番頭」（大掌櫃），可以居住在外頭及娶妻。不過能夠熬到這裡的，一百個人當中只有一個，而且能夠分得門簾（開分店）的只有生意才能特別優秀的人，否則通常直到退休都只做到大掌櫃。

工匠的學徒基本上也和伙計一樣沒有薪俸，完全任人使喚，甚至還必須早上四點起床，幫師傅煮飯、洗衣。不過，學徒期間為五年左右，比商家短。學得技術之後，可以離開師傅家，自己另行租借房子，從師傅那裡接工作賺取手工費。但是，學徒要攀到師傅的地位，自己當師傅，幾乎是不可能。不過據說木工、泥水匠及架子工是很受歡迎的職業，如果能夠獨當一面，一天只要工作四個鐘頭就足夠維生了。

●成為町人的方法

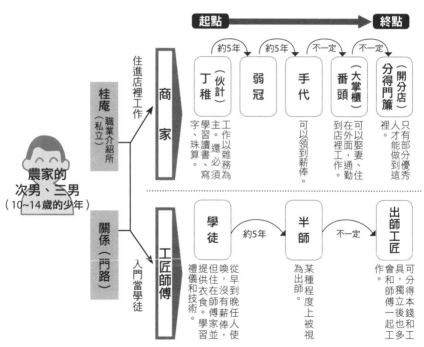

229

從農村流入都市的下層町民

貨幣經濟導致農村瓦解，失去土地的人們流入都市，成為道地的江戶人。

集中到「天下的垃圾堆」

江戶時代到了中期之後，人口從農村大量地遷移到都市，特別是大都市江戶的人口增加得最為顯著。

由於貨幣經濟的滲透，農村的貧富差距日益擴大，生活陷入困境的貧農為了混一口飯吃，陸陸續續流入江戶。這些人成為了下層的町人，並且占據江戶人口的半數以上，江戶因此被稱為「天下的垃圾堆」。

流入江戶的成人男性，當然不可能被採用為一般要從少年時就做起的商家伙計或工匠學徒，而且到了這個年齡才開始學起，也不太可能成為掌櫃或技術優秀的工匠，所以他們只好暫且打零工或從事轎夫、按摩、賣藥、小販等職業。

生活窮困但人情敦厚

但是這些工作，做了一整天也只能換得勉強度日的微薄工資。

因此他們住得起的地方也有限，一般都是住在廉價、狹小的「裏長屋」，過著節儉的生活。由於周遭住的同樣也是窮人，所以大家會互相分享食物、生病時互相照顧、彼此互相幫助，生活緊密地結合在一起。因為若非如此，他們便沒有辦法活下去。

有一句話說「道地的江戶人，不會把錢留到隔天」，其實不是他們不留錢到隔天，而是沒有錢可以留。不過要說道地的江戶人即使錢進了口袋也不會想要存下來，這倒也是事實，他們如果賺到了錢，便會馬上花到遊樂上面。

城鎮裡有各式各樣的娛樂，如果是把錢花在歌舞伎、人形淨琉璃、寄席、遊山玩水、酒館、餐館、湯屋（大眾澡堂）、吃當季最早的時鮮等，都還算是健康，不過有很多人是花錢買妓女或賭博、下注，一下子就把錢花光了。

歷史筆記 裏長屋中沒有獨立的廁所，必須與別棟共用公廁。廁所的門只有下半部，所以即使蹲著也會看到隔壁人的臉。

●下層町人的生活

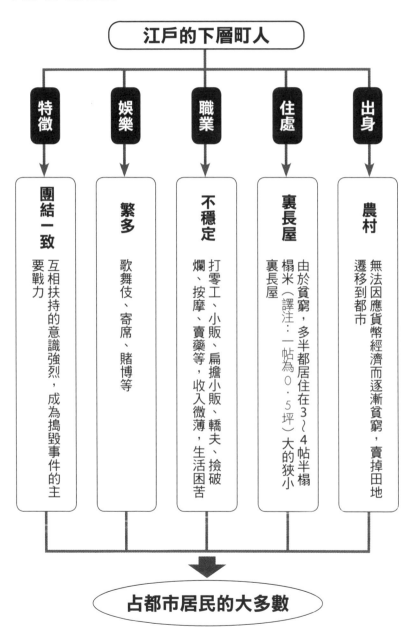

江戶的下層町人

特徵 → **團結一致**
互相扶持的意識強烈，成為搗毀事件的主要戰力

娛樂 → **繁多**
歌舞伎、寄席、賭博等

職業 → **不穩定**
打零工、小販、扁擔小販、轎夫、撿破爛、按摩、賣藥等，收入微薄，生活困苦

住處 → **裏長屋**
由於貧窮，多半都居住在3～4帖半榻榻米（譯注：一帖為0．5坪）大的狹小裏長屋

出身 → **農村**
無法因應貨幣經濟而逐漸貧窮，賣掉田地遷移到都市

⬇

占都市居民的大多數

貨幣改變了農民的生活

被課徵的年貢其實並不重,生活也很快樂。但是,貨幣經濟改變了農民的生活。

年貢負擔尚有餘裕

一六四九年幕府頒發了《慶安御觸書》,試圖強迫農民遵守當中所描繪的理想農民形象。裡面寫著:

「早起割草,白天在田裡耕作,晚上搓稻草編稻草包,夫妻努力工作。不可喝酒、喝茶,不可抽菸。就算妻子是美人,只要她喜歡喝茶、老是去旅行,就必須離婚。只能穿木棉製的衣服,不可穿絹製的。要注意用火安全。」

內容真可說是多管閒事。理所當然地,沒有農民會遵守這些指示,裡面所描繪的並非當時農民真正的形象。不過,一談到江戶時代的農民,許多人腦中浮現的往往是他們被榨取年貢、生活極度貧窮的情景,其實那也是錯誤的。

一般年貢是針對全村的收穫量課徵,由村吏(名主等)分配各戶的負擔額,徵收後再交給領主(村請制)。年貢率一般為「五公五民」、「四公六民」等,即農作物的百分之四十至五十會被公家榨取,不過那終究只是原則。其實村子的收穫量被評定得相當低,實際繳納的比例最多不會超過百分之二十,所以實際上農民的生活還算寬裕。

此外,農民也並非一整年都在辛勞地工作,農閒時期也非常地悠閒,許多人從事著充實的休閒活動,像是寫俳句、看書、練劍術等,其中也有很多人為了在夏季祭典或豐年祭表演歌舞伎或能劇而努力地練習。

貨幣經濟催生了有錢人

但是以十八世紀為界,農村因為被貨幣經濟的浪潮吞沒,昔日的樣貌產生了極大的改變,當然,農民的生活也產生了變化。農民知道金錢的方便後,不再種稻子,而改種茶葉、漆樹、桑樹等經濟作物,

歷史筆記 一八〇五年關東的農村治安惡化成為問題,於是誕生了可跨越幕府直轄地和大名領地進行犯罪搜查的警察組織「關東取締出役」。

開始存錢。

　用積蓄買了土地的人成為地主，經營高利貸的人成了富農，其中也有農民用積蓄買了武士的權利。

　但是，花費的金錢比積蓄還要多的農民，則是賣掉土地，淪落為下層農民或流浪漢。這些窮困潦倒的農民中有很多人無法養家活口，所以引發了墮胎和殺嬰的風潮，因此十八世紀中期時，農村的人口大幅減少，農民的階級分化也急速地擴大。

　商人注意到貨幣流入農村，紛紛從各地前來，特技、耍猴戲、舞獅等賣藝藝人也來到農村，甚至連相撲、能劇演員、歌舞伎演員也都下鄉公演。農村裡的娛樂活動比以往增加，農民住在村裡也可以感受到文化生活，不過同時賭博和犯罪也急速遽增，治安逐漸敗壞。

　令人驚訝的是，幕末時用貨幣繳納年貢的農民遠比以稻米繳納的農民還要多。

●農民的一年

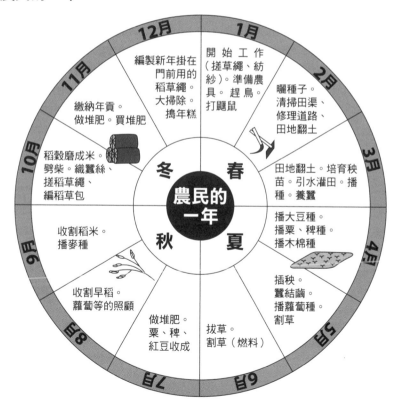

男女的基本打扮都是小袖配腰帶

眾人的衣著打扮並沒有太大的差別，只以織法和圖樣區別身分。

現代的和服原本是襯衣

現在流行將以往視為襯衣的細肩帶背心穿在外面，有些老人家不禁感嘆，年輕女孩居然穿著襯衣大大方方地走在街上，真是世風日下人心不古。不過，其實現代的和服原本也是襯衣。

日本中世時期以前，人們穿的是稱為「大袖」的衣服，由於穿起來鬆垮且寬大的袖子會影響活動，所以農民和工匠在工作時逐漸地不穿大袖，而只穿裡面的襯衣（小袖）。由於小袖是襯衣，所以非常貼合身體，活動起來很方便。不久之後，這樣的穿法也普及到武士和貴族之間。

中世時期，不論男女下半身都會穿著袴，不過到了江戶時代，女性便不再穿袴了。關於這個演變有幾種說法，有人認為是女性退出生產活動，封閉於家庭的狹小空間專事生育，已經不需要大量勞動到弄亂裙襬；也有人認為是女性故意不穿袴，想強調身體的曲線，藉以挑起男性的欲望。說法眾多但真正的原因並不清楚。

男性的服裝主流也是平常不穿袴，只穿小袖。不過，武士必須做正式打扮時會穿上袴，農民和工匠工作的時候也會穿上緊腿褲。

以材質、織法、圖樣區分性別和身分

江戶時代男女的基本服裝都是小袖，樣式上並無身分和性別的差異，能夠用以區別的是衣服的材質、織法及圖樣。例如，庶民被禁止穿著絹製的衣服。不過，時代進步之後，有錢的商人穿著絹製的華麗小袖已經不稀奇了。

雖然幕府屢次頒發《禁穿華服令》，並嚴格地進行取締，但是風頭一過，大家馬上又穿上華麗的服裝，一點效果也沒有。此外，也有

歷史筆記 女性不穿袴之後，社會的地位逐漸下降，到了大正時代地位又突然急速上升，而此時女性正好又流行穿袴。

人在衣服裡面繡上華麗的刺繡,以對抗禁令。

兩百六十年間,江戶的時尚有過各種流行,不過就整體而言,袖子和腰帶有愈來愈寬的傾向。

此外,盛夏以外的季節,人們會在小袖的裡面穿著「襦袢」(襯衣),冬天到春天期間會穿夾腳襪,嚴冬時會穿上塞了棉花的小袖,也就是棉襖。一般生意人在工作時會在腰間圍上圍裙,並用帶子將袖子挽繫起來。

外出時,不論是庶民或武士通常都會穿上長外褂。武士的正式服裝稱為「袴」,為小袖以外在下半身加上袴,上半身再加上肩衣(譯注:肩部寬大的無袖外衣)的打扮。

●江戶時代的服裝

商人
做生意時,腰間圍上圍裙、袖子用帶子挽繫起來

武士
腰間佩刀,正式服裝為袴加上肩衣

基本樣式
男女皆為
小袖
配腰帶

工匠
工作時穿短外褂、緊腿褲

農民
男性工作時穿緊腿褲、頭上綁頭巾

冬天的三件式套裝
長外褂
襦袢
夾腳襪

身分差異
小袖的樣式沒有身分差異
↓
以材質、織法、圖樣做區別

不僅農民，武士的飲食也相當簡單

江戶時代的人們吃的是一成不變的超健康粗食。不過，也有某些地方的飲食很奢侈豪華。

沒有身分區別的飲食生活

隨著地區和時代的不同，飲食生活也有很大的差異。

日本人是在元祿時代以後才固定一天吃三餐，在那之前，很多人都是一天只吃早晚兩餐。當然，主食是白米，不過農民很少只吃白米，通常會再加入豆、麥、或粟、稗等雜穀，煮成雜燴粥或稀飯食用。

相較於此，住在都市的人不論武士或町人通常都吃純白米飯，不過早上只配味噌湯和醬菜，晚上頂多再加上滷蔬菜或炸豆腐、魚乾、羊栖菜等。而且除了過年和特別的日子以外，這樣的菜色一生都沒有變過，不禁讓人佩服江戶人居然吃不膩。這樣的飲食生活，即使在地位崇高的武家也沒有太大的差別。和現代人比較起來，江戶人可說吃得相當粗糙。

即使是掌管天下的將軍，早上也是兩菜一湯，其中有一道菜一定是名為「鱚」的魚類（譯注：白丁魚），因為名字很吉利，所以每天都會出現在餐桌上。將軍中午可以自由地點一道菜，晚上可以吃自己喜歡的食物。不過忌諱使用的食材相當地多，所以將軍的飲食非常地不均衡。

例如，蔥、蒜、裙帶菜、沙丁魚、鮪魚、蛤蜊、魁蛤、天婦羅、納豆等都被列為禁忌。此外，將軍吃的食物必須先經過很多人驗毒，所以食物送到將軍口中時早已冷掉了。

也有吃得很豪華的地方

江戶時代飲食最為豪華的地方應該就是妓院了。

井原西鶴曾描述過十七世紀末妓院提供給客人的早餐，據說有白米稀飯加柚子味噌、酒麩，然後是牡蠣清湯，至於主菜則是烤鴨肉。

到了十九世紀，江戶人的飲食生活快速地豐富起來，庶民的餐桌

歷史筆記 將軍也會有自己喜好的食物。據說德川家康喜歡吃用榧子油炸的天婦羅，德川家齊喜歡吃尾張藩產的鮓（譯注：魚類抹鹽醃漬使其自然發酵），德川家慶喜歡吃生薑。

上也開始出現天婦羅和壽司。

此外，道地的江戶人非常講究吃當季最早的時鮮，喜歡向人炫耀自己最早吃到當季的食物，特別是最早捕獲的鰹魚極為有名，曾經有人不惜花費相當於現在三十萬日圓以上的價格買下一尾鰹魚。

點心成為嗜好品而開始普及也是在江戶時代，特別是幕末時，庶民也開始可以吃到小豆沙包和仙貝。

● 江戶時代的飲食生活

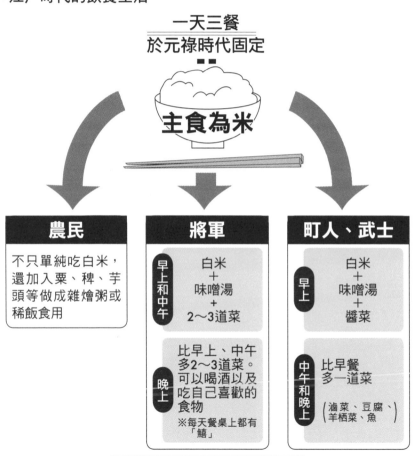

一天三餐
於元祿時代固定

主食為米

農民	將軍	町人、武士
不只單純吃白米，還加入粟、稗、芋頭等做成雜燴粥或稀飯食用	**早上和中午**：白米＋味噌湯＋2～3道菜 **晚上**：比早上、中午多2～3道菜。可以喝酒以及吃自己喜歡的食物 ※每天餐桌上都有「鰭」	**早上**：白米＋味噌湯＋醬菜 **中午和晚上**：比早餐多一道菜（滷菜、豆腐、羊栖菜、魚）

其實很樸素的飲食生活

武家和農工商的住宅大不相同

武士住在占地廣大的宅邸中，大多數的町人則住在簡易的住宅「裏長屋」。

武家宅邸占地廣大

江戶時代的住宅根據貧富、階級、地區或年代，有很大的差異，在此則僅介紹江戶城鎮的情況。江戶時代中期，江戶城鎮的人口據推測已超過一百萬人，其中一半是武士，一半是工匠和商人等町人。

不過居住的土地並非武士和町人各占一半，實際的情況是，武家的住宅占百分之六十九、寺院神社的土地占百分之十五、町人居住的地方占百分之十六。特別是武家的住宅占地非常廣大，領有一萬石的大名宅邸占地兩千五百坪、五萬石的大名宅邸占地四千五百坪、十萬石的大名宅邸占地七千坪。當然，因為跟著大名來到江戶的隨從由藩士到下人全都住在一起，所以必須要有這麼大的地方。不過大名的住宅並非只有一處，一般有上、中、下三個宅邸。

大名的住宅到底有多大呢？

現今東京新橋汐留車站舊址的大半（現在是空地），就是以前伊達藩的上宅邸，由此可知有多寬廣。

住宅占地廣大的不只有大名宅邸，連一百石的御家人宅邸也有三百坪之大。

狹小的町人居處

當然，町人當中也有人住在位於大街道旁、稱為「表店」的寬敞房屋裡，屋頂鋪瓦、牆壁用土和灰泥漆成，非常漂亮，當中也有不少是兩層樓建築。

不過，大半的町人都住在小巷裡稱為「裏長屋」的簡易集合住宅。裏長屋是一種租賃房屋，長方形的屋脊下有六個房間，每個房間包括廚房和沒有釘地板的泥土地總共只有六帖大，而且沒有浴室和廁所。住戶的家當都放在房間的角落，所以實際的居住空間只剩下三帖榻榻米大，一家五到六口就住

歷史筆記 大名的上宅邸是處理藩政用的政廳，中宅邸是藩主家人居住的地方，下宅邸通常建有廣大的庭園。

在這樣狹小的空間裡，著實令人驚訝。而且，和隔壁的房間只隔著薄薄的木板，說話聲音聽得一清二楚，完全沒有隱私。

裏長屋通常是兩棟相向而立，中間隔著一公尺寬的走道，正中央是水溝，走道盡頭是共用的廁所和水井，兩棟裏長屋的入口處設有木製的大門。

裏長屋建造得非常粗糙，據說房子的柱子細得有如山藥，屋頂鋪的是薄薄的木板，下雨天漏水是常有的事。傳說因為江戶經常發生火災，建築物大概十年就會遇上一次，所以裏長屋是預設會遇上火災而簡單建造的。

裏長屋的房租平均是一千文，一般的工匠大概幾天就可以賺到這個金額。裏長屋中還有稱為「切棟長屋」的房子，也就是把六帖的房間再切成兩個三帖房間出租。房間只有三帖的話，大概就只夠睡覺而已，不過房租有的甚至便宜到三百文以下。不管如何，江戶時代的住宅情況有別於飲食生活，即使同樣住在江戶，武士和町人的居住空間卻是大不同。

●江戶時代的住宅

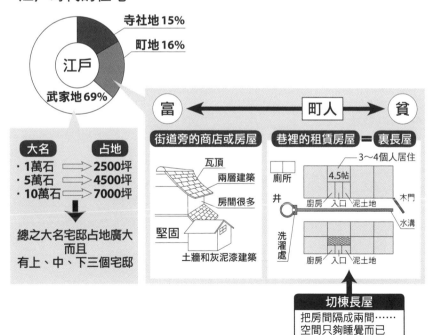

並非所有的女性都受到束縛

武家對女性的教育充滿嚴格的男尊女卑思想，但是城鎮和農村卻是女性當頭？

江戶時代對女性的規範

《女大學》是於江戶時代中期完成的書籍，一直到明治時代都被做為女性道德的教科書，在學校或家庭廣為閱讀。這本書以儒教的教導為基礎，詳細地記載著女性生活的規範，以下擷取部分內容：

「女子從年幼時即必須正確地區分男女之別，不可輕率地看或聽男女調情之事。古禮規定，男女不可同席、衣裳不可同放一處、不可於同一處沐浴、物品的收受亦不可直接以手相傳遞……」

「婦人的夫君只有一人，必須視夫君為主人，謙虛、尊敬地侍奉，不可輕蔑、侮辱。」

《女大學》當中完全是男尊女卑的想法，充滿了性別歧視。這本書被認為是擷取《和俗童子訓》的內容編撰而成，而《和俗童子訓》的作者便是以著作教導身心健康的《養生訓》聞名的貝原益軒。

當時的常識認為，女性主要的工作是照顧家庭，必須隱身於丈夫的背後，不可在外活躍。一家之長（戶長）只有男性可以擔任，女性不可繼承遺產。婚姻也不可擅自決定，首要條件是必須門當戶對。媳婦的工作就是生下繼承者（男子），儘管再有才能，只要無法生育便會受到輕視，即使被夫家休掉或丈夫納妾，都要接受和容忍這樣的命運。

而且，女性還被強迫必須遵守「三從」的訓示，即「在家從父、出嫁從夫、夫死從子」。

農村女性更為開放

不過，受到這種歧視待遇的主要是武家的女性，並非社會上所有的女性都盲目地遵從前述的規範。例如前述曾談到一六四九年以農民為對象頒發的《慶安御觸書》中，即有一條為「男耕種，女紡織、割

歷史筆記 江戶時代女性的人口較男性少一成，據說是因為貧窮的民眾會掐死女嬰之故。

烹，夫妻必皆勞動。否則嬌容之妻，亦將怠慢夫，若為常飲茶、好遊山水之妻，必休」。

意思是「農民男女都必須勤勞工作，就算妻子是美人，若每天光喝茶、老是去旅行，就必須離婚」。而既然有這樣的法令出現，那表示農村裡面確實有不少怠慢丈夫的妻子。

不過，江戶時代的女性確實受到儒教歧視女性的道德規範束縛，過著拘束的生活。

●江戶時代的女性地位

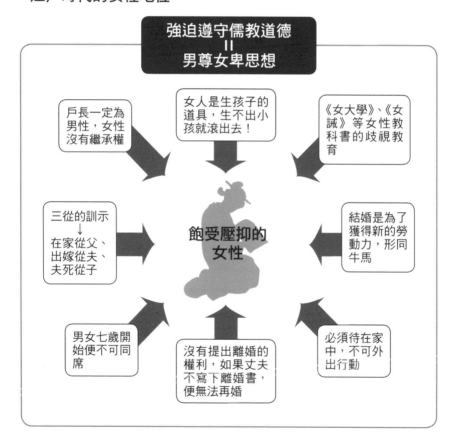

強迫遵守儒教道德
＝
男尊女卑思想

戶長一定為男性，女性沒有繼承權

女人是生孩子的道具，生不出小孩就滾出去！

《女大學》、《女誡》等女性教科書的歧視教育

三從的訓示
↓
在家從父、出嫁從夫、夫死從子

飽受壓抑的女性

結婚是為了獲得新的勞動力，形同牛馬

男女七歲開始便不可同席

沒有提出離婚的權利，如果丈夫不寫下離婚書，便無法再婚

必須待在家中，不可外出行動

斷緣寺

具有實際功能的鎌倉斷緣寺

如果丈夫不寫下離婚書，女性便無法離婚。不過江戶時代的女性還有最後的手段可行。

想離婚女性的最後堡壘

位於鎌倉的東慶寺是鎌倉幕府的執權（譯注：鎌倉幕府的最高職位，負責輔佐將軍、統轄政務）北條時宗之妻覺山尼所創建的寺院，是著名的斷緣寺。

江戶時代女性沒有申請離婚的權利，唯一的例外是跑進斷緣寺內躲起來。躲進斷緣寺的女性只要本身沒有過錯，一定可以獲得離婚，東慶寺將這個規定稱為《御寺法》，據說是覺山尼憐憫不斷有女子因無法逃離不合理的丈夫而自殺所立的法。

女性逃到寺院訴求離婚的做法，是到了近世才證實確有此事。東慶寺第二十代住持天秀尼向德川家康提出請願，希望讓《御寺法》的效力能夠無限期延續，並且獲得了准許，所以在整個江戶時代當中，東慶寺都擁有治外法權。順帶一提的是，天秀尼就是豐臣秀賴的女兒。

一定可以離婚的體系

接下來說明躲進寺院的女性經過什麼樣的程序後可獲得自由。

女性會跑進寺院的原因，多半是因為丈夫的暴力、賭博、外遇或婆媳不和。躲入寺院的女性首先在寺院境內的官廳會被寺院官吏拿走身分證明書，之後被安置在寺院附近的御用宿（譯注：訴訟人暫時棲身的旅館，亦代人辦理訴訟手續）。接著，官吏會馬上叫飛腳召集相關的人，安排他們進行協議離婚，這稱為「內濟離緣」。

身為丈夫的通常在被傳喚後，會乖乖地寫下離婚書。離婚書俗稱為「三行半」，裡面只要寫上彼此已經斷緣、允許妻子再婚等內容即可。

內濟離緣無法成功的話，就會進入「寺法離緣」的程序。首先會寄出一份稱為「出役達書」的文書給丈夫所居住村子的名主，通知他寺院的官吏將前往審理離婚，一般到了這個階段，丈夫會感到惶恐而拿著離婚書

 歷史筆記 另外還有一間斷緣寺為滿德寺（位於現今群馬縣太田市），傳說重建這所寺院的是德川家康的孫女，也就是豐臣秀賴的妻子千姬。

前往鎌倉。不過，有些頑固的丈夫還是不回應，接著寺院官吏便會拿著「寺法書」前往名主家。寺法書裡面的內容寫著「女方想要離婚，你卻不同意，寺院會安置女方，她已經不是你的妻子了」，丈夫如果無法接受，可以寫下「違背書」（反駁、不同意的文書）提呈給寺社奉行。接著丈夫會被傳喚到奉行所，而奉行會威脅要將他關入臨時牢房，最後還是會被強迫寫下道歉書。

既然如此，何不一開始就寫下離婚書呢？這是因為如果進入寺法離緣程序，女方便無法馬上獲得解脫，必須在寺院內住上一年，而寺院的生活非常嚴苛，如果逃跑會被理光頭髮、一絲不掛地趕出去，並被解除戶籍，所以這些丈夫大概是抱著想讓妻子嚐嚐苦頭的心態吧。不過，跑進寺院獲得離婚的女性不得再第二次跑進寺院。

明治四年時（編按：1871年），女性申請離婚的權利獲得承認，所以東慶寺也就結束了他的角色。

●東慶寺的斷緣體系

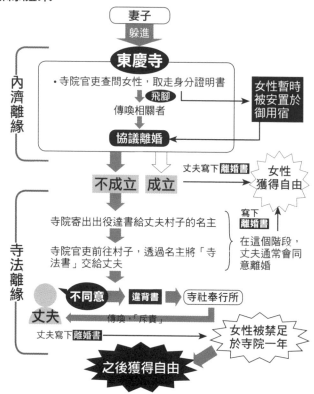

築地魚市場因德川家康而誕生

德川家康從關西帶來的漁夫們為了賣掉剩餘的魚所開的魚市場，就是現在築地市場的前身。

漁夫開的市場

進入江戶時代後，在全國各地成立了以城下町為中心、只交易特定商品的專門市場。

以米市場為例，中央所設置的有大坂的堂島，各地方最具代表性的則有米澤、酒田、富山、敦賀、新潟等。特別是在堂島米市場，每天有來自各國大量的米經由水運、陸運聚集到各藩所設立的倉庫，然後被米大盤商買走，再分散到消費地。市場上的買賣不只限於現有的物品，還包括期貨交易，由於投機色彩非常濃厚，所以市場始終是熱絡非凡。

此外，著名的專門市場還有魚市場和青果市場，其中特別是江戶的日本橋魚市場成立過程非常地特別。

據說德川家康非常喜歡吃炸鯛魚，一五九〇年遷移關東時，命令住在攝津國（現今大阪周邊和兵庫東部）佃村、與自己頗為熟悉的森孫右衛門等三十名漁夫一同前往，讓他們為自己提供新鮮的魚貝類。

後來，森孫右衛門的兒子九右衛門將交給將軍家後剩下的鮮魚拿到日本橋本小田原町販賣，據說這就是魚市的開始。

之後，日本橋附近的各城鎮聚集了許多魚批發商，持續為人口呈爆發性成長的江戶城鎮提供大量的魚貝類。市場在「魚納屋役所」（譯注：幕府設立的機關，負責調度供應給軍居城用的魚貝類）官吏之下，受到嚴格的管理。

日本橋魚市場在明治時代之後依然持續發展，直到關東大地震以後才遷移到築地。近年，因為遇上大火，築地魚市場建築的大部分已經燒毀，不過露天市場則是不失江戶時代以來的熱鬧，依然繼續為東京都民提供新鮮的魚貨。

青果市場始於神田

江戶的青果市場應該屬神田最

歷史筆記 相對於江戶的築地，大坂的魚市場以雜喉場較為著名。一六八〇年代，雜喉場發展成一手獨攬大坂鮮魚買賣的大規模市場。

為有名，傳說慶長年間（一五九六～一六一五年），名主河津五郎大夫所開設的菜市場是神田市場的起始，江戶時代中期聚集了一百五十人以上的青果批發商。

神田市場和日本橋魚市場一樣，由得勢的批發商受到指名，負責提供蔬菜給將軍家，市場管理則由青物役所的官吏掌管。不過到了江戶時代後期，本所和駒込等地也有青果市場開始發展，神田的優勢受到威脅，不久後便失去了活力。

● 專門市場的成立

江戶和大坂的代表市場

	大坂	江戶
米市場	**堂島** 1730年時獲得認可。米商人聚集在此，買賣各國運來的大量稻米或進行期貨交易。	**藏前** 幕府發給御家人的淺草倉庫稻米，由札差（商人）代替御家人販賣折現，所以有大量的稻米在此被買賣。
魚市場	**雜喉場** 1618年，十七名魚商遷移至上魚屋町，繳稅給幕府後開始營業，後來遷移至雜喉場。	**日本橋** 德川家康遷入關東時，攝津國佃村的三十名漁民為了供應德川家康鮮魚，也跟著遷移。將剩下的魚拿到日本橋小田原町販賣，為市場形成的開始。
青果市場	**天滿** 原本是石山本願寺的門前市集，1653年時獲得認可。由於水運方便，聚集了來自附近農村的蔬果。	**神田** 江戶時代初期河津五郎大夫開設的菜市是為開始，由於神田的水陸交通發達而聚集了大量蔬果。

庶民能識字全托寺子屋之福

中、小學生在寺子屋中一起學習，通過了個別指導的嚴格教育後，可以繼續升上私塾。

庶民從寺子屋到私塾

據推測，江戶時代日本人的識字率超過百分之三十，這在當時的全世界是非常高的比例，可說是初級教育普及的證據。而負責庶民初級教育的教育機構便是寺子屋，這裡教授著閱讀、書寫、珠算等基本科目。

老師通常是附近居民委託有教養的人士擔任，多半為武士或浪人，其他也有僧侶或神社住持、醫生等，而女性的老師也不少見，教室一般就是老師家中的房間。

入學、畢業的年齡沒有一定的規定，入學、退學也是個人自由。在學期間平均為五年左右，學生的年齡廣從六歲到十四歲，如同現在的小學生和中學生在同一間教室學習一般。不過每個人的學習進度各不相同，所以寺子屋採取的教學方式是老師針對學生個別出題，然後再給予建議、指導。上課時間通常是六至八個鐘頭，午餐各自回家吃。據說在教室內，學生可以選擇自己喜歡的方向、位置坐，並且沒有考試。不過對於不乖的小孩，會施予體罰或下課後留下來，甚至退學。

寺子屋畢業的學生當中，大概有十分之一的人會進入私塾。私塾是學者傳授自己專業知識的機構，內容非常多樣，著名的有吉田松陰的松下村塾、西博德的鳴瀧塾等。

藩士讀藩校或幕府的學問所

另一方面，統治階級武士的教育機構則是由藩提撥經費所建造的學校，稱為「藩校」。許多藩校在入校後會定期舉行考試，如果考試沒有通過，便無法升級到下一個階段。據說江戶時代中期以後，以優秀的成績從藩校畢業的人可獲保晉升重要職位，所以學生都很拚命地學習。

另外還有一個幕府創設的高等專業教育機構，稱為昌平坂學問所，裡面的學生不只是幕臣，也接受各藩優秀的藩士，所教授的是認同及維持封建制度必備的學問，也就是朱子學。

歷史筆記 除了閱讀、書寫、珠算外，也有寺子屋會教授俳句、漢詩、和歌或繪畫。據說江戶時代後期的寺子屋有一萬五千所以上。

● 江戶後期的教育制度

官立（幕府立）

昌平坂學問所（昌平黌）
〔1797年～〕

・幕臣、各藩藩士、優秀且志同道合的人就讀。
　學習朱子學
・優秀畢業生從此步上晉升之路

一部分
轉入
升學

藩立

藩校

・藩士子弟的教育機構
・設立於城下→已經確定的有255所
・目的為培育人才
例 日新館（會津藩）、弘道館（水戶藩）
　　明倫館（長州藩）、時習館（熊本藩）

鄉學

・藩所設立的庶民教育機構
例 閑谷學校（岡山藩）、有備館（仙台藩）

部分藩士
入塾

民間（私立）

私塾

・較寺子屋專業且水準高的教育機構
・學習科目多樣，有儒學、國學、洋學、算數等
例 咸宜園（廣瀨淡窗）、鳴瀧塾（西博德）
　　適塾（緒方洪庵）、松下村塾（吉田松陰）

畢業生中大約10%繼續升學

寺子屋

・教授閱讀、書寫、珠算為主的庶民初級教育機構
・有3～4萬所之多

不要的只有塵土和殘餘物

江戶時代幾乎沒有不要的垃圾，任何東西都有人回收，再運用於某些地方。

沒有東西是垃圾

現代的垃圾問題非常嚴重，特別是大都市東京，據說再過十數年，垃圾掩埋場便會飽和。

會製造出這麼大量的垃圾，原因在於日本人日漸富裕，購買能力大幅提升，但是垃圾和廢棄物的回收系統卻不完整。然而，在距離現今數百年前的江戶時代，卻擁有近乎完美的回收系統。

當然，江戶時代的生活不如現代富裕，但即使如此，大都市仍然充滿了各種物品，不過其中的九成以上都被回收再利用。

破掉的衣服、壞掉的工具，拿到修理店去便可再使用。例如油傘，就算破了洞也不丟掉，而用其他傘的油紙重新貼上，至於已經不用的傘，上面的油紙也會被拿來包裝鮮魚或醬菜。

此外，已經不用的東西全部都會被拿去賣掉，例如將衣服賣到舊衣店、不用的工具賣到舊工具店。

當然，這些東西會被其他人買走，重新被賦予利用價值。

人們丟棄在路上的紙屑，會有紙屑店來撿乾淨，重新濾過後做成再生紙賣掉。沉澱在河川裡的金屬物，會有舊金屬店將河底的泥土挖起來，將金屬重新鑄成大鍋、小鍋賣掉。

甚至人類的糞尿，也會有農家用金錢、物品或蔬菜交換，高高興興地帶回去。

剩下的殘餘物用於填地

就這樣，城鎮裡剩下的垃圾就只有廚餘和塵土而已了，幕府將這些最後的垃圾運到永代島和越中島填埋，造出新的田地。

江戶時代造訪日本的外國人，對於日本相較於歐洲或其他亞洲各城市，街道上沒有掉落任何垃圾感到相當讚嘆。這表示江戶時代的日本，已經建立了非常了不起的再循環都市。現代人應該也要學習江戶時代，認真地建造回收再利用的系統。

歷史筆記 簡易住宅裏長屋的糞尿被農家買去做肥料，在江戶這些所得成為房東的收入，在京都則是賣糞所得歸房東、賣尿所得歸房客。

●江戸時代的回收系統

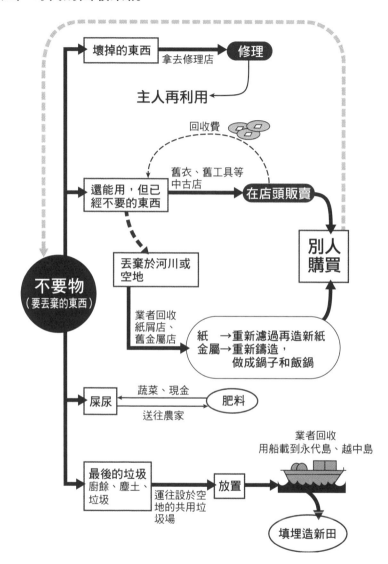

六十年一次的集體朝山起因為何

每數十年發生一次集體參拜伊勢神宮，幕府為了讓庶民發散精力而默許？

每次有五百萬人造訪

江戶時代中期以後，庶民以娛樂為目的開始頻繁地外出旅行。雖然也有拜訪名勝古蹟、到溫泉地療養等活動，不過最為大眾化的還是參拜寺院、神社之旅。

參拜之旅包括有善光寺朝山、金毘羅朝山、四國巡禮、秩父巡禮等，但整個江戶時代最受歡迎的還是參拜伊勢神宮，一般稱為「御蔭參」。據推測，一年平均有五十萬至六十萬人造訪此地，大約每六十年便會發生一次集體參拜。

最初的熱潮發生於一六五〇年，接著是一七〇五年，第三次是一七七一年，最後是一八三〇年。

特別是參拜的人數非常龐大，例如據說一七〇五年有三百五十萬人，一八三〇年有五百萬人。當時的人口為三千萬人，所以算起來每十個日本人當中便有一個人以上造訪過伊勢。

熱潮時的參拜盛況有如某種狂熱，大部分的庶民身穿白衣，單手拿著水瓢，沿途向人施捨金錢、物品或食物，身無分文地旅行。待走到伊勢附近時，便會換上色彩鮮豔的服裝，集體搭配節拍唱著「全托伊勢神明的保佑」，並激烈地揮動手腳邊跳邊走。數百、數千人瘋狂地跳著走著，所以對沿途的居民而言可真是個困擾。這些人還會擅自穿著鞋子踏進別人的家裡，把裡面搞得亂七八糟之後，猶如狂風暴雨般地退去。所以，較為富裕的人家為了求得平安，通常會布施很多錢給參拜者，希望可以逃過一劫。

由於狀況非常地混亂，關所也無法發揮功能，簡單地就被突破，所以沒有通行證的人也能前往伊勢，其中甚至還有人威脅關所的官吏，搶走錢去買酒。

此外，也有小孩子也未經雙親許可、或女僕未經主人同意便成群

歷史筆記 集體參拜「御蔭參」起源於民眾到神社分得神木的枝葉，插立於田中央以祈求豐收的活動，因神木稱為「御蔭」而得名。

結隊地前往伊勢出發，這稱為「拔參」，當然他們都沒有通行證。這些人的數量非常龐大，有資料記錄著他們占據整體參拜人數的三分之一。

庶民發散精力的地方

幾內（譯注：指山背、大和、河內、攝津四國）有些農村會趁著這場混亂，發動訴求減免年貢的一揆。

沒有通行證卻衝過關所，並且把富商家破壞得亂七八糟的庶民；無視父母或主人存在離家出走的小孩、女僕；反抗領主的農民。如此看來，集體參拜的熱潮很明顯地是被統治階層反抗權力的表現。這不禁讓人覺得，幕府似乎是藉由寬大地默許這樣的反抗，讓庶民發散不滿的情緒，巧妙地統治著國民。

不過，一八六七年伊勢神宮護身符從天而降的事件所引發的「這樣不好嗎？」風潮的能量，最後終於將幕府權力擊倒了（譯注：幕末的群眾運動，民眾變裝在街上亂舞並邊喊著「這樣不好嗎？」，藉以發洩對社會的不滿）。

●江戶時代人們的娛樂

旅
・參拜…伊勢神宮、善光寺、金毘羅
・巡禮…四國、秩父
・名勝…京都、奈良

祭
・神田祭…神田明神社
・山王祭…日吉山王權現
・御用祭…永川明神社

樂
・庚申講…庚申夜大家齊聚一堂吃喝談笑
（譯注：相傳庚申夜必須徹夜不眠，以免肚子裡的蟲升天向帝釋天報告自己的罪過，而被減短壽命。「庚申夜」為干支計日法中庚申日之夜）
・富士籤…現在的彩券
・賞花…上野、隅田川、飛鳥山

湯
・溫泉療養…有馬溫泉、箱根
・澡堂、公共浴池

娛樂

觀
・歌舞伎・人形淨琉璃・寄席
・戲劇・雜耍・參觀神龕

遊
・煙花巷…京都的島原 江戶的吉原

江戶時代的性行業比現在還多樣？

江戶時代有公娼、私娼，而且私娼不止女娼還有男娼，此外還有為女性服務的男公關。

高雅的偷情地點

如同「男女七歲不同席」這句話一樣，江戶時代的男女從孩童時期就分開生活，結婚對象也幾乎是依彼此的門第由父母親決定，所以街上不見約會的情侶。

不過，其實當時不管最後結不結得成婚，談戀愛的男女並不少，而這些情侶約會的地點正是「出會茶屋」，以現在的說法來講就是賓館。

江戶的上野不忍池附近是有名的出會茶屋區，排列著許多茶館。男女佯稱要賞蓮花，包下一個房間等待對方，待對方到達後便關上拉門進行性行為，數個鐘頭後，兩個人什麼事都沒發生似地分別離開茶館。

利用出會茶屋的不只是未婚男女，外遇的男女也不少。此外，賣春女也經常利用茶館。

私娼種類繁多

利用茶館的全都是私娼。江戶時代，賣春女有分國家認可的公娼和未經認可的私娼，江戶的吉原、京都的島原、大坂的新町等地的妓女是公娼的代表。

不過，到這些地方玩樂要花上不少錢。例如要和吉原最高級的妓女較為親密，據說必須花上一千數百萬日圓，而且就算花了大錢，她們也不會和沒興趣的客人同床共眠，所以男性大多會選擇便宜的私娼做為性的發洩對象。只是，雖說是私娼，其種類也不少，有在驛站的旅籠服侍客人並提供性服務的飯盛女；到了夜晚，有拿著草蓆在河邊或橋下拉客的夜鷹；裝扮成尼姑的賣春女，即比丘尼；在澡堂為人洗背，應對方要求賣春的湯女等，種類和現在一樣繁多。

此外也有男娼。在江戶時代，男同性戀並非異常，特別是歌舞伎演員當中不少年輕男子不只賣藝還賣身。江戶時代中期之後，出現稱

歷史筆記 在吉原，士農工商的日常身分派不上用場。據說高級妓女看男人的標準是瀟灑與否，若是庸俗，即使是大名她們也不理睬。

為「陰間」的賣春專門職業，還有稱為「飛子」的男娼一邊做生意一邊賣春。此外，陰間當中也有以女性為對象、類似於現代男公關的男娼。有不少大奧的女官或商家女主人會付錢給歌舞伎演員，讓他們為自己服務，也有武家妻子或未亡人會佯稱要去掃墓，而和住持或年輕僧侶發生性行為。

很多人感嘆現代的性關係混亂，不過，其實江戶時代的狀況也和現在沒有太大的差別。

●江戶的性行業

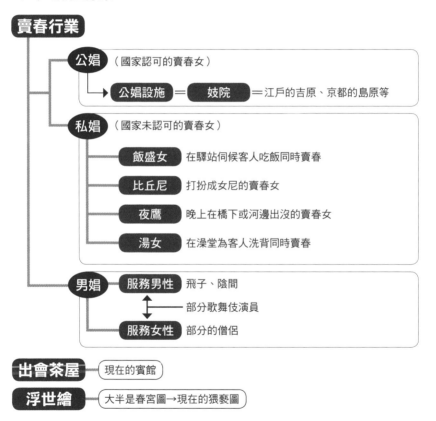

賣春行業

公娼（國家認可的賣春女）

　公娼設施 ＝ **妓院** ＝江戶的吉原、京都的島原等

私娼（國家未認可的賣春女）

　飯盛女 在驛站伺候客人吃飯同時賣春

　比丘尼 打扮成女尼的賣春女

　夜鷹 晚上在橋下或河邊出沒的賣春女

　湯女 在澡堂為客人洗背同時賣春

男娼　**服務男性** 飛子、陰間

　　　　　　　　　　部分歌舞伎演員

　　　　服務女性 部分的僧侶

出會茶屋──現在的賓館

浮世繪──大半是春宮圖→現在的猥褻圖

小說和電視劇中名人的真實樣貌

許多著名的電視劇中的江戶時代名人，個個勸善懲惡、帥氣十足，但其真實的樣貌卻令人意外。

通常被誇大的名人

電視連續劇或歷史小說中出現的江戶時代人物當中，不少是實際存在。不過，他們的形象大多和史實相去甚遠。

例如水戶黃門，他從藩主退隱後，以天下副將軍的身分周遊全國各地，勸善懲惡。他的部下從胸前掏出印盒，看得惡徒們大為吃驚的場面，相信很多日本人應該都在電視上看過。

不過，水戶黃門（德川光圀）漫遊全國其實是假的。雖然德川光圀在六十二歲時便卸下藩主職位，但之後他在藩領內的新宿村西山（現今茨城縣常陸太田市）建造了山莊，直到去世為止都沒有走出過領地。不過，他倒是時常四處巡視領內的農村，這似乎是日劇《水戶黃門漫遊記》誕生的雛型。順便附帶一提，劇中出現的阿助和阿格，據說確實有其參考人物，阿格的雛型是參考水戶彰考館（譯注：水戶藩為編撰《大日本史》而設立的修史局）的館長安積覺兵衛，阿助則是參考彰考館的館員佐佐介三郎。

為了趣味所以多虛假

第八代將軍德川吉宗也被當成電視連續劇的主角（譯注：《暴れん坊將軍》，台灣播出時譯為《暴坊將軍》），但實際上將軍悄悄地上街是不可能的事。此外，天一坊假冒是德川吉宗的私生子，想藉此成為大名，但大岡越前察覺到他的野心而拚命搜查，最後找到天一坊是冒牌貨的證據，這些逸話內容也都是假的。不過，故事的參考雛形「源氏坊改行事件」確實存在，只是源氏坊並沒有像天一坊那樣謊稱自己是將軍的私生子，他只是一個裝成顯貴，向人們騙取小額金錢、物品的小騙子。而且審判源氏坊的也並非大岡越前，而是品川代官伊奈半左衛門

歷史筆記 史實記載的水戶黃門是個有國際觀的人，他和朝鮮通信使密切地交流，並與愛奴族通商。此外，據說他的家臣中也有黑人和中國人。

和勘定奉行稻生正武。

鬼平其實是投機家

人稱鬼平的長谷川平藏也和實際的人物相去天淵。小說和電視中都只強調他身為犯罪調查官的一面（譯注：《鬼平犯科帳》），其實他最值得讚許的是在石川島建設了日本最初的犯罪者和遊民更生支援設施，名為「人足寄場」。而且，史實上的長谷川平藏並非是個穩重且重感情的人，他被同時代的人指責為傲慢、斤斤計較、貪得無厭的投機分子。

如同上述般，似乎已經廣為人知的江戶時代名人，其實他們真實的樣貌並不太為人所知。

●江戶時代名人的虛實

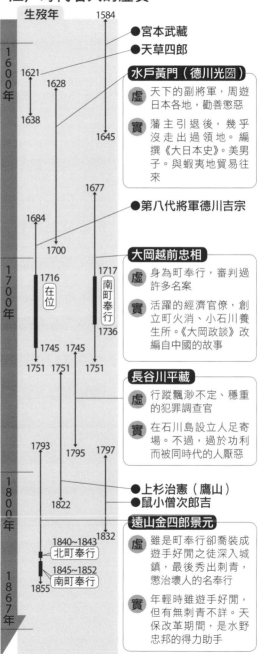

255

〈江戶時代的年號和期間〉

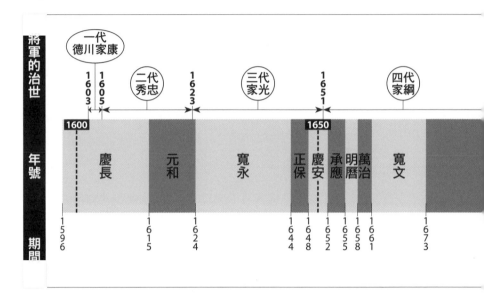

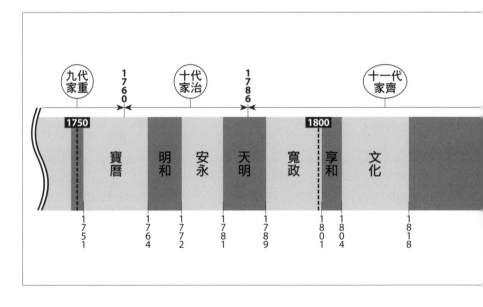

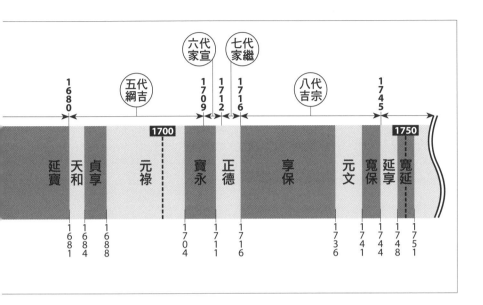

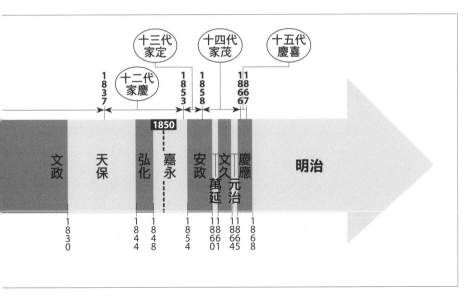

索引・專有名詞

269

高橋景保	高橋景保	148, 149
俵屋宗達	俵屋宗達	88, 89
十一劃		
勒斯曼	ラクスマン (Adam Laxman)	31, 78
得川（世良田）義季	得川（世良田）義委	46, 47
淺姬	浅姫	143
淺野大學	浅野大学	108
淺野長矩	浅野長矩	87, 96, 108, 109
清右衛門	清右衛門	100, 101
清和源氏	清和源氏	47
淑姬	淑姫	143
第四代奈良屋茂左衛門	4代目奈良屋茂左衛門	110
細川重賢	細川重賢	36, 37, 225
荷田春滿	荷田春満	35
荻生徂徠	荻生徂徠	35
荻原重秀	荻原重秀	96, 105
野野村仁清	野々村仁清	33, 113
堀主水	堀主水	197
堀田正信	堀田正信	201
堀田正俊	堀田正俊	104
堀利堅	堀利堅	158
堀部安兵衛	堀部安兵衛	109
淀屋辰五郎	淀屋辰五郎	111
淀殿	淀殿	42, 68, 69
十二劃		
最上德內	最上徳内	137
勝川春章	勝川春章	150
勝海舟	勝海舟	191, 212
喜多川歌麿	喜多川歌麿	33, 151
富蘭克林	ピアス (Franklin Pierce)	79
朝倉織部	朝倉織部	71
森孫右衛門	森孫右衛門	244
森島忠良	森島忠良	184
渡邊華山	渡辺華山	151
結城秀康	結城秀康	72
菱川師宣	菱川師宣	113
賀茂真淵	賀茂真淵	34, 35
間宮林藏	間宮林蔵	148, 149
十三劃		
圓山應拳	円山応挙	151
圓空	円空	113
敬三郎	敬三郎	163
敬之助	敬之助	143

新井白石	新井白石	25, 27, 29, 30, 31, 35, 95, 96, 116, 117
新田義貞	新田義貞	47
新田義重	新田義重	47
會澤正志齋	会沢正志斎	162, 163, 181
義直	義直	72, 73
葉卡捷琳娜女皇	エカテリーナ女帝 (Catherine II)	78
葛飾北齋	葛飾北斎	150, 151
跡部山城守	跡部山城守	158
跡部良弼	跡部良弼	158
道富	ツーフ (Hendrik Doeff)	84
達文西	ダビンチ (Leonardo da Vinci)	88
鈴木春信	鈴木春信	151
塙保己一	塙保己一	34
十四劃		
歌川廣重	歌川広重	151
熊澤蕃山	熊沢蕃山	35
福島正則	福島正則	75, 214
緒方洪庵	緒方洪庵	246
遠山金四郎	遠山の金さん	194
齊莊	斉荘	143
榎本武揚	榎本武揚	212
十五劃		
增山正賢	増山正賢	225
廣瀨淡窗	広瀬淡窓	246
德川光貞	徳川光貞	124, 129
德川光圀	徳川光圀	36, 37, 162, 254, 255
德川吉宗	徳川吉宗	22, 23, 25, 27, 29, 34, 35, 38, 72, 73, 75, 101, 120, 122, 124, 125, 126, 127, 128, 129, 130, 132, 134, 135, 137, 141, 152, 189, 190, 192, 193, 224, 255
德川秀忠	徳川秀忠	20, 22, 23, 24, 28, 29, 30, 40, 42, 45, 52, 53, 61, 68, 70, 73, 74, 75, 126, 127, 170
德川宗春	徳川宗春	128, 129
德川宗睦	徳川宗睦	143
德川家光	徳川家光	16, 20, 22, 23, 24, 25, 28, 29, 30, 41, 43, 52, 53, 70, 73, 74, 75, 76, 77, 80, 90, 91, 94, 104, 105, 126, 127, 197
德川家定	徳川家定	23, 29, 75, 154, 156, 170, 172, 173
德川家治	徳川家治	23, 25, 29, 75, 121, 122, 127, 136, 137, 140, 142, 144, 152
德川家宣	徳川家宣	22, 23, 25, 29, 73, 74, 75, 95, 96, 116, 117
德川家茂	徳川家茂	23, 72, 75, 155, 156, 172, 181

古今地名對照

大坂	大阪
江戶	東京
駿府	靜岡市
蝦夷地	北海道
箱館	函館
錫蘭	斯里蘭卡
府內	大分市
相川	佐渡市
木曾福島	木曾町
柳河	柳川
西里伯斯	蘇拉維西
婆羅洲	加里曼丹
巴達維亞	雅加達
西貢	胡志明市
沱灢	峴港

國家圖書館出版品預行編目資料

圖解江戶時代更新版／河合敦著；黃秋鳳譯. – 修訂二版. – 臺北市：易
博士文化, 城邦事業股份有限公司出版：英屬蓋曼群島商家庭傳媒股份
有限公司城邦分公司發行, 2024.07
　面；　公分
譯自：早わかり江戶時代
ISBN 978-986-480-380-4(平裝)

1.CST: 江戶時代

731.26　　　　　　　　　　　　　　　　　113007217

DK0123

圖解江戶時代【更新版】

原 著 書 名／早わかり江戶時代
原 出 版 社／日本實業出版社
作　　　者／河合敦
譯　　　者／黃秋鳳
選 書 人／蕭麗媛
執 行 編 輯／蔡曼莉、呂舒峮
總 編 輯／蕭麗媛

發 行 人／何飛鵬
出　　　版／易博士文化
　　　　　　城邦文化事業股份有限公司
　　　　　　台北市南港區昆陽街 16 號 4 樓
　　　　　　電話：(02)2500-7008　傳真：(02)2502-7676　E-mail：ct_easybooks@hmg.com.tw
發　　　行／英屬蓋曼群島商家庭傳媒股份有限公司城邦分公司
　　　　　　台北市南港區昆陽街 16 號 5 樓
　　　　　　書虫客服服務專線：(02)2500-7718、2500-7719
　　　　　　服務時間：週一至週五上午 09:00:00-12:00；下午 13:30-17:00
　　　　　　24 小時傳真服務：(02)2500-1990、2500-1991
　　　　　　讀者服務信箱：service@readingclub.com.tw
　　　　　　劃撥帳號：19863813
　　　　　　戶名：書虫股份有限公司
香港發行所／城邦（香港）出版集團有限公司
　　　　　　香港九龍土瓜灣土瓜灣道 86 號順聯工業大廈 6 樓 A 室
　　　　　　電話：(852)2508-6231 傳真：(852)2578-9337 E-mail：hkcite@biznetvigator.com
馬新發行所／城邦 (馬新) 出版集團 Cite(M)Sdn.Bhd.
　　　　　　41, Jalan Radin Anum, Bandar Baru Sri Petaling, 57000 Kuala Lumpur, Malaysia.
　　　　　　電話：(603)9056-3833　傳真：(603)9057-6622　Email:services@cite.my

視 覺 總 監／陳栩椿
美 術 編 輯／簡至成
封 面 構 成／簡至成
製 版 印 刷／卡樂彩色製版印刷有限公司

HAYAWAKARI EDOJIDAI
© ATSUSHI KAWAI 1999
Originally published in Japan in 1999 by NIPPON JITSUGYO PUBLISHING CO., LTD.
Traditional Chinese translation rights arranged with Nippon Jitsugyo Publishing Co., Ltd. through
AMANN CO., LTD.

2009 年 05 月 05 日 初版
2018 年 05 月 10 日 修訂一版
2024 年 07 月 02 日 修訂二版
ISBN 978-986-480-380-4
定價 420 元　　HK$140

城邦讀書花園
www.cite.com.tw